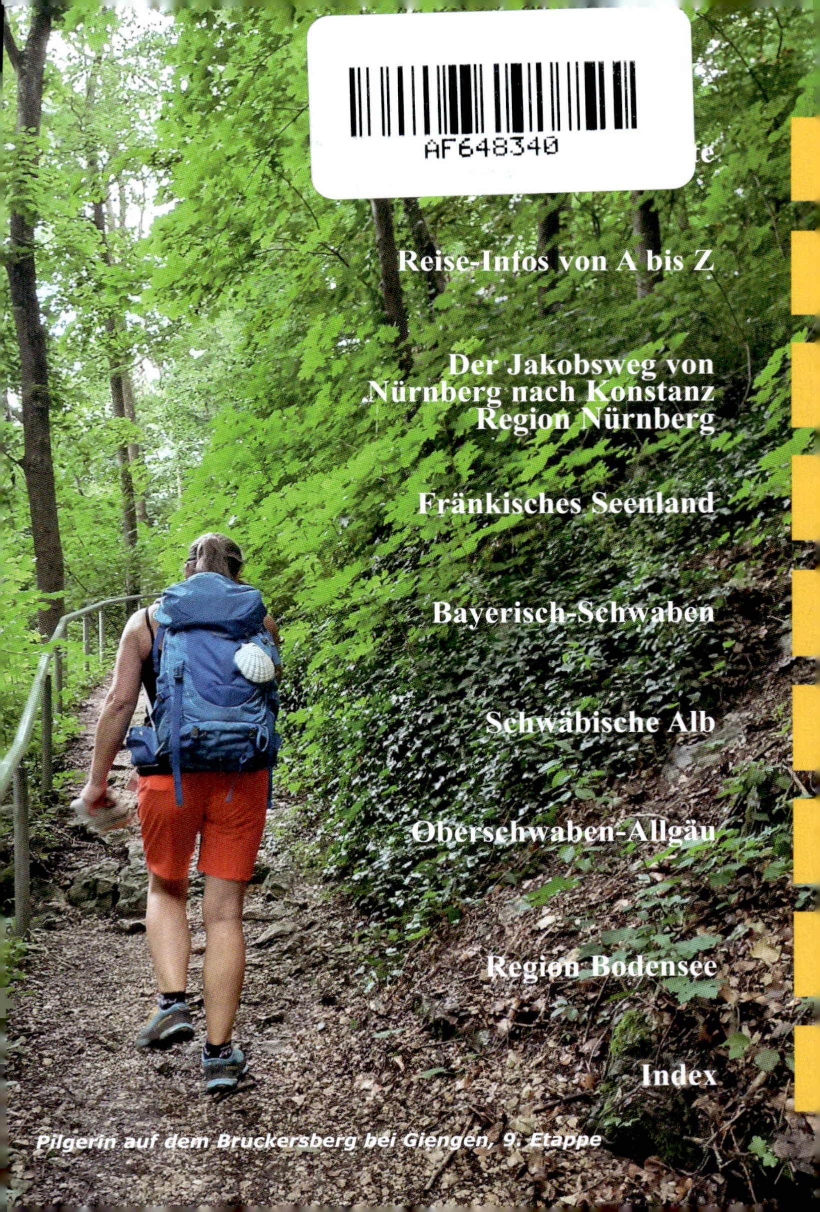

Pilgerin auf dem Bruckersberg bei Giengen, 9. Etappe

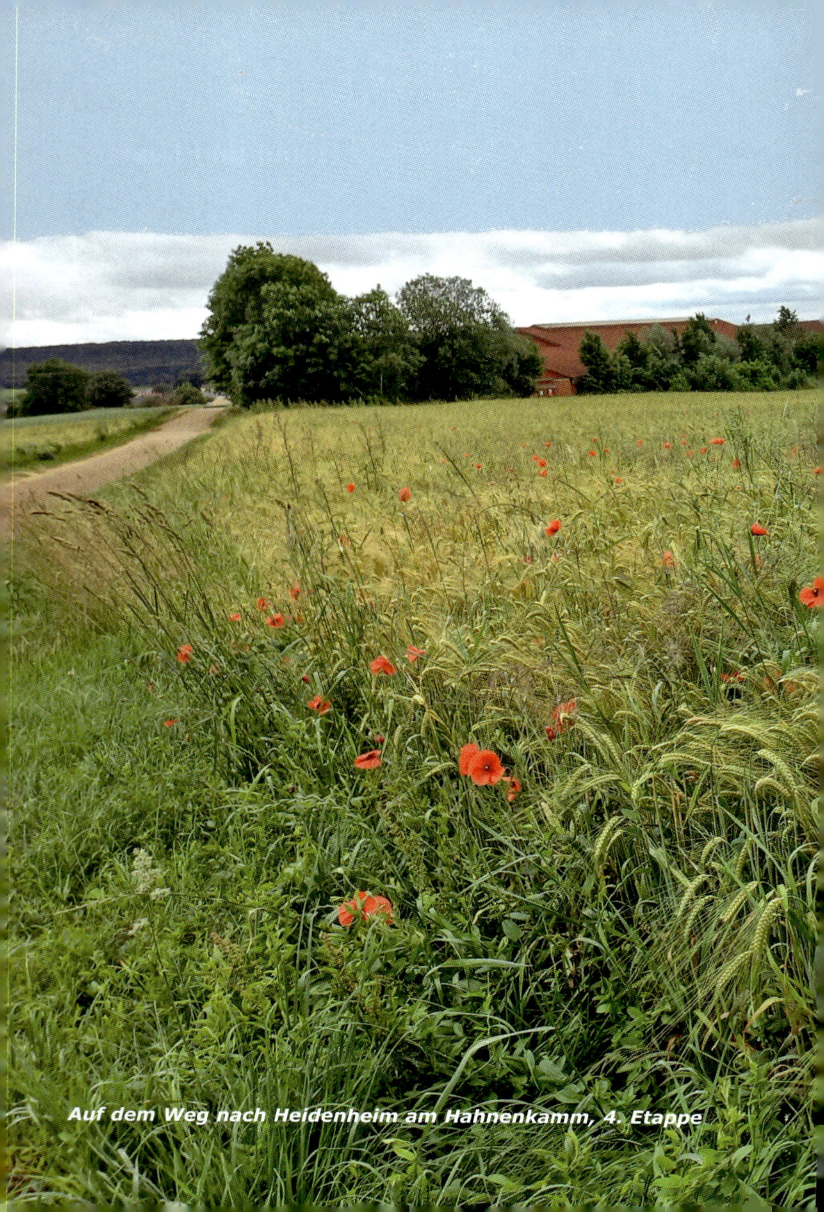

Auf dem Weg nach Heidenheim am Hahnenkamm, 4. Etappe

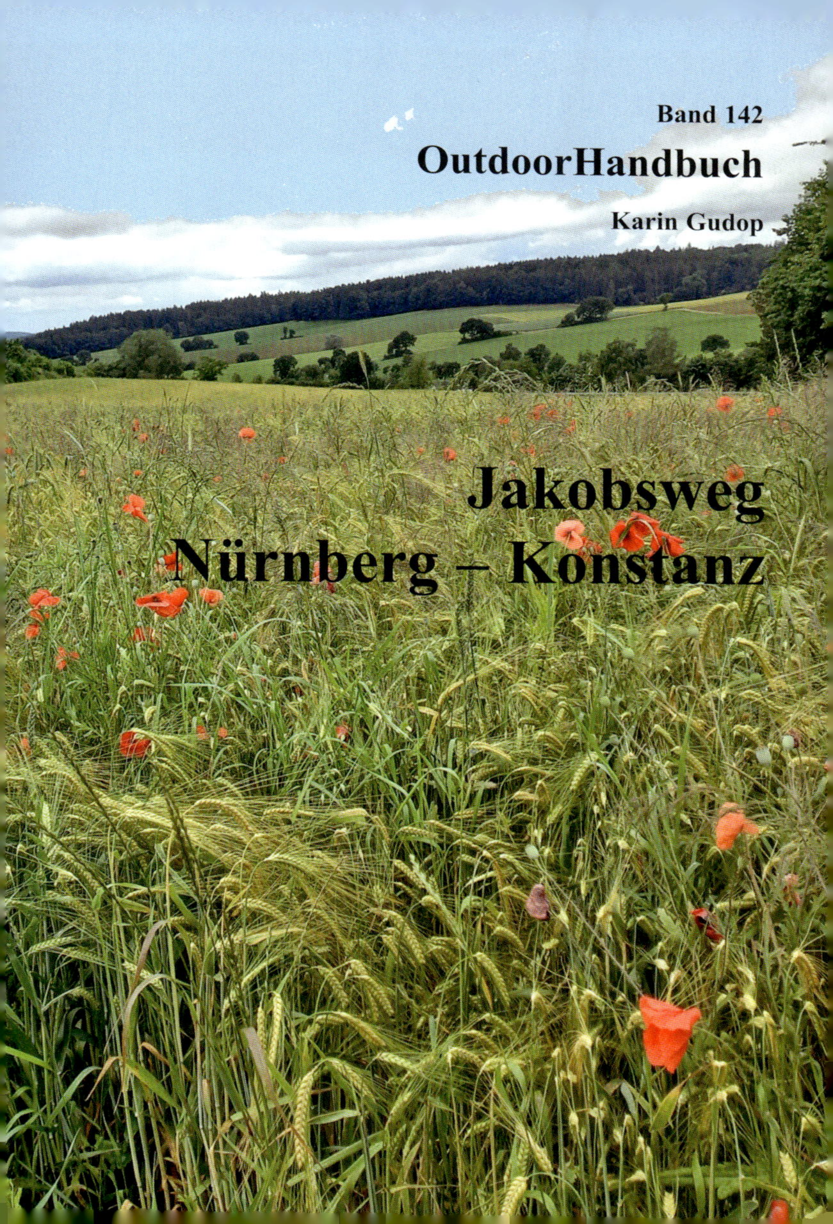

Band 142

OutdoorHandbuch

Karin Gudop

Jakobsweg Nürnberg – Konstanz

Jakobsweg

Alle Informationen, schriftlich und zeichnerisch, wurden nach bestem Wissen zusammengestellt und überprüft. Sie waren korrekt zum Zeitpunkt der Recherche. Eine Garantie für den Inhalt, z. B. die immerwährende Richtigkeit von Preisen, Adressen, Telefon- und Faxnummern sowie Internetadressen, Zeit- und sonstigen Angaben, kann naturgemäß von Verlag und Autorin – auch im Sinne der Produkthaftung – nicht übernommen werden.

Die Autorin und der Verlag sind für Lesertipps und Verbesserungen (besonders per E-Mail) unter Angabe der Auflagen- und Seitennummer dankbar.

Dieses OutdoorHandbuch hat 224 Seiten mit 52 farbigen Abbildungen sowie 21 farbigen Kartenskizzen im Maßstab 1:150.000, 21 farbigen Höhenprofilen, 4 farbigen Stadtplänen und einer farbigen, ausklappbaren Übersichtskarte. Es wurde auf chlorfrei gebleichtem Papier gedruckt, in Deutschland klimaneutral hergestellt und transportiert und wegen der größeren Strapazierfähigkeit mit PUR-Kleber gebunden.

Klimaneutral
Druckprodukt
ClimatePartner.com/53106-2207-1027

Dieses Buch ist im Buchhandel und in Outdoor-Läden erhältlich und kann im Internet oder direkt beim Verlag bestellt werden.

OutdoorHandbuch Band 142

ISBN 978-3-86686-747-5 1. Auflage 2022

Text und Fotos: Karin Gudop
Karten: Manuela Dastig
Lektorat: Ricarda Kuschma
Layout: Alexandra Sauerland

Gesamtherstellung: AZ Druck und Datentechnik GmbH, Kempten

Dieses OutdoorHandbuch wurde konzipiert und redaktionell erstellt vom:

Conrad Stein Verlag GmbH, Kiefernstr. 6, 59514 Welver,
☏ 023 84/96 39 12,
info@conrad-stein-verlag.de,
www.conrad-stein-verlag.de

Besuchen Sie uns bei Facebook & Instagram:

www.facebook.com/outdoorverlag

www.instagram.com/outdoorverlag

Titelfoto: Bodenseebucht mit Blick auf das Konstanzer Münster, 19. Etappe

Inhalt

☺ Eine **Übersichtskarte** des Weges, **Autorenprofil** sowie eine Liste aller verwendeten **Symbole** in diesem Buch finden Sie auf den vorderen und hinteren Umschlagseiten bzw. -klappen.

Einleitung

Der Startpunkt dieses Pilgerführers ist die schon im Mittelalter bedeutende Pilgerstation Nürnberg, die von verschiedenen Pilgerwegen gekreuzt wird. Einmal von dem oberpfälzisch-fränkischen Jakobsweg, der von Tillyschanz von Osten kommend über Nürnberg und weiter nach Rothenburg ob der Tauber führt. Dazu zählen auch sowohl die zwei aus dem nördlichen Franken hereinführenden Jakobswege von Coburg als auch der Jakobsweg aus Hof, der über das Fichtelgebirge Nürnberg erreicht. Richtung Südwesten leitet Sie der hier beschriebene Jakobsweg von Nürnberg über Ulm bis nach Konstanz am Bodensee.

Über 30 verschiedene Jakobswege sind heute allein in Deutschland bekannt. Den verschiedenen neuzeitlichen oder mittelalterlichen Pilgerrouten ist gemeinsam, dass sie zu einem einzigen Ziel, nämlich nach Santiago de Compostela, führen. Dabei vernetzen sich die verschiedenen Wege, wie z. B. die aus Süddeutschland kommenden Wege mit den österreichischen, schweizerischen, französischen und spanischen Pilgerrouten, um schließlich das ersehnte Ziel in Spanien zu erreichen.

Seit dem 7. Jh. ist die Verehrung des Apostels Jakobus des Älteren bezeugt und damit entstand auch die Geschichte des Jakobsweges. Zusammen mit seinem Bruder Johannes war er ein Jünger Jesu, später einer der zwölf Apostel und missionierte dann wohl für eine Zeit in Spanien. Im Jahr 44 n. Chr. wurde Jakobus in Jerusalem enthauptet und der Legende nach gelangten seine Gebeine auf wundersame Weise über das Mittelmeer an die Westküste Spaniens.

Erzählungen nach geriet die Grabstätte zunächst in Vergessenheit, bis sein Grab im 9. Jh. durch die Lichterscheinung des Einsiedlers Pelayo wiederentdeckt wurde. Dieser sah über einem Feld einen besonderen Stern. Pelayo zog den Bischof Teodomiro hinzu, der befand, dass dies das Apostelgrab des heiligen Jakobus sei. Die Nachricht über die Wiederentdeckung des Apostelgrabs verbreitete sich rasch.

Bald zogen Pilgerinnen und Pilger aus ganz Europa zu diesem Ort auf der Iberischen Halbinsel, um sowohl die Erlösung von Sünden als auch die Heilung von Gebrechen zu erbitten oder um den Fesseln ihrer Lebensumstände zu entfliehen. Und so machten sich die Menschen auf den weiten Weg nach Spanien, mit Pilgertasche, Wanderstab und der Jakobsmuschel als Erkennungszeichen. Der Ort bekam den Namen Santiago de Compostela – der heilige Jakobus vom Sternenfeld. Seither wird Jakobus als Nationalheiliger und als Schutzpatron der Pilgerinnen und Pilger verehrt.

Im Mittelalter entwickelte sich die Pilgertradition weiter durch die Entstehung weiterer Handelsstraßen, die zu den entstehenden und wachsenden nordspanischen Städten führten. Wahrscheinlich sind aber nicht alle Pilgerinnen und Pilger die großen Handelsrouten entlanggegangen. Besonders am Ende des 15. Jh. waren sie von Fuhrmännern und Kaufleuten nicht immer gern gesehen. Sie wichen dann auf die unbefahrenen Wege aus. Meist nutzten sie Routen, die an Klöstern, Pilgerherbergen oder Hospizen vorbeiführten, wo Sie Aufnahme fanden.

Seit 1122 wird in den Jahren, in denen der Jakobustag am 25. Juli auf einen Sonntag fällt, ein heiliges Jahr begangen. An diesem 25. Juli 816 n. Chr. wurden die Reliquien des Apostels in der Kirche, einer neu errichteten Wallfahrtsstätte, im spanischen Compostela beigesetzt.

Zwischen 1500 und 1650 erwirkten der Humanismus, Kriege und die Reformation einen starken Niedergang der Pilgerschaft auf dem Jakobsweg. Allerdings kam die Pilgerschaft auf diesem Sternenweg nie ganz zum Erliegen.

1589 wurde der Leichnam des heiligen Jakobus versteckt, aus Angst vor dem Zugriff der Truppen des Sir Francis Drake. Das Wissen über das Versteck ging verloren und erst 1879 wurden die Gebeine des heiligen Jakobus bei Grabungen unter dem Chor der romanischen Kirche wiederentdeckt. Fortan nahmen die Pilgerzahlen stetig zu, bis die Weltkriege das Pilgergeschehen stoppten. Seit 1970 steigen die Zahlen der Pilgernden fortwährend an und 1987 wurde der Jakobsweg zum ersten europäischen Kulturweg erklärt.

Zur Kleidung der Pilgerinnen und Pilger gehört auch heute noch die sichtbar, meistens am Rucksack, getragene Jakobsmuschel sowie ein Pilgerstab, der auch als 3. Fuß der Pilgerinnen und Pilger bezeichnet wird. Er dient als Stütze, gibt aber auch im spirituellen Sinn Halt und symbolisiert die Dreifaltigkeit. Als Trinkgefäß hat die Kalebasse, gefertigt aus einem Kürbis, wohl so ziemlich ausgedient und wurde durch moderne Trinkflaschen oder Trinkschläuche ersetzt. Der frühere Überwurf oder Mantel sowie der Pilgerhut schützten die Pilgernden vor Wind, Regen und Sonne und tun es auch heute noch, nur dass die Materialien unserer Bekleidung komfortabler und leichter zu tragen sind. Zu guter Letzt gibt es da noch den Pilgerausweis, der Ihnen erlaubt, in Pilgerherbergen zu übernachten. Er wird mit Stempeln der einzelnen Wegetappen versehen und berechtigt dazu, sich in Santiago de Compostela die Pilgerurkunde ausstellen zu lassen. Der Pilgerausweis ist der Nachfolger eines Schriftstücks, das den Pilgerinnen und Pilgern als freies Geleit im Mittelalter ausgehändigt wurde.

Mit dem Ansteigen der Pilgerzahlen im Mittelalter gründeten sich Bruderschaften, die sich neben den Klöstern und Hospitälern um das körperliche und seelische Wohl der Pilgerreisenden kümmerten.

Seit der Wiederbelebung des Jakobsweges in den 1970er-Jahren wurden zahlreiche Jakobusgesellschaften und Jakobusbruderschaften wieder neu gegründet.

Heutzutage entscheiden sich viele Menschen für das Pilgern, um ihrem stressigen Alltag zu entfliehen oder sich nach einer Krankheit zu generieren, um hier nur zwei Gründe zu nennen. Oft sind die Fakten aber gar nicht so klar und es ist die Intuition oder die bereits erfahrene Freude am Pilgern, die die Menschen auf den Weg führten. Viele verspüren eine große Sehnsucht nach dem Jakobsweg, dem Sternenweg. Denn er bietet auch heute noch diese besondere Faszination, mit der Jakobsmuschel als Pilgersymbol und Richtungsweiser nach Santiago zu pilgern. Mittlerweile gibt es auch in Deutschland viele Pilgerwege, oft in der Nähe vom eigenen Zuhause, wo Sie sich ohne großen Aufwand auf den Weg machen können.

Einfach mal mit wenig Gepäck ganz unbeschwert und ohne Leistungsdruck in der Natur unterwegs sein. Dabei dürfen Sie eingeschliffene Verhaltensweisen loslassen. Sich selber wieder spüren, die eigene Lebendigkeit und Lebensfreude wieder wahrnehmen.

Begeben Sie sich auf diese spannende Reise, wandern Sie mit offenen Augen auf dem Jakobsweg und freuen Sie sich auf die Begegnungen, die Ihnen zuteilwerden. Vielleicht treffen Sie interessante Menschen, haben inspirierende Gespräche, schließen Freundschaften oder Sie legen Ihren Weg einfach nur in Stille zurück. Möglicherweise erfahren Sie Hilfe in schwierigen Situationen oder helfen einem anderen Menschen. Nehmen Sie sich auf jeden Fall so viel Zeit wie möglich, um Ihren persönlichen Weg zu genießen.

Zu jeder Etappe habe ich Sehenswürdigkeiten beschrieben, die Sie vielleicht inspirieren, die eine oder andere Kirche, ein Museum oder auch ein besonderes Gebäude zu besichtigen. Betrachten Sie dies als ein Angebot, etwas Neues in seiner Schönheit zu erleben und nicht als zu absolvierendes Programm. Wie auch immer Sie Ihren höchstpersönlichen Weg zurücklegen und erleben, ob Sie die gesamte Strecke oder nur etappenweise unterwegs sein werden ... der Weg ist bekanntlich das Ziel!

Danke sage ich allen, insbesondere Herrn Pfarrer Nitz und dem Team des ADFC, die mir die aktuellen Tracks der neu ausgeschilderten Route des Radpilgerweges von Nürnberg nach Konstanz zur Verfügung gestellt haben.

Den freundlichen Menschen, die ehrenamtlich in Pilgerherbergen oder Pilgerzentren wie in Nürnberg, Schwabach, Oberdischingen und Tettnang tätig sind und mich mit interessanten Tipps versorgt haben. Die privaten Quartiergeberinnen und -geber, die bereit sind, Pilgerreisende aufzunehmen und diese mit Freude zu umsorgen.

An dieser Stelle auch einen herzlichen Dank an die edlen Spenderinnen und Spender der wunderschönen Pilgerrastplätze zwischen Unterteuringen und Leimbach auf der Etappe von Brochenzell nach Meersburg.

Nicht zu vergessen mein Autorenkollege Martin Simon, meine Söhne und meine Freundinnen, die mir mit Rat und Tat bei der Textdurchsicht, der Trackbearbeitung und auch bei der Fotoauswahl zur Seite standen.

Ich freue mich sehr, dass Sie sich für diesen Pilgerführer entschieden haben und wünsche Ihnen viel Freude auf diesem altehrwürdigen bayerisch-schwäbischen Jakobsweg.

Land und Leute

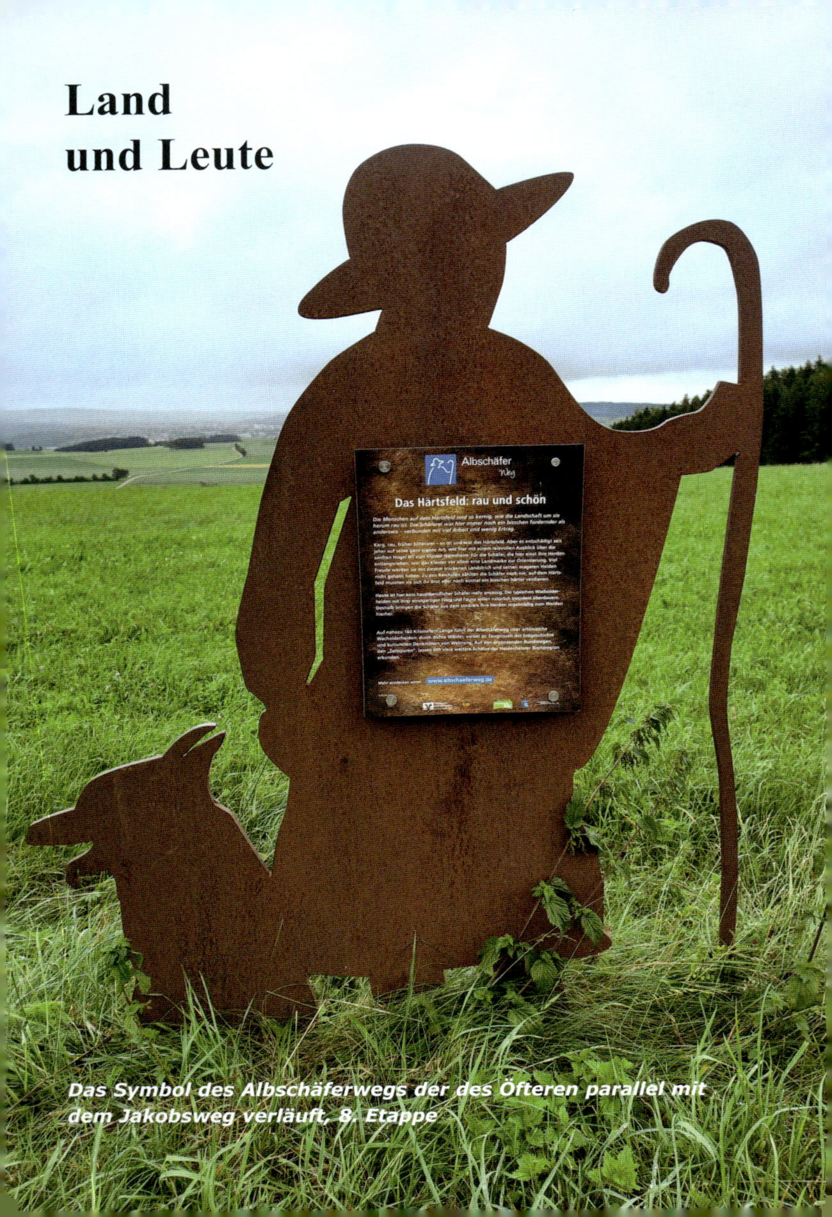

Das Symbol des Albschäferwegs der des Öfteren parallel mit dem Jakobsweg verläuft, 8. Etappe

Der hier beschriebene, knapp 400 km lange mittelalterliche Pilgerweg beginnt in Nürnberg, verläuft durch die unterschiedlichsten süddeutschen Landschaften bis nach Konstanz am Bodensee. Dabei durchwandern Sie Mittelfranken sowie das bayerische und württembergische Schwabenland.

In 19 Etappen, zzgl. einer Alternativetappe, führt Sie der Pilgerführer von Nürnberg durch das fränkische Hügel- und Seenland, über Gunzenhausen am Altmühlsee bis nach Oettingen. Sie pilgern über die Schwäbische Alb mit dem Nördlinger Ries und erreichen bei Ulm das Donautal. Hier beginnt der Oberschwäbische Jakobsweg und orientiert sich an den alten römischen Heerstraßen und an historischen Handelswegen der Kaufleute. Sie folgen den Tälern der Riß sowie der Schussen und beenden diesen Abschnitt Ihrer Pilgerreise mit einer Schifffahrt auf dem Bodensee.

Mittelfranken

In vorchristlicher Zeit siedelten in dem heutigen Mittelfranken zunächst keltische Stämme. Ab 100 n. Chr. geriet das Gebiet in den römischen Einzugsbereich, woran noch heute der rätisch-germanische Limes erinnert. Dieser ist neben der Chinesischen Mauer das größte Bodendenkmal der Welt. Im 7. und 8. Jh. zur Zeit der Christianisierung wurden die ersten Klöster und Kirchen errichtet, die besonders mit den Namen Kilian, Bonifatius und Willibald verbunden sind. Nürnberg spielte in der zweiten Hälfte des 11. Jh. als neues Machtzentrum der königlichen Gewalt eine bedeutende Rolle. Mit den Stauferkönigen wurde Franken, insbesondere Würzburg und Nürnberg, zu bedeutenden Zentren. Das änderte sich im Spätmittelalter, als Franken unter der territorialen Aufsplitterung in Deutschland litt. Hinzu kamen in dieser Zeit nach der Reformation sowohl die konfessionellen Probleme als auch die Folgen des Dreißigjährigen Krieges. Mit der neuen Einteilung des Königreichs Bayern durch König Ludwig I. wurden 1837 die nach Flüssen benannten Kreise neu gegliedert. Mittelfranken wurde dabei aus dem Rezatkreis gebildet, der noch heute im Wesentlichen in seiner jetzigen Gestalt als Regierungsbezirk besteht.

Mittelfranken mit seiner Hauptstadt Ansbach, als Teil der Region Franken, liegt im Nordwesten Bayerns, durch das ein Teil des Jakobsweges von Nürnberg bis Gunzenhausen verläuft.

Bemerkenswert in Mittelfranken sind auch die im fränkischen Stil erbauten Fachwerkhäuser mit dem Netzfachwerk, den geraden und geschwungenen Andreaskreuzen und auch die Schnitzereien und farbigen Fassungen an den Querriegeln, die zumeist in der Blüte der Renaissance entstanden.

Das leibliche Wohl kommt in Mittelfranken auch nicht zu kurz. Das Angebot an Frankenweinen ist vielfältig, um hier nur den Bocksbeutel zu nennen. Ebenso die breite Palette der Biere, die z. T. in traditionellen familiengeführten Brauereibetrieben erzeugt werden. Diese werden in Heckenwirtschaften der Winzerinnen und Winzer bzw. in den Bierkellern oder Biergärten kredenzt.

Die fränkischen Spezialitäten wie Bratwurst, Braten mit Klößen, deftige Brotzeitteller mit Laugenbrezeln oder frischem Bauernbrot lohnen, probiert zu werden.

Knapp die Hälfte der in Nürnberg lebenden Menschen sind waschechte Mittelfranken, der Rest stammt aus anderen Teilen Bayerns, Deutschlands oder der Welt. Daraus resultiert, dass sich die städtische Bevölkerung anders wahrnimmt als die Menschen im Rest Mittelfrankens, die zu fast zwei Dritteln auch dort geboren sind. Die Nürnbergerinnen und Nürnberger, die sich meist als zurückhaltend beschreiben und die Traditionen eher vernachlässigen, stehen im Gegensatz zur mittelfränkischen Landbevölkerung. Die empfindet sich noch als heimat- und naturverbunden, bodenständig und traditionsbewusst.

Schwaben

In Bayern zwischen Gunzenhausen und Oettingen wechseln Sie von Mittelfranken nach Schwaben. Schwaben beinhaltet geografisch gesehen sowohl Teile des Landes Baden-Württemberg als auch den bayerischen Regierungsbezirk Bayerisch-Schwaben.

Zwischen dem 6. und 12. Jh. siedelten die Sueben in Schwaben, die später mit den Alemannen gleichgesetzt wurden. Aus dem Herzogtum Alemannien entstand später das Herzogtum Schwaben, das eines der fünf Stammesherzogtümer im ostfränkischen Reich war. Es umfasste Teile Bayerns und Baden-Württembergs, das Elsass und auch Teile der Schweiz und existierte von 911 bis 1268. Die kirchlichen Grenzen von Schwaben bildeten bis ca. 1800 die Bistümer Konstanz und Augsburg.

1837 erfolgte eine territoriale Neueinteilung des Staatsgebiets durch König Ludwig I. Hierbei wurde z. B. das zum fränkischen Rezatkreis gehörende Ries in den neu umbenannten Kreis Schwaben und Neuburg miteinbezogen.

Heute gibt es in Bayern den Regierungsbezirk und Bezirk Schwaben auf dem Gebiet des historischen Herzogtums. Er erstreckt sich entlang der Grenze zu Baden-Württemberg, vom Donau-Ries-Kreis im Norden bis zum Allgäu im Süden. Verwaltungssitz ist Augsburg mit knapp 300.000 Einwohnerinnen und Einwohnern.

In Baden-Württemberg oder vielmehr in Württemberg, in den Regierungsbezirken Stuttgart und Tübingen, leben ebenfalls Schwaben. Diese grenzübergreifende Region in den beiden Bundesländern, die auch durch den gemeinsamen schwäbischen Dialekt geprägt ist, bezeichnet man heute als Schwaben.

Insgesamt verläuft der Jakobsweg durch eine Landschaft, die durch Bauwerke des Barocks auffällt. Teilweise ist der Wegverlauf identisch mit dem der Oberschwäbischen Barockstraße. Einige der schönsten Schlösser begegnen Ihnen auf diesem Weg durchs Schwabenland. Beginnend mit dem Schloss in Oettingen und abschließend mit dem Schloss in Meersburg am Bodensee.

Besonders die Bodenseeregion bietet, bedingt durch das ausgeglichene warme Klima des Voralpenlandes, mit seinen langen Sonnenperioden perfekte Voraussetzungen für den Apfelanbau. Rund 1.200 Betriebe mit erwerbsmäßigem Obstbau erzeugen in der Region eine Apfelmenge von etwa 250.000 t pro Jahr.

Die schwäbische Küche besticht durch ihre Eierteigwaren in den verschiedensten Variationen, wo an erster Stelle natürlich Spätzle und Maultaschen stehen. Spätzle dienen als Beilage zu Linsen mit Saitenwürsten oder auch zum Zwiebelrostbraten. Maultaschen werden mit Fleisch, Spinat, Zwiebeln, eingeweichten Brötchen oder auch mit rein vegetarischer Füllung angeboten. Der Legende nach wurden die Maultaschen von Mönchen erfunden, um das Fleischverbot in der Fastenzeit zu umgehen. Der Herr im Himmel konnte ihrer Meinung nach das eingewickelte Fleisch nicht sehen.

Weitere Spezialitäten sind Schupfnudeln, eine Art Klößchen aus Kartoffelteig sowie Pfannkuchen, die auch Flädle genannt werden. Bei den Fleischgerichten stehen z. B. saure Leber oder der schwäbische Wurstsalat hoch im Kurs. Die Süßspeisen und Backwaren verwöhnen den Gaumen, um nur als Beispiel den Pfitzauf zu nennen, ein luftiges Eiergebäck, das man mit Kompott verzehrt.

Die bayerischen Schwäbinnen und Schwaben bestätigen selbst das gängige Klischee, dass sie sich für die Sparsamsten in Bayern halten. Sie fühlen sich ebenso wie die übrigen in Bayern lebenden Menschen als heimatverbunden. Diese Heimatverbundenheit bezieht sich aber eher auf den engeren Umkreis, auf die eigene Gemeinde oder Stadt. Sehr zufrieden sind die Schwaben mit ihrer Landschaft. Vom Ries bis zu den Allgäuer Bergen und dem Bodensee lieben sie ihre Natur wie ihr gutes Klima.

Sowohl die württembergischen Schwäbinnen und Schwaben als auch die Badenerinnen und Badener grenzen sich gern voneinander ab, was vielleicht daran liegen mag, dass sie unterschiedliche geschichtliche Wurzeln haben.

Reise-Infos von A bis Z

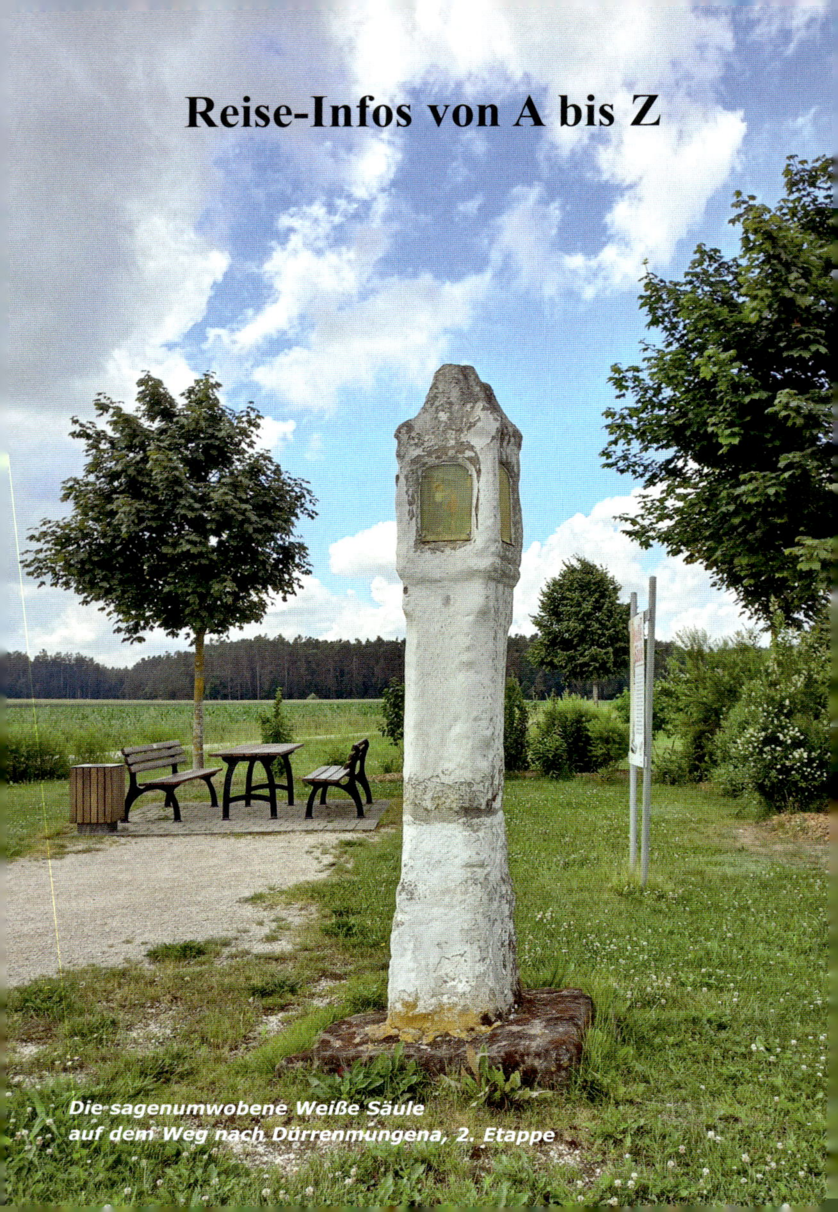

Die sagenumwobene Weiße Säule auf dem Weg nach Dürrenmungena, 2. Etappe

An- und Abreise

Mit der Bahn

Nürnbergs Hauptbahnhof verfügt über Verbindungen in alle Teile Deutschlands und zu den großen europäischen Metropolen. Die Anreise mit der Bahn bietet ganz sicher die umweltfreundlichste Alternative im Vergleich zu dem Flugzeug oder dem Auto. Der Hauptbahnhof von Nürnberg liegt zentral in der Nähe der Altstadt.

Für die Rückreise mit der Bahn, z. B. von Konstanz, gibt es Zugverbindungen, die Sie mit mindestens einmaligem Umsteigen innerhalb von ca. 5 Std. wieder nach Nürnberg zurückbringen und mehrmals täglich verkehren.

Auch wenn Sie nur tageweise pilgern, gibt es genügend Möglichkeiten, mit der Bahn zu Ihrem Startpunkt zurückzukehren, da Orte wie Schwabach, Gunzenhausen, Oettingen, Nördlingen, Giengen, Ulm, Biberach, Bad Waldsee, Weingarten, Ravensburg, Brochenzell-Meckenbeuren, Markdorf, Nonnenhorn ans deutsche Bahnnetz angeschlossen sind. Bei den einzelnen Etappen ist bei den Orten das Symbol angegeben, wenn eine Zugverbindung vorhanden ist.

Auskünfte über Zugverbindungen (und auch Busverbindungen) erhalten Sie unter dem Link www.bahn.de.

Mit dem Bus

Eine günstige Alternative zu Bahn und Auto stellen die Busverbindungen dar. Der ZOB in Nürnberg befindet sich nur rund 200 Meter vom Hauptbahnhof entfernt und dient als Bushaltestelle für nationale und internationale Fernbusse.

ZOB Nürnberg-Zentraler Omnibusbahnhof, Willy-Brandt-Platz, 90402 Nürnberg

Die verschiedenen Busanbieter sind unter folgender Adresse verlinkt:

www.fernbusse.de/fernbus-anbieter

Mit dem Auto

Bei der Anreise mit dem Auto gibt es Langzeitparkplätze im Parkhaus am Jakobsmarkt, am Hauptmarkt und auch am Nürnberger Airport. Eine verbindliche Reservierung im Vorfeld lohnt sich, da Langzeitparkplätze nur begrenzt verfügbar sind.

www.parkhaus-nuernberg.de

♦ www.easyairportparking.de

Mit dem Flugzeug

Im Norden von Nürnberg liegt der Flughafen mit Verbindungen zu vielen größeren Städten in Deutschland und Europa. Die U-Bahn-Linie U2 verbindet den Flughafen mit dem Hauptbahnhof Nürnberg und auch mit der gesamten Nürnberger Innenstadt.

Ausrüstung

Um Ihren Jakobsweg auch körperlich zu genießen, empfehle ich Ihnen, Ihr Augenmerk insbesondere auf die Schuhe und den Rucksack zu legen. Ob Ihre bevorzugten Schuhe eher Turnschuhe oder festere, höhere Bergschuhe sind, spielt keine Rolle, wenn Sie in diesen Schuhen über mehrere Stunden schmerzfrei laufen können. Falls Sie im Weitwandern noch nicht erfahren sind und nicht wissen, welcher Schuh sich am besten eignet, empfehle ich Ihnen einen leichten halbhohen Trekkingschuh mit einer guten biegsamen Sohle der Kategorie A/B oder B.

Der Rucksack, ca. 40 l bis 50 l Fassungsvermögen, sollte auf Ihre Rückenlänge abgestimmt sein und Ihnen ein gutes Tragegefühl vermitteln. Lassen Sie sich in einem Sportfachgeschäft dazu beraten und probieren Sie den Rucksack dort vor Ort mit eingelegten Gewichten aus. Idealerweise besitzt der Rucksack einen integrierten Regenschutz, was jedoch bei den gängigen Rucksackmarken meistens der Fall ist. Ansonsten können Sie eine superleichte Hülle dazukaufen.

Bedenken Sie, dass Sie Ihren Rucksack über viele Stunden auf Ihrem Rücken tragen und er sich, gerade zu Beginn Ihrer Pilgerschaft, mit zunehmender Tageszeit immer schwerer anfühlt. Die Faustregel besagt, dass der Rucksack maximal 10-15 % Ihres eigenen Körpergewichts betragen sollte. Es lohnt sich, zu Hause die einzelnen Dinge, die Sie mitnehmen möchten, zu wiegen, damit Sie Ihren Weg im wahrsten Sinne des Wortes leicht und unbeschwert zurücklegen können. Außerdem befinden Sie sich auf einem Jakobsweg in Europa, der eine Infrastruktur bietet, die es Ihnen ermöglicht, dringend benötigte Gegenstände nachzukaufen.

Meine Erfahrung besagt jedoch, dass die Wahrscheinlichkeit, zu viele Sachen mit sich herumzutragen, deutlich höher ist als umgekehrt. Ihr Rücken wird unterwegs mit Ihnen kommunizieren und Ihnen deutlich machen, ob er zufrieden ist oder nicht.

Eine Wanderbekleidung aus Mikrofasern oder noch besser aus Merinowolle ist leicht und trocknet auch nach dem Waschen schnell. Wenn Sie nicht in Bekleidung investieren möchten, finden Sie ganz sicher auch in Ihrem Fundus Dinge, die sich beim Wandern gut tragen lassen.

Nachfolgend habe ich Ihnen eine Packliste aufgeführt, die aus meinem eigenen Erfahrungsschatz von vielen Tausenden Kilometern auf dem Jakobsweg stammt.

In der Liste ist auch die Kleidung enthalten, die Sie tagsüber tragen werden.

Bekleidung

- ☐ 3 Paar Wandersocken
- ☐ 3 Unterhosen, möglicherweise 2 Sport-BHs
- ☐ 2 Wanderhosen/Trekkinghosen, idealerweise zum abzippen, oder auch nur eine kurze Hose
- ☐ 5 farbige Shirts, davon mindestens 1 langärmliges
- ☐ 1 dünne, aber warme Jacke, z. B. aus Fleece
- ☐ 1 lange Unterhose zum Schlafen und für kalte Tage, um sie unter der Wanderhose zu tragen
- ☐ 1 leichte, winddichte Jacke
- ☐ 1 leichte Regenjacke und/oder Regenponcho, der über den Rucksack geht
- ☐ 1 leichte Regenhose
- ☐ 1 Paar Wanderschuhe
- ☐ 1 Paar Trekkingsandalen, falls Sie mehrere Wochen in warmen Gegenden unterwegs sind
- ☐ 1 Kopfbedeckung, je nach Gusto und Jahreszeit von Strohhut, über Mütze bis Schlauchschal
- ☐ 1 Paar Flipflops/Crocs für die Unterkunft
- ☐ 1 Paar Handschuhe in kalten Jahreszeiten
- ☐ 1 Lieblingsstück, das unbedingt mit auf den Weg muss

Hygieneartikel

- ☐ Zahnbürste, Zahnpasta
- ☐ Seife (kann auch zum Waschen der Kleidung genutzt werden), evtl. Shampoo
- ☐ Deo
- ☐ Creme, Sonnencreme
- ☐ Kamm oder kleine Bürste
- ☐ Nagelfeile oder Schere
- ☐ Taschentücher
- ☐ etwas Klopapier
- ☐ Menstruationsartikel (für Frauen)
- ☐ Rasierer
- ☐ Ohropax
- ☐ Handtuch aus Mikrofaser

☺ Einige der vorherig genannten Artikel sind auch in kleinen Abpackungen in Drogeriemärkten erhältlich.

Kleine Apotheke

- ☐ Blasenpflaster
- ☐ Hirschtalg oder sonstige fetthaltige Fußcreme
- ☐ Pflaster, 1 Verbandspäckchen, 1 elastische Binde, 1 Wundauflage, 1 Dreieckstuch, 1 kleine Schere
- ☐ 1 Wundsalbe, z. B. Zinksalbe
- ☐ Tabletten gegen Durchfall, wie z. B. Kohletabletten
- ☐ Schmerzmittel für den Notfall
- ☐ 1 Salbe gegen Muskelschmerzen, wie z. B. roter Tigerbalm
- ☐ persönliche notwendige Medikamente
- ☐ 1 Signalpfeife, die oftmals aber schon im Brustgurtschließer des Rucksacks integriert ist

Unterlagen/Finanzen

- ☐ Bahn-, Bus- oder Flugtickets
- ☐ Personalausweis
- ☐ Pilgerausweis
- ☐ Pilgerführer Nürnberg – Konstanz
- ☐ Versicherungskarte der Krankenkasse
- ☐ Bargeld, EC-Karte/Kreditkarte
- ☐ Adressen von Familie und Freunden

Verpflegung

- ☐ Trinkflasche 1 l oder Schlauch im Rucksack
- ☐ leichtes Reisebesteck
- ☐ evtl. eine Tupperschüssel
- ☐ evtl. Müsliriegel, Obst, oder Ähnliches für den Notfall
- ☐ Mineralien und Vitamine

Sonstiges

- ☐ Rucksack
- ☐ kleine Umhängetasche oder Bauchtasche für Dokumente, Pilgerführer, etc.
- ☐ Schlafsack bzw. Hüttenschlafsack. (Diese werden nicht unbedingt auf dem Weg von Nürnberg nach Konstanz benötigt, da auch die Pilgerherbergen und Jugendherbergen bezogene Betten oder zumindest Fleecedecken anbieten).

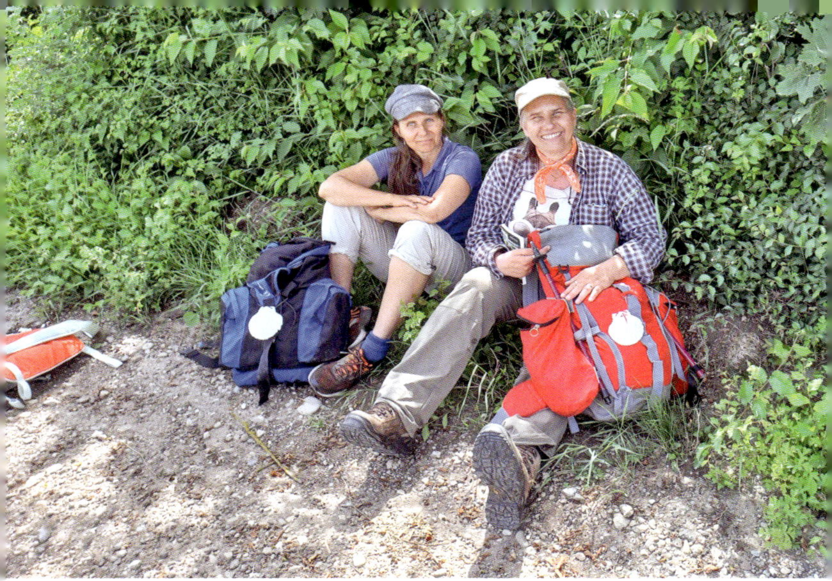

Eine gute Ausrüstung ist wichtig

- ☐ Wanderstab oder Teleskopstöcke
- ☐ Jakobsmuschel
- ☐ Stirnlampe
- ☐ Smartphone
- ☐ Ladekabel
- ☐ Kopfhörer
- ☐ evtl. eine Kamera
- ☐ Kugelschreiber
- ☐ Sicherheitsnadeln (auch praktisch um ein Wäschestück aufzuhängen)
- ☐ Wäscheleine

Einkaufen

In vielen kleineren Orten sind manchmal keine Einkaufs- oder Einkehrmöglichkeiten mehr geboten und Supermärkte liegen nicht unbedingt direkt am Weg.

Soweit Dorfläden, Bäckereien oder Restaurants in kleinen Ortschaften von mir entdeckt wurden, habe ich diese bei den einzelnen Orten mit Öffnungszeiten aufgeführt. Bei kleinen und großen Städten mit entsprechender Infrastruktur können Sie selbst aus dem großen Angebot wählen.

Zu Beginn der Etappe weise ich außerdem darauf hin, wenn die Versorgungsmöglichkeiten sehr eingeschränkt sind. Bitte beachten Sie, dass Öffnungszeiten sich verändern können, und nehmen Sie daher lieber vorher telefonisch Kontakt auf, um auf Nummer sicher zu gehen. Im Rucksack sollte idealerweise immer etwas Selbstverpflegung und ein Getränk dabei sein. Bei vielen Quartieren erhalten Sie aber auch sicher ein Lunchpaket und Getränke für unterwegs.

Auf dem Weg nach Konstanz finden Sie jedoch eine verhältnismäßig gute Infrastruktur, da Sie einige größere Orte passieren und dadurch nur selten ein Versorgungsproblem entsteht.

Klima und Reisezeit

Sowohl Wandern als auch Radfahren ist im Prinzip zu fast jeder Jahreszeit möglich, was auch ganz von Ihrer Wetterfestigkeit abhängt. Bevorzugte Monate sind in jedem Fall Mai bis Oktober, wobei die Sommermonate mit höheren Temperaturen nicht allen zusagen. Klimatisch begünstigt weist die gesamte Bodenseeregion schon sehr früh im Jahr relativ milde Temperaturen auf.

Landkarten und GPS

Der Pilgerführer bietet Ihnen übersichtliche Karten und Höhenprofile an. Falls Sie trotzdem nicht auf Wanderkarten verzichten möchten, folgen einige Beispiele.

Die Vermessungsämter bieten Ihnen Karten im Maßstab 1:50.000:

Landesvermessungsamt Bayern

- 🕮 UK 50-18 Nürnberger Land, Nürnberg – Schwabach, Auflage 2018
- ♦ UK 50-22 Fränkisches Seenland, Schwabach – Oettingen, Auflage 2018
- ♦ UK 50-21 Ries, Heidenheim – Nördlingen – Auernheim, Auflage 2018

Landesvermessungsamt Baden – Württemberg

- 🕮 F 522 Aalen Nördlingen – Giengen, Auflage 2018
- ♦ F 525 Ulm, Giengen – Ulm – Oberdischingen Auflage, 2018
- ♦ F 528 Biberach, Oberdischingen – Bad Waldsee, Auflage 2012
- ♦ F 527 Bad Saulgau – Buchsee – Federsee, Auflage 2011, deckt nur wenige km ab
- ♦ F 529 Östlicher Bodensee, Bad Waldsee – Konstanz, Auflage 2014

Weitere Freizeitkarten, z. T. auch im Maßstab 1:25.000, finden Sie sowohl bei den Landesvermessungsämtern als auch beim Kompassverlag.

☺ Die Kartenempfehlungen wurden von der Geobuchhandlung Kiel überprüft. www.geobuchhandlung.de

Die GPS-Tracks zu den beschriebenen Wegen können Sie auf der Internetseite des Verlags (www.conrad-stein-verlag.de) herunterladen.

GPS Grundlagen · Tourenplanung · Navigation von Michael Hennemann, Conrad Stein Verlag, Basiswissen für draußen, ISBN 978-3-86686-495-5, € 9,90

Markierungen

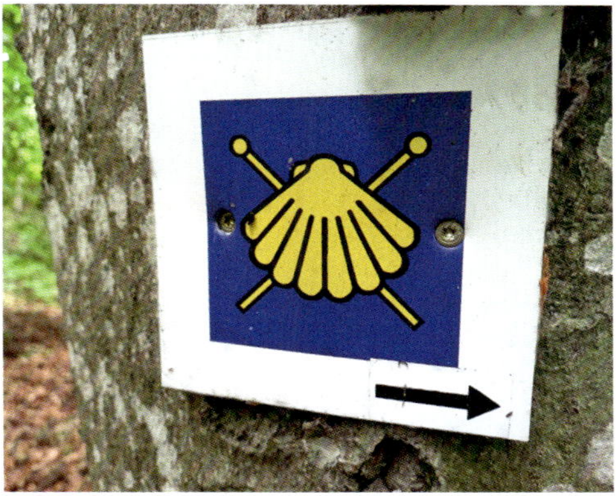

Die Wegmarkierung ist fast durchgehend zu finden

Der im Buch beschriebene Weg ist weitgehend durchgehend markiert, meist mit einer gelben Muschel auf blauem Grund, hinter der sich zwei Jakobsstäbe kreuzen. Teilweise wird die Jakobsweg-Markierung von lokalen Markierungen überlagert. Manchmal könnte die Qualität der Markierungen besser sein und ab und an fehlt diese vollständig. Daher habe ich die Wegstrecke sehr detailliert beschrieben, sodass Sie auch ohne Markierung mithilfe der Textbeschreibung den Weg finden sollten. Falls Sie an einer Kreuzung keine Markierung entdecken und auch keinen Hinweis im Buch lesen, dann bedeutet das, dass Sie geradeaus auf dem Weg bleiben. Manchmal begegnen Ihnen auf den Asphalt gemalte gelbe Pfeile, was auf diesem Weg aber nur selten vorkommt.

Bitte beachten Sie, dass der Abschnitt von Nürnberg bis Konstanz nur in Richtung Santiago de Compostela markiert ist.

Seit 2021 ist der Fahrrad-Jakobsweg mit den Symbolen einer Jakobsmuschel und eines Fahrrads ausgezeichnet. Da der fußläufige Jakobsweg häufig nicht mit dem Fahrrad-Jakobsweg identisch ist, achten Sie bitte genau auf die unterschiedlichen Markierungen, um nicht Ihren Weg zu verfehlen.

Die Zuständigkeit für die Markierungen war zum Zeitpunkt der Recherche (Stand 2022) nicht ganz klar und nicht vollständig abgedeckt. Bei Fragen wenden Sie sich bitte an diese Gesellschaften:

- Deutsche St. Jakobus-Gesellschaft, Tempelhofer Straße 21, 52068 Aachen, ☏ 02 41/479 01 27, ✉ info@deutsche-jakobus-gesellschaft.de, Mo-Fr 9:00-12:00, 💻 www.deutsche-jakobus-gesellschaft.de
- Cursillo-Haus St. Jakobus, Schwäbische Jakobusgesellschaft, Kapellenberg 58, 89610 Oberdischingen, ☏ 073 05/91 95 75, ✉ info@haus-st-jakobus.de

Notruf und Erste Hilfe

Die bundesweiten Notrufnummern lauten wie folgt:

- ▷ **Polizeinotruf 110:** bei Bedrohung, in Gefahr, bei Straftaten.
- ▷ **Feuerwehr/Rettungsdienst 112:** in Fällen, die lebensbedrohlich sein könnten, wie Bewusstlosigkeit, schwere Verletzungen, starke Schmerzen, Verdacht auf Herzinfarkt, Schlaganfall etc.
- ▷ **ärztlicher Bereitschaftsdienst 116117:** wenn Sie Beschwerden haben, die keinen Aufschub einer ärztlichen Behandlung erlauben und zu einem Zeitpunkt auftreten, an dem die Praxen geschlossen sind, beispielsweise am Wochenende oder an Feiertagen. Bei Bedarf wird Ihr Anliegen an einen Arzt weitergeleitet oder Sie erfahren den Standort der nächsten Praxis, die Sie selbst aufsuchen können, oder der Bereitschaftsdienst kommt zu Ihnen in die Unterkunft.

  Eine Erste-Hilfe-Grundausstattung sollten Sie trotzdem in Ihrem Rucksack mitführen. Es gibt Erste-Hilfe-Sets, die im Handel erhältlich sind.

Pilgerausweis und Pilgerstempel

Der 10 x 15 cm große Pilgerausweis, auf Spanisch *Credencial del Peregrino*, weist Sie als Jakobuspilgerin und -pilger aus. Dabei handelt es sich um ein auf den persönlichen Namen, mit Ihrer Personalausweisnummer versehenes, ausgestelltes Papier, das nicht übertragbar ist. Den Ausweis erhalten Sie bei einer Jakobusgesellschaft, in Pilgerzentren und manchmal auch in Herbergen. Mit diesem Pilgerdokument erlangen Sie Zutritt sowohl zu kirchlichen als auch öffentlichen Herbergen.

Außerdem ist der Pilgerausweis notwendig, um Ihre zurückgelegte Pilgerreise nachzuweisen, wenn Sie in Santiago de Compostela Ihr Ziel erreicht haben. Wesentlich ist natürlich auch sein bleibendes Andenken an die besondere Zeit auf dem Jakobsweg.

Bitte vergessen Sie nicht, sich rechtzeitig Ihren Pilgerausweis online bei einer der Jakobusgesellschaften zu bestellen oder sich diesen über das Pilgerzentrum der Jakobskirche zu besorgen. Hier einige Adressen, wo Sie per Post einen Pilgerausweis bestellen können:

💻 www.jakobskirche-nuernberg.de
- www.jakobus-franken.de
- www.haus-st-jakobus.de
- www.deutsche-jakobus-gesellschaft.de

Radpilgern

Das Buch wendet sich auch an alle, die den Jakobsweg per Rad be- und erfahren möchten. Es ist nicht immer möglich, dem offiziellen Jakobsweg zu folgen, da die Strecken z. T. nicht mit einem Tourenrad zu befahren sind.

Aus diesem Grund setzen Pfarrer Nitz aus Kaufering und ein Team vom ADFC gerade ihre Idee um, einen Jakobsweg für Radfahrerinnen und Radfahrer zu schaffen. Dieses planungstechnisch aufwendige Projekt, erfordert viel Abstimmungsarbeit und Koordination mit den Behörden, was nicht immer reibungslos verläuft.

Im Frühjahr 2022 waren im süddeutschen Raum bereits einige Radpilgerwege mit dem Signet der Jakobsmuschel und dem Fahrrad als Jakobus-Radpilgerweg ausgezeichnet. Wie auch der hier beschriebene Weg zwischen Nürnberg und Konstanz. Allerdings fehlte zu diesem Zeitpunkt noch die Beschilderung im Raum Neresheim. Erst ab Hürben/Lonetal finden Sie wieder die Radpilgermarkierung vor.

Informationen zum Radpilgern und den kostenlos herunterladbaren Tracks finden Sie auf der folgenden Seite:

💻 www.radpilgern-bayern.de

Die Routenbeschreibung für Radfahrerinnen und Radfahrer sind im laufenden Text mit dem Symbol 🚲 gekennzeichnet. Möglicherweise gibt es noch die eine oder andere Markierungsänderung, die in diesem Buch noch nicht erfasst werden konnte, dafür bitte ich Sie um Ihr Verständnis. Die ausgeschilderten Radwege sind alle mit einem Tourenfahrrad befahrbar. Trotzdem dürfte es immer eine persönliche Ermessenssache sein, ob Sie ein bestimmtes Wegstück auf dem Jakobsweg oder auf dem Radpilgerweg zurücklegen möchten. Ausschlaggebend sind hierbei natürlich auch das eigene Fahrvermögen und der Fahrradtyp, mit dem Sie unterwegs sind.

Tatsächlich sind inzwischen fast 10 % der Pilgerinnen und Pilger mit dem Rad auf dem Jakobsweg unterwegs.

Insbesondere ist diese Fortbewegungsmöglichkeit auch für Menschen geeignet, die aus welchen Gründen auch immer den Jakobsweg nicht fußläufig bewältigen können. Auch auf dem Fahrrad, auf landschaftlich schönen Wegen, kann man innere Einkehr erleben und seine Umgebung intensiv wahrnehmen. Es bieten sich überall magische Kraftorte, an Bäumen, Gewässern oder Kirchen, um Stille und Einkehr zu halten.

Unterkunft

Die Unterkunftssituation ist auf diesem Weg befriedigend und es dürfte, außer in Ferienzeiten, kein größeres Problem sein, eine Bleibe zu finden. Die Frage, ob Sie vorher reservieren oder einfach zu Ihrem Etappenziel laufen, bleibt natürlich Ihnen überlassen. Wenn Sie eine bestimmte Unterkunft anvisieren und wissen, dass Sie die Wegstrecke bewältigen, rufen Sie 1-2 Tage vorher an oder schreiben eine E-Mail, um Ihre Unterkunft zu buchen. Gerade bei privaten Unterkünften ist eine Voranmeldung meistens erwünscht. Bitte sagen Sie die Unterkunft wieder ab, falls das von Ihnen geplante Etappenziel nicht erreicht werden kann.

Die aufgeführten Übernachtungsmöglichkeiten der einzelnen Etappen erheben keinen Anspruch auf Vollständigkeit. Beachten Sie, dass sich die angegebenen Preise möglicherweise verändern und nur als Richtschnur dienen. Das Frühstück ist in der Regel in den genannten Preisen eingeschlossen, was jedoch bei den Unterkünften mit ÜF oder nur Ü vermerkt ist. In den Unterkünften wird auch meistens (kostenloses) WLAN angeboten.

Ich habe mich bemüht, Ihnen ein breites Spektrum an Übernachtungsmöglichkeiten vorzuschlagen, von Pilgerherbergen, Privatquartieren, Jugendherbergen bis hin zu Gasthöfen und Hotels.

Bisher bietet der Weg erst drei Pilgerherbergen, die sich in Schwabach, Oberdischingen und Tettnang (Alternativroute nach Nonnenhorn) befinden.

Privatunterkünfte gibt es einige mehr, die häufig von (ehemaligen) Pilgerinnen und Pilgern angeboten werden, die sich aufgrund ihrer eigenen Jakobswegerfahrung sehr über Pilgerreisende freuen.

Voraussetzung für eine Übernachtung in Jugendherbergen ist die Mitgliedschaft im Deutschen Jugendherbergswerk, die in den Jugendherbergen selbst oder bei der DJH Service GmbH erworben werden kann. Der Übernachtungspreis schließt die Bettwäsche mit ein sowie die Verpflegung gemäß Reservierung. Jugendherbergen stehen Gästen aller Altersklassen zur Verfügung.

Das größte Angebot besteht bei Gasthöfen und Hotels, die in der Regel schon auf Pilgerinnen und Pilger eingestellt sind.

Updates

Der Conrad Stein Verlag veröffentlicht Updates zu diesem Buch, die direkt von der Autorin oder von Leserinnen und Lesern dieses Buches stammen. Bitte suchen Sie vor Ihrer Abreise auf der Verlags-Homepage www.conrad-stein-verlag.de diesen Titel.

Der abgebildete QR-Code führt Sie direkt zu der richtigen Seite.

Wegplanung

Der Jakobsweg von Nürnberg nach Konstanz wird in 19 Etappen, zzgl. einer Alternativetappe, beschrieben. Die Etappen orientieren sich nach der erfahrungsgemäßen Gehstrecke von einer durchschnittlich trainierten Person auf dem Jakobsweg. Ihnen bleibt es natürlich frei, die Etappen zu verändern und Ihren Bedürfnissen entsprechend anzupassen. Soweit vorhanden, werden auch Unterkünfte zwischen den Etappenzielen genannt, sodass Sie Etappen je nach Belieben verlängern oder verkürzen können.

Die Gesamtgehzeit und die Kilometerangaben am Anfang jeder Etappe dienen Ihnen zur Orientierung. Einigermaßen fitte Wanderinnen und Wanderer benötigen im flachen Gelände 4 km in der Stunde. Der durch Steigungen benötigte erhöhte Zeitbedarf ist bereits in den Zeitangaben der einzelnen Etappen mitberücksichtigt worden.

In der Wegbeschreibung finden Sie nummerierte Wegpunkte, die es Ihnen erleichtern, sowohl die einzelnen Etappenabschnitte auf den Karten und Höhenprofilen zu erkennen als auch die zurückgelegten und vor Ihnen liegenden Kilometer besser einzuschätzen.

Dieser Pilgerweg ist ideal, falls Sie vorhaben nur für ein paar Tage zu pilgern, da einige Orte am Weg über eine gute Zuganbindung verfügen. Der Wiedereinstieg ist dann ebenso problemlos, da folgende Städte direkt an das deutsche Bahnnetz angeschlossen sind: Schwabach, Gunzenhausen, Oettingen, Nördlingen, Giengen, Ulm, Biberach, Bad Waldsee, Weingarten, Ravensburg, Brochenzell-Meckenbeuren, Markdorf und Konstanz.

Der Jakobsweg von Nürnberg nach Konstanz

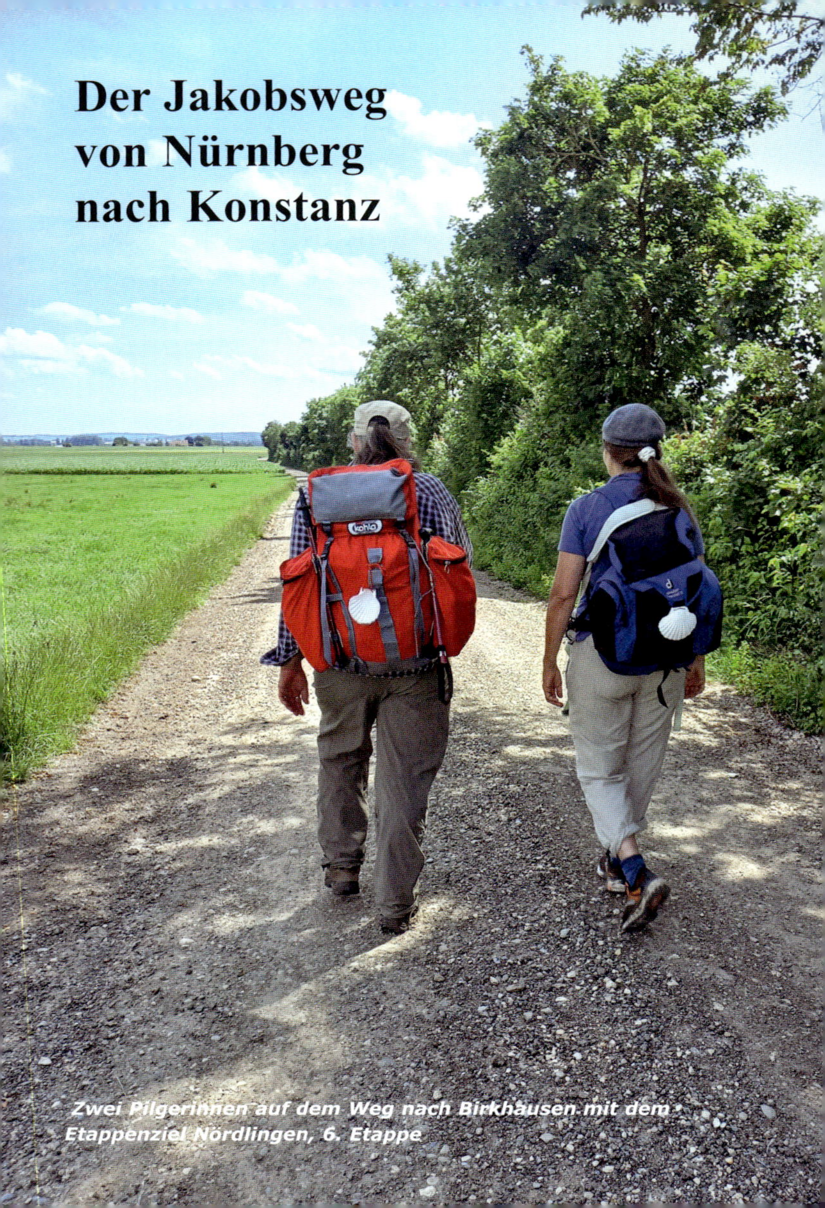

Zwei Pilgerinnen auf dem Weg nach Birkhausen mit dem Etappenziel Nördlingen, 6. Etappe

Region Nürnberg

1. Etappe: Nürnberg – Schwabach

23,9 km, 6 Std., 58 m, 35 m, 307-352 m

0,0 km	299 m	Nürnberg
3,3 km	322 m	Nürnberg Kreuzung Frankenstraße
5,5 km	320 m	Nürnberg Finkenbrunn
10,5 km	336 m	Worzeldorf
13,7 km	346 m	Kornburg
17,1 km	340 m	Neuses
19,3 km	318 m	Penzendorf
22,1 km	322 m	Limbach
23,9 km	330 m	Schwabach

Der Pilgerweg von Nürnberg nach Konstanz beginnt bei der Jakobskirche und führt an einigen Sehenswürdigkeiten wie dem Kornmarkt, dem Nationalmuseum, der Kartäusergasse und an der Stadtmauer vorbei. Nach dem Verlassen der Innenstadt leitet Sie der Weg am Ludwig-Kanal aus Nürnberg hinaus. Sie pilgern entspannt auf dem mit altem Baumbestand umgebenen Kanalweg nach Worzeldorf, wo einzelne Jakobswege abzweigen. Feld- und Waldwege führen Sie nach Kornburg und nach Neuses. Sie unterqueren den Main-Donau-Kanal und der Weg führt Sie weiter durchs Schwarzachtal. Bald erreichen Sie das Etappenziel Schwabach, das mit seiner goldenen Handwerkstradition aufwartet.

Nürnberg

Pilgerzentrum St. Jakob, Kontaktstelle für Pilgerinnen und Pilger in Nürnberg, Am Jakobsplatz 1, 90402 Nürnberg, 09 11/47 87 72 25, pilgern@jakobskirche-nuernberg.de, www.Jakobskirche-nuernberg.de.
Die aktuellen Öffnungszeiten finden Sie auf der Website. Das Pilgerzentrum im Vorraum der St. Jakobskirche empfiehlt private Unterkünfte, christliche Herbergen sowie Hotels, Pensionen o. Ä., wo mit Pilgerausweis auch reduzierte Preise gewährt werden. Hier erhalten Sie Informationen, Beratung, Pilgerpässe und finden eine Bibliothek vor. Auch Pilgerstammtische finden regelmäßig statt. Die Pilgerinnen und Pilger werden um rechtzeitige Kontaktaufnahme gebeten. am Weg

Tourist Information, Hauptmarkt 18, 90403 Nürnberg, ☏ 09 11/233 60, tourismus@nuernberg.de, Mo-So 9:30-17:00, ➲ 900 m von der Jakobskirche

☺ Die nachfolgend aufgelisteten Unterkünfte liegen in etwa zwischen Hauptbahnhof und Jakobskirche. Aufgrund starker Preisschwankungen gibt es keine Angaben zu konkreten Preisen. Einige Unterkünfte gewähren Pilgerinnen und Pilgern aber eine Ermäßigung, allerdings nur bei Vorlage eines Pilgerausweises.

Jugendherberge Nürnberg, Burg 2, 90403 Nürnberg, ☏ 09 11/230 93 60, nuernberg@jugendherberge.de, www.jugendherberge.de, 93 Zimmer, EZ-MBZ, Preise auf Nachfrage, in der alten Burg gelegen, von dort aus 15 Min. bis zum Zentrum, ➲ 1,3 km von der Jakobskirche

♦ **a&o Jugendherberge**, Bahnhofstraße 13-15, 90402 Nürnberg, ☏ 09 11/30 91 68 44 00, www.aohostels.com, 116 Zimmer, EZ bis MBZ, Preise auf Nachfrage, ➲ 400 m vom Bahnhofsplatz

Hotel-Restaurant-Brauerei Bruderherz, Bruderherz, Luitpoldstraße 15, 90402 Nürnberg, ☏ 09 91/12 16 50 10 hotel@bruderherz-nuernberg.de, www.bruderherz-nuernberg.de, EZ bis MBZ, Restaurant Mo-Do 11:00-22:00 und Fr-Sa 11:00-23:00, durchgehend warme Küche 11:30-21:30, ➲ 200 m vom Weg, in der Nähe des Bahnhofs

♦ **Hotel Steichele**, Knorrstr. 2-8, 90402 Nürnberg, ☏ 09 11/20 22 80, info@steichele.de, www.steichele.de, 48 Zimmer, Preis auf Nachfrage, Pilgerermäßigung, Restaurant Mo Ruhetag, Di-Sa 11:30-23:00, So und Feiertag Ruhetag, ➲ 200 m von der Jakobskirche

Franconia City Hotel, Zirkelschmiedgasse 12, 90402 Nürnberg, ☏ 09 11/21 53 06 10 info@franconia-city.de, www.franconia-city.de, 11 DZ, 1 EZ, Preise auf Nachfrage, Pilgerermäßigung, ➲ 200 m von der Jakobskirche

♦ **Hotel am Josefsplatz**, Josefsplatz 30/32, 90403 Nürnberg, ☏ 09 11/21 44 70, hotel@josephsplatz.com, www.hotel-am-Josephsplatz.de, Pilgerermäßigung, ➲ 300 m vor der Jakobskirche

♦ **Hotel und Hostel Five Reasons**, Frauentormauer 42, 90402 Nürnberg, ☏ 09 11/99 28 66 25, booking@five-reasons.de, www.five-reasons.de, ca. ➲ 600 m von der Jakobskirche

♦ **Hotel Fackelmann**, Essenweinstrasse 10, 90443 Nürnberg, ☏ 09 11/ 20 68 40, info@hotel-fackelmann.de www.hotel-fackelmann.de, Fahrradunterstellmöglichkeit, 10 Min. vom Hbf., ➲ 50 m vom Weg, bei der Kartäusergasse, in der Nähe der der Jakobskirche

⊙ Der Pilgerstempel liegt frei zugänglich im Vorraum der Jakobskirche.

Linie 67 ab Frankenstraße über Finkenbrunn nach Fürth

Zugverbindungen u. a. nach Schwabach, Gunzenhausen, Ulm sowie in alle deutsche Großstädte

♰ Die **St. Jakobskirche** ist eine am Jakobsplatz gelegene evangelische Stadtkirche, mitten im Zentrum der Stadt. Noch heute erinnern die Straßennamen im Umkreis der Kirche an ein früheres Handwerkerviertel. Der Ursprung dieser Kirche war eine romanische Kapelle von 1209, die ca. 80 Jahre später abgerissen wurde. Um 1400 nutzte man deren Material für einen Neubau, der auf dem alten Chorfundament errichtet wurde.

Der Hochaltar im Kircheninneren gilt als ältester Tafelaltar Nürnbergs. Als besonders sehenswert präsentiert sich die eindrucksvolle gotische Jakobsstatue.

täglich 9:00-18:00

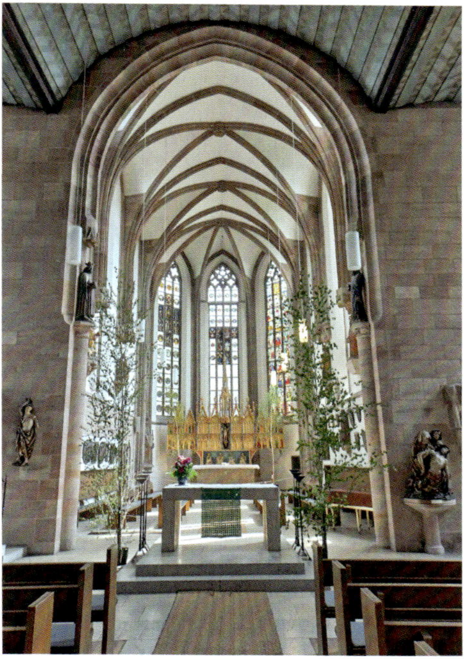

Der Hochaltar in der St. Jakobskirche

♰ Die **St.-Lorenz-Kirche**, 1250-1477, ist ein zweitürmiger gotischer Bau und die größte Kirche Nürnbergs.

♦ Lorenzer Platz 1, Mo-Sa 9:00-17:30, So 13:00-15:30

♰ Die **Frauenkirche** am Hauptplatz, 1352-61, ist die älteste Hallenkirche Frankens. Zahlreiche Kunstwerke zieren diese Kirche, unter anderem von Albrecht Dürer. Eine Besonderheit ist das „Männleinlaufen", das um 12:00 unterhalb der Giebeluhr zu sehen ist.

Außerdem finden Sie am Hauptplatz den Schönen Brunnen, der 1385/86 erbaut wurde. Vor der Kirche findet auch der allseits bekannte Nürnberger Christkindlesmarkt statt.

Mo-Sa 10:00-17:30, So 13:00-17:00

✞ Die **St.-Sebaldus-Kirche**, 1225-1379, liegt gegenüber vom Rathaus. Sie ist mit einem großartigen gotischen Ostchor, dem Grab von St. Sebaldus und vielen Kunstschätzen ausgestattet.

Jan-März 9:30-16:00, April-Dez 9:30-18:00

⌘ **Germanisches Nationalmuseum**, das größte kunst- und kulturgeschichtliche Museum des deutschsprachigen Raums

♦ Kartäusergasse 1, ☏ 09 11/133 10, info@gnm.de, www.gnm.de, Mo geschlossen, Di-So 10:00-18:00, Eintritt Erw. € 8, Kinder und Jugendliche von 7 bis 17 Jahre, Schülerinnen und Schüler, Studierende, Schwerbehinderte, Erwerbslose, geschlossene Gruppen (ab 10 Personen) € 5

⌘ Das **Heilig-Geist-Spital**, 1331-39, mit der ehemaligen Spital-Kirche, liegt malerisch in der Spitalgasse an der Pegnitz.

♦ Spitalgasse 16, Mo geschlossen, Di-Sa 10:00-17:00 (Sommerzeit), 10:00-16:00 (Winterzeit). Der Eintritt ist im Regelfall frei.

⌘ Das **Spielzeugmuseum** bietet Ihnen Spielzeug aus aller Welt und aller Epochen.

♦ Karlstr. 13-15, Mo geschlossen, Di-Fr 10:00-17:00, Sa-So 10:00-18:00, Eintritt Erw. € 6,00, ansonsten gibt es einige Ermäßigungen für Kinder und Gruppen

⌘ Das **Albrecht-Dürer-Haus**, am Tiergärtnertorplatz, aus der Mitte des 15. Jh., ist das bedeutendste Fachwerkhaus der Stadt und war einst Dürers Wohnhaus. Seit 1928 erinnert eine Ausstellung über vier Etagen an Albrecht Dürer.

Mo (nur von Juli-Sep) 10:00-17:00, Di-Fr 10:00-17:00, Sa-So 10-18, Eintritt Erw. € 6, ermäßigt für Schülerinnen und Schüler, Studierende € 1,50, sowie diverse Gruppenermäßigungen

⌘ **Altstadthof mit Museumsbrauerei** und unterirdischen Felsengängen, die für die Einlagerung der Bierfässer genutzt wurden und ein großes Labyrinth unterhalb der Stadt bilden.

♦ Bergstraße 19, Führungen können bei der Tourist-Info am Hauptmarkt oder online gebucht werden, Eintritt Erw. € 11, Schülerinnen und Schüler, Studierende € 9, Kinder unter 7 J. kostenfrei

⌘ **Altes Rathaus** mit mittelalterlichen Lochgefängnissen

♦ Rathausplatz 2, täglich, jede Stunde von 11:00-17:00 ist eine Besichtigung im Rahmen einer Führung möglich, Eintritt Erw. € 8, ermäßigt € 6

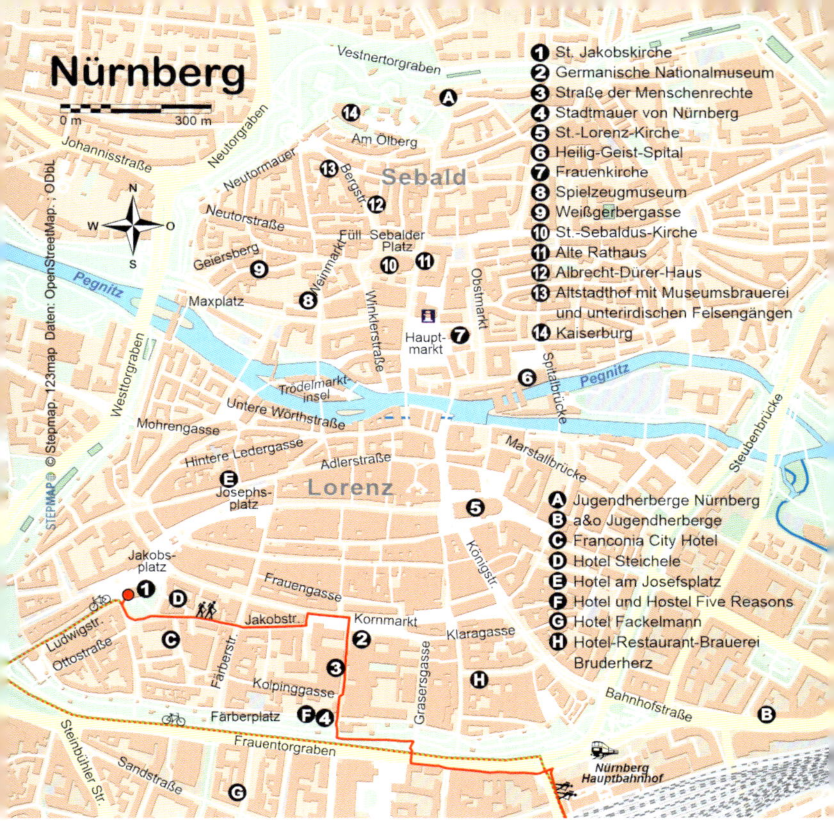

⌘ **Straße der Menschenrechte**. In der Kartäusergasse zwischen dem Kornmarkt und der Frauentormauer befindet sich eine beeindruckende Außenskulptur und Gedenkstätte. Auf einer Strecke von 170 m vereinen sich 27 weiße hohe Rundpfeiler mit 8 m Höhe, zwei Bodenplatten und einer Säuleneiche zu dieser Gedenkstätte.

⌘ Die **Stadtmauer von Nürnberg** ist eine weitläufige Burganlage von knapp 5 km Länge, die fast die gesamte Altstadt umspannt. Diese Stadtbefestigung galt im Mittelalter als unüberwindlich. In seiner langen Geschichte wurde Nürnberg auch nur einmal mit militärischen Mitteln von der 7. US-Armee eingenommen und zwar im April 1945 bei der Schlacht um Nürnberg.

Heute existieren noch 71 Mauertürme, wovon der größte Teil von Organisationen, Vereinen, Kunstschaffenden und Privatleuten genutzt wird. Verschiedene moderne Kunstobjekte befinden sich im Innen- und Außenbereich der Stadtmauer wie auch Parkanlagen, die zum Spazierengehen und Verweilen einladen.

⌘ Die **Weißgerbergasse** finden Sie unweit des Hauptmarktes und der Sebalduskirche. Etwa 20 mittelalterliche Fachwerkhäuser überstanden hier die schweren Luftangriffe auf Nürnberg. Sie spiegelt ein Stück des historischen Nürnbergs wider, mit dem alten Handwerkerviertel und den alten Straßennamen. Im Mittelalter waren die Weißgerber in dieser Gasse ansässig, die mithilfe von speziellen Mineralien die Leder besonders schön weiß gerbten.

Die **Kaiserburg** wurde erstmals 1105 als Burganlage in schriftlichen Quellen erwähnt und im Laufe der Jahrhunderte mehrere Male erweitert und umgebaut. Im Mittelalter galt Nürnberg als eine der wichtigsten Städte des Kaiserreichs. Aus diesem Grund residierten hier zeitweilig alle römisch-deutschen Kaiser.

Wenn kein Interesse am Inneren der Burg besteht, planen Sie zumindest einen Spaziergang im Burgvorhof mit ein, um den genialen Ausblick zu genießen. Besonders sehenswert sind auf dem Burggelände der Palas, die Burgkapelle und der Sinnwellturm. In der alten Kaiserstallung befindet sich heute eine moderne Jugendherberge.

April-3.Okt tägl. 9:00-18:00, 4.Okt-März tägl. 10:00-16:00, Eintritt € 7, ermäßigt € 6

Nürnberg, die zweitgrößte Stadt Bayerns, beeindruckt durch die Altstadt mit ihren geschichtsträchtigen Gebäuden und den verwinkelten Gassen. Außerdem verbindet man mit ihr den bekannten Christkindlmarkt und damit auch die Nürnberger Lebkuchen.

Nürnberg galt schon im Mittelalter als bedeutender Kreuzungspunkt verschiedener alter Pilgerwege, darunter die hier beschriebene Strecke von Nürnberg über Ulm bis zum Bodensee.

Am Jakobsplatz starten die Radlerinnen und Radler in Richtung Bahnhof. Dort passieren Sie die Celtisunterführung und biegen anschließend links in die Straße Hinterm Bahnhof und nochmals links in die Allersberger Straße.

Vor der folgenden Unterführung geht es rechts in die Köhnstraße, der Sie bis zum Ende folgen. In südlicher Richtung radeln Sie über die Obere Baustraße, Glockenhofstraße und über den Harsdörfferplatz in die Wilhelm-Spaeth-Straße. Diese mündet in einen Radweg, der rechts durch einen Park führt und später die Frankenstraße bzw. Münchener Straße kreuzt.

Bei den Weihern fahren Sie links auf den Alfred-Hensel-Weg und dann rechts auf den Radweg, der Sie zum südöstlichen Stadtteil Langwasser führt. Am Ende des Wohngebiets führt der Fahrradweg in süd-westlicher Richtung zunächst am Waldrand entlang und anschließend durch den Wald. Dabei kreuzen Sie die A73 und zweimal die A6, bis Sie Kornburg erreichen.

Die nächsten Orte, die Sie passieren, sind Greuth, Neuses und Penzendorf, wobei Sie in den Orten jeweils den Jakobsweg kurz berühren.

Erst kurz vor der Überquerung der A6 führt der Jakobsweg gemeinsam mit dem Radweg nach Schwabach zum Königsplatz.

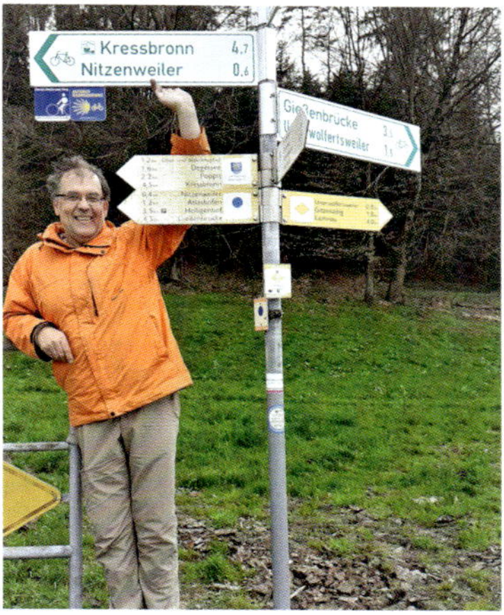

Beschilderung der Radstrecke des Jakobsweges

☺ Wenn Sie nicht gewillt sind, die ersten Kilometer durch die Stadt zu laufen, besteht auch die Möglichkeit, mit öffentlichen Verkehrsmitteln zu fahren. Von den U-Bahn-Stationen „Weißer Turm" oder vom Hauptbahnhof steigen Sie in die U1 bis „Frankenstraße" und dort in den Bus 67 Richtung Fürth. An der Haltestelle „Am Ludwigskanal" steigen Sie aus und starten dort Ihren Jakobsweg (ca. 20 Min. Fahrzeit).

Jetzt geht es aber los! Alle Pilgerinnen und Pilger, die ihren Jakobsweg an der St.-Jakobskirche beginnen, folgen der Muschelmarkierung mit der gelben Muschel vor gekreuzten Jakobsstäben auf blauem Grund. Diese Markierung begleitet Sie bis auf einige Ausnahmen nach Konstanz.

Sie starten vom Eingang der Kirche ostwärts, gehen an der kleinen Grünanlage vorbei und weiter auf der Jakobstraße, bis Sie zum Kornmarkt gelangen. Dort geht es vor dem Germanischen Nationalmuseum rechts in die Kartäusergasse und durch das weiße Tor in die sogenannte Straße der Menschenrechte. Nach dem Erreichen der Stadtmauer folgen Sie dieser links bis zur nächsten querenden Gasse. Hier wenden Sie sich nach rechts, überqueren die Hauptverkehrsstraße Frauentorgraben und laufen links in Richtung Hauptbahnhof. Sie gehen rechts durch die Eisenbahnunterführung und weiter geradeaus auf der Pillenreuther Straße.

Nach der querenden Frankenstraße ❶ geht diese in die Katzwanger Straße über. Sie überqueren den Rangierbahnhof, queren die Minervastraße und gehen noch für knapp 500 m geradeaus auf der Straße Finkenbrunn ❷. Danach führt Sie ein schöner Weg am Rande der Gartenstadt und am Ludwig-Donau-Main-Kanal entlang.

Der Bau des **Ludwig-Donau-Main-Kanals** begann im Jahr 1836 und wurde nach 10 Jahren vollendet. Dabei entstand ein 172 km langer Kanal zwischen Kelheim und Bamberg. Um die Höhendifferenzen zu überwinden, wurden genau 100 Schleusen eingebaut, wovon Sie einige auf Ihrem Weg bewundern können.

Schon kurze Zeit nach der Fertigstellung erreichte der Kanal einen hohen Güterumschlag. Nachdem das Eisenbahnnetz um 1860 in Bayern so weit ausgebaut war, konnte der Kanal dieser Konkurrenz nicht mehr standhalten und wurde wirtschaftlich immer bedeutungsloser. Im Zweiten Weltkrieg erlitt der Kanal schwere Beschädigungen durch Bombentreffer und 1950 wurde er als Wasserstraße stillgelegt. Heute existieren nur noch gut 60 km von diesem alten Kanal und zwar zwischen Nürnberg-Gartenstadt und Berching, sowie zwischen Berching und Kelheim, wo allerdings nur noch einige Fragmente bestehen.

Der Kanalabschnitt endet zunächst vor der A73, wo Sie sich kurz links halten und die Autobahnbrücke rechts überqueren. Danach geht es in einem Rechtsbogen durch einen Fußgängertunnel und wieder zum Kanal hinunter. Am Weißen Häusla, einem Kiosk mit Bestuhlung, wandern Sie geruhsam am Kanal weiter. Sie passieren ein idyllisches Schleusenwärterhäuschen und treffen bei der Schleuse 69 auf die Markierung vom Fränkischen Albverein.

Beide Markierungen leiten ein kurzes Stück in bisheriger Richtung weiter. Schon bald zeigt die blaue Jakobsmuschel nach links Richtung Wendelstein, während Sie weiterhin dem Kanal folgen und so Worzeldorf ❸ erreichen.

Dort überqueren Sie die Worzeldorfer Hauptstraße, wo rechter Hand das Hotel Zirbelstube und linker Hand ein Supermarkt und eine Bäckerei liegen.

Worzeldorf

Hotel-Restaurant Zirbelstube, Friedrich-Overbeck-Straße 1, 90455 Nürnberg-Worzeldorf, 09 11/99 80 20, genuss@zirbelstube.com, www.hotel-zirbelstube.de, 6 Zimmer, ÜF EZ ab € 88, DZ ab € 115, Restaurant So und Mo Ruhetag, Di-Sa 18:00-21:00, jeder erste Sa im Monat 12:00-14:00, ➲ 50 m vom Weg

Linie 53 Richtung Nürnberg

Bereits im 12. Jh. entwickelte sich Worzeldorf zu einem Straßendorf mit einer Pferdewechselstation, da es günstig am Handelsweg nach Nürnberg und Weißenburg lag. Wirtschaftliche Bedeutung erlangte der Ort später durch den Bau des Ludwig-Donau-Main-Kanals.

Sie wandern geradeaus über die Worzeldorfer Hauptstraße und treffen vor der alten Steinbrücke, bei der Schleuse 64, auf Informationstafeln der sich hier teilenden Jakobswege. Hier befindet sich auch ein ehemaliges Schleusenwärterhäuschen, das von einem dekorativen bunten Gartenzaun umgeben ist.

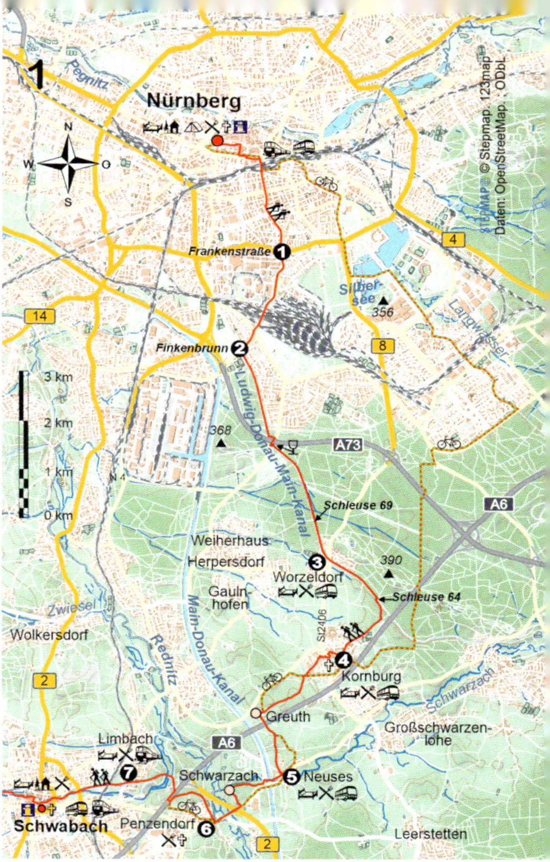

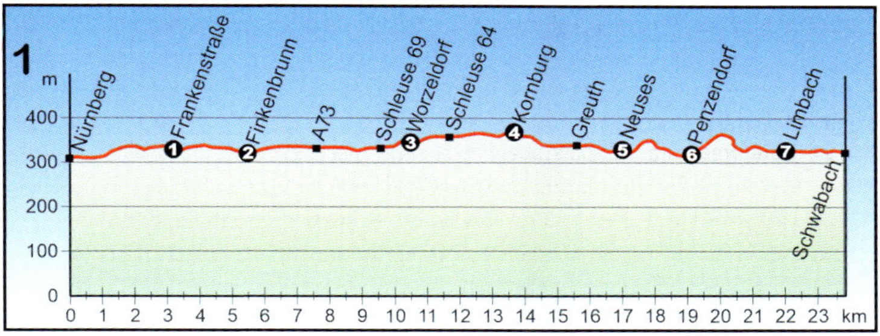

Sie verlassen nun den Kanal rechts über die Steinbrücke in den Wald, in Richtung Jakobsweg Nürnberg-Ulm-Konstanz. (Der Jakobsweg nach Eichstätt verläuft geradeaus am Kanal entlang.)

Vor der Autobahn vollführt der Weg einen Rechtsbogen und Sie wandern weiter am Waldrand entlang, parallel zum Lärmschutzwall der Autobahn. An einem Weiher finden Sie Ruhebänke vor und laufen weiter an einem links liegenden Sportplatz vorbei. Es geht noch ein Stück durch den Wald, bis Sie auf die Kellermannstraße stoßen, die nach Kornburg ❹ hineinführt.

An deren Ende gehen Sie rechts in die Flockenstraße, die zum Gasthof Weißes Lamm führt und bei der Kornburger Hauptstraße endet.

Kornburg

Gasthof Weißes Lamm, Flockenstraße 2, 90455 Nürnberg-Kornburg, ☏ 091 29/28 16-0, info@weisses-lamm.com, www.weisses-lamm.com, 45 Betten, ÜF EZ ab € 55, DZ ab € 88, MBZ ab € 112, Restaurant Sa-Do 11:00- 23:00, warme Küche 11:00-14:00 und 17:00-21:00, Donnerstagabend und Fr geschlossen, ➲ am Weg

♦ **Gasthof Grüner Baum**, Venatorius-Str. 7, 90455 Nürnberg-Kornburg, ☏ 091 29/50 60, info@gasthof-bloedel.de, www.gasthof-bloedel.de, 63 Betten, EZ ab € 55, DZ ab € 85, MBZ ab € 120, Restaurant Mo-Di geschlossen, Mi-So ab 11:00, ➲ 130 m vom Weg, in der Nähe der Kirche

Linie 53 Richtung Nürnberg

Kornburg wurde erstmals 1236 urkundlich erwähnt und ist seit 1972 ein Stadtteil Nürnbergs. Das Kornburger Wasserschloss wurde 1288 erbaut, in etlichen Kriegen zerstört und immer wieder neu aufgebaut. Der heutige Bau stammt von 1686. Die nahe gelegene evangelisch-lutherische ✞ Pfarrkirche St. Nikolaus ist eine ursprüngliche Wehrkirche mit einer Friedhofsbefestigung.

Sie gehen links in die Kornburger Hauptstraße, wo der Jakobsweg kurz vor der Kirche rechts in die Straße Am Schlossgraben einbiegt. Falls Sie im Gasthof Grüner Baum einkehren oder übernachten möchten, laufen Sie hier links in die Venatoriusstraße.

Sie kommen an dem in Privatbesitz befindlichen Kornburger Schloss vorbei. Wenn Sie die querende Florentiner Straße erreichen, halten Sie sich auf dieser halb rechts, um kurze Zeit später links in die Römerstraße einzubiegen.

Nun geht es auf einem schmalen Fußweg aus Kornburg hinaus. Kurz danach zweigen Sie links auf einen querenden, geschotterten Feldweg in Richtung Wald ab.

Sie wandern durch den Wald, kommen an Feldern und Pferdekoppeln vorbei, bis Sie schließlich Greuth erreichen. Nach dem ersten Bauernhof weist Sie die Markierung links in Richtung Autobahn, die Sie dann unterqueren.

Die Straße wird zu einem Schotterweg, überquert eine Wegkreuzung und führt Sie bei der nächsten Gabelung rechts in den Wald hinein. Nach nochmaliger Durchquerung eines Waldstücks erreichen Sie eine Landstraße, auf der Sie links zum Ortsanfang von Neuses ❺ gelangen. Bald danach wendet sich der Jakobsweg nach rechts und führt Sie leicht bergan auf den Schotterweg An der Mühle.

Hier befindet sich auch die Wassermühle mit Mühlenladen am Ufer der Schwarzach. ⇘ Wenn Sie auf der Landstraße bleiben, kommen Sie zum Gasthof Weißes Roß.

Neuses

✕ **Gasthof Weißes Roß**, Penzendorfer Str. 2, 90530 Wendelstein-Neuses, ☏ 091 22/764 14, ✉ info@weissesross-neuses.de, Mo-Di 17:00-22:00, Fr 11:30-14:00 und 17:00-22:00, Sa-So 11:30-22:00, deutsche Küche, Fleisch, Fisch, vegetarisches Essen, ➲ 100 m vom Weg

Mühlenladen, An der Mühle 1, 90530 Wendelstein-Neuses, ☏ 091 22/770 00, Mi-Fr 13:00-18:00, Sa 10:00-14:00, So-Di geschlossen, Produkte nur aus der Region, ➲ 30 m vom Weg

Linie 678 in Richtung Schwabach

Der Ortsteil Neuses der Marktgemeinde Roßtal im Biberttal wurde in einer Urkunde im Jahre 1246 erstmals erwähnt. In diesem Schriftstück ist festgehalten, dass der Burggraf von Nürnberg, Konrad I., dem Kloster Heilsbronn Teile seines Besitzes dem Ort Nivseze (neuer Sitz), heute Neuses, verkaufte. Eine der ältesten Mühlen in der Gegend dürfte die in Neuses sein, die im 14. Jh. an das Kloster St. Klara in Nürnberg verkauft wurde.

Nach Neuses folgt unmittelbar die Unterquerung des Main-Donau-Kanals. Bei der danach sofort folgenden Gabelung nehmen Sie den rechten, leicht aufwärtsführenden Weg. Danach biegen Sie sofort links auf einem schmalen Pfad in ein Wäldchen ab. Die Markierung ist erst im Dickicht sichtbar.

Der Pfad bringt Sie zu einer etwas oberhalb des Wäldchens liegenden Landstraße, wo Sie links über die Schwarzachbrücke gehen. Sie queren diese Straße und biegen rechts in den Wald hinein. Unterhalb von Ihnen schlängelt sich die Schwarzach, bis Sie der Weg in den gleichnamigen kleinen Ort führt.

Bei der Straßengabelung, am Ortsende von Schwarzach, laufen Sie rechts auf einen Rad- und Fußweg Richtung Bundesstraße. Dieser unterquert die Bundesstraße B2 und Sie erreichen vor der Brücke über die Rednitz den Gasthof Katheder.

In **Penzendorf** ✕ ✞ ❻ biegen Sie nach der Brücke sofort rechts in die Bergstraße ein. Bei der nächsten Gabelung wandern Sie halb rechts auf dem Rennweg weiter. Sie gehen am Feuerwehrhaus vorbei und erreichen nach den letzten Häusern den Waldrand. Dort halten Sie sich links und gehen leicht aufwärts in den Wald hinein. In einem Linksbogen führt Sie der Feldweg zur Autobahn A6, die Sie überqueren.

Danach geht es rechts ein Stück parallel zur Autobahn und nach einem Linksbogen treffen Sie auf eine Straße. Hier gehen Sie rechts und entfernen sich nun von der Autobahn. Sie wandern auf einem Teerweg in die Siedlung Rennmühle hinein.

Nach der Überquerung der Schwabach geht es leicht links und aufwärts auf einem Schotterweg in den Wald hinein. Am Waldrandende führt Sie die Liebigstraße geradeaus durch das Gewerbegebiet von **Limbach** ❼ in Richtung Flurstraße. Hier am Eck befindet sich linker Hand das Hotel 24Seven. Rechts geht es zum 700 m entfernten Bahnhof Limbach-Schwabach.

Limbach

24Seven Hotel Schwabach, Flurstraße 105, 91126 Schwabach-Limbach, ☏ 091 22/889 64 40, schwabach@24seven-hotel.de, www.24seven-hotel.de, Ü p. P. ab € 72, ➲ 50 m vom Weg

Linie 602 Schwabach – Kammerstein – Abenberg

Vom S-Bahnhof Limbach fahren Züge Richtung Nürnberg und nach Schwabach.

Der Jakobsweg leitet Sie nach der Flurstraße auf dem Rennmühlweg weiter und unter der ICE-Trasse hindurch.

Nun gehen Sie links auf die ersten Häuser von **Schwabach** zu. Sie laufen geradeaus auf einem Teersträßchen am Ortsrand entlang und erreichen eine Gabelung. Hier biegen Sie links auf einen abwärtsführenden Fuß- und Radweg Richtung Stadtmitte/Südstadt ab. Nach der Unterquerung einer Straßenbrücke lassen Sie eine kleine Holzbrücke links liegen und halten sich geradeaus. Nun spazieren Sie durch einen Park und an einem kleinen Fußballplatz vorbei. Der Weg endet und Sie pilgern über die Schwarzach-Brücke. Sofort danach biegen Sie rechts ab und gehen noch ein Stück geradeaus, um erneut die Schwarzach zu überqueren.

Vor Ihnen taucht sogleich das Café Am Wehr auf, vor dem Sie links weiter gehen oder zunächst erst eine Einkehr halten.

Bald danach erreichen Sie ein paar Treppenstufen und gehen vor diesen links über die Bachrinne und weiter in Richtung Stadtzentrum. Vor der großen Weide halten Sie links auf die sichtbar herausragende Stadtkirche zu. Dahinter befindet sich einer der schönsten Marktplätze Frankens, der Königsplatz, der mitten im Stadtzentrum liegt und viele Einkehrmöglichkeiten bietet. Hier endet auch Ihre erste Etappe.

Schwabach

Bürger- und Tourismus-Büro, Rathaus, Königsplatz 1, 91126 Schwabach, 091 22/860-0, buergerbuero@schwabach.de, www.schwabach.de, Mo-Di 8:00-16:00, Mi-Fr 8:00-18:00, am Weg

Pilgerherberge Schwabach, Im Haus der Begegnung, Auf der Aich 1, 91126 Schwabach, 01 74/ 815 19 11, team@pilgerherberge-schwabach.de, www.pilgerherberge-schwabach.de, 4 Betten, Waschmaschine mit Trockner ist vorhanden, eine Spende zwischen € 10-20 wird erbeten, Ankunftszeit zwischen 18:00 und 20:00 möglich oder nach telefonischer Vereinbarung, 200 vom Königsplatz in nördlicher Richtung

Hotel Gasthof Porlein, Zöllnertorstraße 10, 91126 Schwabach, 091 22/23 78, info@hotel-porlein.de, www.hotel-porlein.de, 28 Betten, ÜF EZ ab € 48, DZ ab € 70, 300 m vom Königsplatz in westlicher Richtung

♦ **Hotel Centro**, Südliche Mauerstraße 9, 91126 Schwabach, 091 22/873 20-0, info@hotelcentroschwabach.de, www.hotelcentroschwabach.de, ÜF EZ ab € 84, DZ ab € 89, MBZ ab € 115, 330 m vom Königsplatz in westlicher Richtung

Café Am Wehr, Limbacher Str. 12 G, 91126 Schwabach, 091 22/631 79 93, 01 51/ 57 00 64 29, So-Do 11:00-8:00, direkt am Weg

⊙ Pilgerstempel gibt es in der Stadtkirche am Martin-Luther-Platz, im Bürgerbüro im Rathaus am Königsplatz und in der Pilgerherberge.

Linie 607 Schwabach – Wernfels

Zugverbindungen über Pleinfeld nach Gunzenhausen

Stadtkirche St. Johannes und St. Martin. Der heutige Bau geht auf 1469-95 zurück, wobei schon ältere Vorgängerbauten existiert haben. Besonders erwähnenswert ist der prächtige spätgotische Hochaltar mit fast 16 m Höhe, der 1507/08 von Michael Wohlgemuth erschaffen wurde. Neben dem Hochaltar verfügt die Kirche noch über sieben Seitenaltäre. Auch der Kirchturm mit seinen 71,5 m Höhe ist aus dem Schwabacher Stadtbild nicht wegzudenken.

täglich 9:00-18:00

⌘ Das **Rathaus** von 1528 steht imposant auf dem Königsplatz und sticht mit seinen beiden goldenen Rathaustürmen gleich ins Auge. Durch eine im Jahr 2002 erfolgte Spendenaktion der Stadt konnten die Türme mit blattvergoldeten Ziegeln eingedeckt werden. Vor dem Rathaus beeindrucken außerdem die beiden Brunnen, der Schöne Brunnen und der Gaulsbrunnen.

Gesäumt wird der Platz von prächtigen Bürgerhäusern mit zahlreichen Läden, Cafés und Restaurants, die alle sehr einladend wirken.

Die Silhouette der 1117 erstmals urkundlich genannten Stadt bilden das historische Rathaus und die dicht dahinterstehende Stadtkirche.

Schwabach ist die kleinste kreisfreie Stadt Bayerns und war im Mittelalter eine wichtige Pilgerzwischenstation. Bekannt ist die Stadt aber durch die Herstellung von Blattgold. In einer Schauwerkstatt des Stadtmuseums wird die alte Handwerkskunst noch vorgeführt und Sie erleben, wie aus einem Barren Gold hauchdünnes Blattgold entsteht. Das Museum liegt gut 1 km vom Stadtkern entfernt.

Der Schwabacher Marktplatz mit der Stadtkirche St. Johannes und St. Martin und dem Rathaus gilt als einer der schönsten Marktplätze in Franken

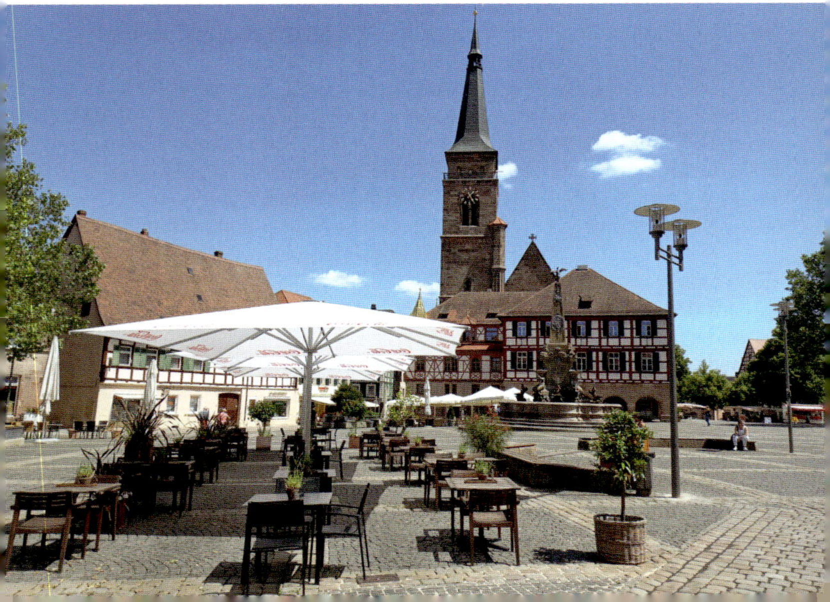

2. Etappe: Schwabach – Wernfels

23,8 km, 6 Std. 30 Min., ↑ 218 m, ↓ 114 m, ⇧ 325-435 m

0,0 km	⇧ 330 m	Schwabach
2,4 km	⇧ 333 m	Untereichenbach
5,7 km	⇧ 363 m	Haag
8,0 km	⇧ 398 m	Neppersreuth
10,3 km	⇧ 366 m	Mildach
14,4 km	⇧ 413 m	Abenberg
18,0 km	⇧ 398 m	Dürrenmungenau
21,7 km	⇧ 382 m	Pflugsmühle
23,8 km	⇧ 422 m	Wernfels

Heute folgen Sie von Schwabach weitgehend dem originalen Wegstück, das Jakobspilgerinnen und -pilger seit jeher gewandert sind. Sie verabschieden sich vom schönen Königsplatz in Schwabach und gehen stadtauswärts. Im Gemeindeteil Unterreichenbach erreichen Sie die St.-Jakobus-Kirche, die in ihrer romanischen Grundform vor über 700 Jahren erbaut wurde. Kurz vor Neppersreuth lädt eine modern gestaltete Jakobuskapelle zum Verweilen ein. Schließlich erwartet Sie Abenberg mit seiner majestätischen Burg, die hoch über dem historischen Ort thront. In Dürrenmungenau beeindruckt Sie sowohl das barocke Wasserschloss als auch die nächste Jakobuskirche am Weg. Die Übernachtung auf der mittelalterlichen Burg Wernfels ist der krönende Abschluss des Tages.

Da es noch einige alte Markierungen gibt, die nicht dem aktuellen Weg folgen, wird hier der Weg aus Schwabach genau beschrieben. Außerhalb von Schwabach ist die Markierung wieder eindeutiger. Vom Schwabacher Rathaus starten Sie westwärts, gehen über den Königsplatz und weiter durch die Königsstraße an den Geschäften, Cafés und Restaurants vorbei.

Nach der Fußgängerzone biegen Sie rechts in die abwärtsführende Straße Spitalberg. Sie erreichen die Spitalkirche und biegen noch vor der Brücke über die Schwabach links in einen Fußweg. Der Fischgrubengasse folgen Sie bis zum Ende. Dann geht es rechts auf der Brücke über die Schwabach und sofort links in den Sebastian-Kneipp-Weg, der an einem Weiher vorbeiführt.

Sie wandern links über einen Parkplatz und erreichen die querende Wasserstraße. Hier gehen Sie rechts über die Brücke des Mittelbachs und sofort links in die Badstraße. Nach ca. 200 m zweigt der Jakobsweg nochmals links auf einen schmalen Schotterweg durch die Auwiesen ab.

In Schwabach verlassen die Radler und Radlerinnen den Jakobsweg auf der Badstraße und treffen am Ortsrand von Unterreichenbach erneut auf den Jakobsweg, der bis kurz vor Haag gemeinsam verläuft.

Sie queren erneut die Schwabach und gelangen nach gut 900 m in die zu Schwabach gehörende Gemeinde **Unterreichenbach ❶**.

Nach der Sparkasse kreuzen Sie geradeaus die Markgrafenstraße.

☺ Wenn Sie in der Pension Unterreichenbach übernachten möchten, biegen Sie hier rechts ab.

Der Jakobsweg führt jedoch geradeaus über den Händelplatz und dann links aufwärts am Gasthaus Spachmüller vorbei.

Unterreichenbach

Pension Unterreichenbach, Markgrafenstraße 20a, 91126 Schwabach-Unterreichenbach, ☏ 091 22/157 17, Pension.unterreichenbach@t-online.de, ÜF EZ ab € 60, DZ ab € 85, MBZ ab 120, Ferienwohnungen ab € 100, ➲ 120 m vom Weg

Gasthaus Spachmüller, Händelplatz 4, 91126 Schwabach-Unterreichenbach, ☏ 091 22/23 20, Mo-Mi geschlossen, Do 17:30-21:00, Fr-Sa 10:00-14:00 und 17:30-22:00, So 10:00-15:00 und 17:30-21:00, ➲ direkt am Weg

⊙ Der Stempel befindet sich frei zugänglich bei der Jakobsstatue in der St. Jakobus-Kirche in Unterreichenbach

Nach dem Gasthof biegen Sie rechts in die Stromerstraße. Vor sich erblicken Sie die kleine ansprechende ✝ St.-Jakobus-Kirche, die einen Besuch lohnt.

✝ St.-Jakobus-Kirche

Die St.-Jakobus-Kirche wurde im 13./14. Jh. vermutlich in romanischer Form von einem unbekannten Kirchenpatron erbaut. Die heutige gotische Kirche entstand 1496. Sie wird von starken Sandsteinmauern getragen, besitzt kleine Rundbogenfenster und ein großes Eingangsportal. Letzteres wurde wahrscheinlich so wuchtig gestaltet, um den Menschen bei kriegerischen Unruhen eine Zuflucht zu bieten.

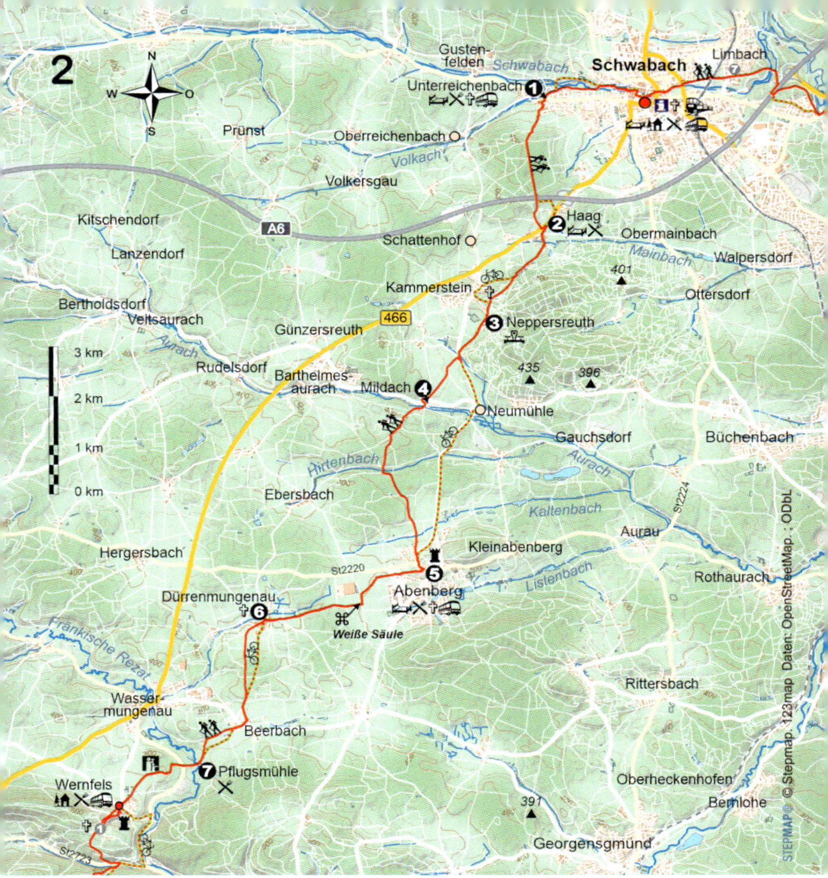

2
N
W
O
S
Gusten-
felden
Schwabach
Schwabach
Limbach
Unterreichenbach
Prünst
Oberreichenbach
Volkach
Volkersgau
Kitschendorf
A6
Haag
Schattenhof
Obermainbach
Mainbach
Walpersdorf
Lanzendorf
401
Kammerstein
Ottersdorf
Bertholdsdorf
Veitsaurach
466
Neppersreuth
Günzersreuth
3 km
Aurach
Rudelsdorf
435
396
2 km
Barthelmes-
aurach
Mildach
Neumühle
1 km
Gauchsdorf
Büchenbach
Hirtenbach
Aurach
0 km
Ebersbach
Kaltenbach
St2224
Aurau
Kleinabenberg
Hergersbach
St2220
Abenberg
Listenbach
Rothaurach
Dürrenmungenau
Weiße Säule
Fränkische Rezat
Rittersbach
Wasser-
mungenau
Beerbach
Pflugsmühle
Oberheckenhofen
Wernfels
391
Bernlohe
Georgensgmünd
St2723
STEPMAP© © Stepmap, 123map Daten: OpenStreetMap ; ODbL

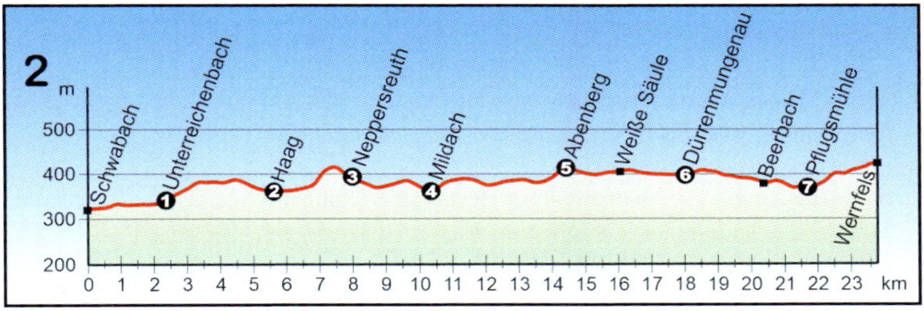

2
m
500
400
300
200
Schwabach
Unterreichenbach
Haag
Neppersreuth
Mildach
Abenberg
Weiße Säule
Dürrenmungenau
Beerbach
Pflugsmühle
Wernfels
0 1 2 3 4 5 6 7 8 9 10 11 12 13 14 15 16 17 18 19 20 21 22 23 km

Der Jakobsweg führt ein Stück vor der Kirche links aufwärts durch das Wohngebiet. Sie gehen an einer Baumschule vorbei und beim Verlassen des Ortes geht die Straße in einen Feldweg über.

Der Weg leitet Sie durch Felder und Wiesen, bis Sie bei der nächsten Gabelung mit einer Markierung links abbiegen. Bei der folgenden Wegkreuzung im lichten Wald, wandern Sie für einen guten Kilometer auf dem breiten Forstweg immer geradeaus, bis Sie die Autobahn A6 queren. Bald geht es aus dem Wald hinaus und kurz vor der verkehrsreichen Schwabacher Straße erreichen Sie **Haag** ❷.

Nach der Überquerung der Straße gehen Sie links. Bald danach biegen Sie scharf rechts in die Austraße.

☺ ↳ Wenn Sie im Hotel Meyerle übernachten wollen, gehen Sie hier links in die Austraße.

Haag

Gasthof-Hotel Meyerle, Schwabacher Str. 30, 91126 Kammerstein-Haag,
☎ 091 22/51 58 oder 091 22/179 96 oder 091 22/179 97
hotel.meyerle@t-online.de, www.hotel-meyerle.de, 19 Zimmer,
ÜF, EZ € 34,50, DZ € 72, Restaurant Mo und Fr geschlossen, Di-Do 17:00-21:00, Sa 11:00-21:00, So 11:00-14:30, ➲ 170 m vom Weg

Haag wurde 1313 erstmals urkundlich als Hage erwähnt, was damals bedeutete, dass ein Ort mit Hecken und Holzpfählen umgeben ist. Seit 1818 gehört es zur Gemeinde Kammerstein.

Sie wandern auf der Austraße aus dem Ort hinaus und weiter auf einem Feldweg bis zu einem Picknickplatz. In unmittelbarer Nähe befinden sich schilfbewachsene und mit Seerosen verzierte Teiche.

Bei der nächsten Gabelung, wo sich auch Pilzinfotafeln befinden, gehen Sie links in den Wald.

Sie verlassen den Jakobsweg an der Gabelung nach rechts und radeln dann über Kammerstein nach Neppersreuth.

Bald gelangen Sie zu der modern gestalteten ökumenischen Jakobuskapelle im Waldgebiet Heidenberg, die innen im blauen Licht erstrahlt. Dieser Ort der Ruhe lädt unbedingt zum Verweilen ein.

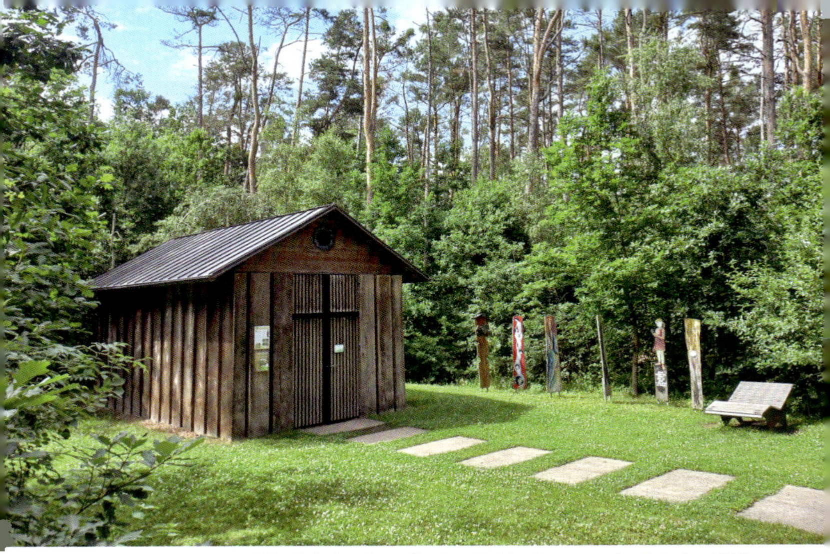

Die Jakobuskapelle im Heidenberg – ein Ort der Stille

✝ Jakobuskapelle

Die Jakobuskapelle im Waldgebiet Heidenberg erlebte 2013 ihre Einweihung. Sie wurde aus 43 wuchtigen Eichenholzsäulen errichtet. Im Altarraum dringt das Licht durch die Zwischenräume der blaugetönten Scheiben und sorgt für eine ruhige und entspannte Stimmung. Im anderen Bereich der Kapelle sind die Zwischenräume offen und lassen Wind und Wetter hinein. Aus dem Stein des Stehpults im Altarraum entstand die Schale der Jakobsmuschel. An den Wänden hängen vier Texttafeln mit Gebeten.

⊙ In der Jakobuskapelle in der Ecke bei den Texttafeln finden Sie den Pilgerstempel.

Geradeaus gehen Sie über eine kleine Straße und gelangen zum Waldrand, wo Sie auf die ersten Häuser von **Neppersreuth** ❸ treffen.

Neppersreuth

Schnell´s Hofladen, Ringstr.4, 91126 Kammerstein-Neppersreuth, ☏ 091 22/83 07 03, info@schnells-kuerbiskerne.de, Eis, Wurstdosen, Nudeln, Reis, Amarantaufstrich und vieles mehr, Mo-Di geschlossen, Mi-Do 14:00-18:00, Fr 9:00-12:30 und 14:00-18:00, Sa 9:00-13:00, So und Feiertage geschlossen, ➲ 150 m vom Jakobsweg

Hier geht es links in die leicht abwärtsführende Heidenbergstraße, die Sie in einem Rechtsbogen zunächst durch den Ort und dann hinausbegleitet.

Sie stoßen vor der Kreisstraße auf einen Radweg, gehen auf diesem kurz links, um dann die Straße rechts zu überqueren.

🚲 Mit dem Rad folgen Sie der Kreisstraße südwärts bis Neumühle und fahren dort geradeaus auf dem Radweg neben der Rh4 Richtung Abenberg. Dort radeln Sie unterhalb der Burg von Abenberg wieder auf den Jakobsweg und weiter bis Dürrenmungenau.

Danach geht es kurz rechts und dann links bis zur nächsten Gabelung. Sie wandern nun geradeaus auf einem Wiesenweg, der Sie mit einem kurzen steilen Anstieg auf die rechte Seite einer Strauchreihe führt. Der Weg geht über in einen gepflasterten Traktorweg und begleitet Sie durch ein kleines Waldstück. Sie erblicken die ersten Häuser von **Mildach ❹** und wandern durch einen Hof, der mit kunstvollen Mosaiksteinen und Statuen geschmückt ist.

Anschließend stoßen Sie auf die Kurve der Ortsdurchfahrtsstraße und gehen, leicht links versetzt, weiter geradeaus. Die Straße führt Sie in einem Rechtsbogen durch den Weiler, über eine Brücke über die Aurach und weiter durch ein Waldgebiet. Direkt nach einem großen landwirtschaftlichen Gebäude biegen Sie links in einen gepflasterten Weg und tauchen bald in den Wald ein. Am Waldrand, hinter einer ⛩ Ruhebank, gehen Sie wieder links in den Wald. Der Weg führt Sie durch einen mit Kiefern bewachsenen Forst und später durch einen Taleinschnitt, wo Sie den Hirtenbach überqueren. In einem Linksbogen geht es in den Wald. Sie bleiben auf dem Hauptweg und ignorieren die abzweigenden Wege. Nach einer am Feldweg liegenden ⛩ Ruhebank führt der Weg am Waldrand entlang. Vor sich erblicken Sie bereits die auf dem Hügel thronende ♜ Burg von Abenberg. Bei der folgenden Wegkreuzung lädt Sie ein ⛩ Picknickplatz zur Rast ein und dann geht es auf der Barthelmesauracher Straße bis zur Schwabacher Straße.

Diese überqueren Sie und halten sich rechts auf dem Fuß- und Radweg. In der folgenden Rechtskurve befindet sich das griechische Lokal Meteora und dahinter in der Windsbacher Straße das Landhaus Kaiser. Der Jakobsweg führt Sie jedoch links durch das Obertor, am Rathaus vorbei und dann zu der gegenüberliegenden ✞ St.-Jakobus-Kirche von **Abenberg ❺**.

Abenberg

🛏 ✕ **Landhaus Kaiser** Windsbacher Straße 32, 91183 Abenberg, ☎ 091 78/998 08 90, ✉ info@kaiser-landhaus.de, 💻 www.kaiser-landhaus.de, 30 Betten, ÜF EZ ab € 62, DZ ab € 92, Dreibettzimmer ab € 165, 🚪 Restaurant Mo Ruhetag, Di-Do 17:00-22:00, Fr-Sa 11:00-22:00, So 11:00-14:30, fränkische Küche, ➲ 350 m vom Weg

🛏 ✗ **Hotel-Restaurant Burg Abenberg**, Burgstraße 16, 91183 Abenberg, ☏ 091 78/982 99-0, ✉ info@burgabenberg.de, 💻 www.burgabenberg.de, 33 Betten, Ü EZ ab € 72, DZ ab € 128, 🚪 Restaurant Mo-Di geschlossen, Mi-Sa 18:00-21:30, So 12:00-14:00, ➲ 200 m vom Weg

🛏 **Pension Helga Schütz**, Steinweg 17, 91183 Abenberg, ☏ 091 78/13 70, ✉ pension-schuetz@gmx.de, 4 Zimmer, p. P. ab € 25, sowie Ferienwohnungen, ➲ 500 m, in südöstlicher Richtung von der Kirche

✗ **Gaststätte Meteora**, Windsbacher Straße 4, 91183 Abenberg, ☏ 091 78/13 03, ✉ 048-116009@web.de 💻 www.gaststaette-meteora.de, 🚪 Mo geschlossen, Di-So 11:00-14:00 und 17:00-23:00, griechisches Lokal, ➲ 40 m vom Weg

⊙ St.-Jakobus-Kirche Abenberg

🚌 Linie 607 nach Schwabach, mehrmals täglich

Über dem Altstadtkern von Abenberg, das 1071 erstmals als „Abinberch" urkundlich erwähnt wurde, thront eine mittelalterliche Burganlage. Heute finden Sie hier ein Hotel, das Haus fränkischer Geschichte sowie das Klöppelmuseum. Am Stillaplatz, unweit vom Obertor, liegt nicht nur das Rathaus, ein wuchtiger Sandsteinbau von 1743/44, sondern auch das älteste Bürgerhaus aus dem 17. Jh. Der Stillabrunnen am Marktplatz von 1959 ist der Stadtpatronin Stilla gewidmet, die vormals dem höfischen Leben entsagte und sich Armen und Kranken widmete.

Die dem Stillaplatz gegenüberliegende Pfarrkirche St. Jakobus wurde um 1070 geweiht und später mehrfach umgebaut. Auch im Schrein des Hochaltars erkennen Sie den Kirchenpatron Jakobus, der an einigen Stellen in der Kirche seinen Platz gefunden hat.

🚲 Mit dem Rad geht es am Rathaus vorbei, durchs Obertor und dann geradeaus auf der Windsbacher Straße, bis der Friedrichweg am Landhaus Kaiser links abzweigt. Dieser endet bei der Wiesenstraße und Sie fahren rechts auf den Jakobsweg und weiter bis Dürrenmungenau.

Der Jakobsweg führt leicht ansteigend rechts an der Kirche vorbei. Am Ende der Kirchenmauer geht ein schmaler Weg, der Sie gerade auf ein Teersträßchen führt, rechts ab. Sie gelangen am Ende des Ortes auf eine weitere Teerstraße, der Sie geradeaus folgen. Nach dem Friedhof überqueren Sie eine Straße und wandern auf einem Feldweg bis zu einem kleinen Teich mit ⩩ Picknickplatz. Sie erreichen einen gepflasterten Feldweg, halten sich links und unterqueren eine Stromleitung. Bald danach folgt ein weiterer ⩩ Rastplatz an der sagenumwobenen weißen Säule.

Die **weiße Säule** wurde bereits 1407 im Steuerbuch von Abenberg genannt und war ein Kreuzungspunkt alter historischer Wege. Über diesen Bildstock mit Votivbildern werden geheimnisvolle Geschichten erzählt. Um Mitternacht erscheinen die Truden – Zauberwesen – an diesem Platz, die jedoch nach einiger Zeit wieder verschwinden. Während ihrer Anwesenheit putzen sie den dunklen Fleck an der Säule weg. Allerdings hält ihre nachts verrichtete Arbeit dem Tageslicht nicht stand und der Fleck tritt erneut hervor. So müssen Sie immer und immer wieder ihr aussichtsloses Werk von vorne beginnen.

Sie dürfen von diesem sagenumwobenen Ort nun rechts an Wald- und Feldrändern entlang pilgern, bis Sie zum Ortseingang von **Dürrenmungenau** ✞ ♜ ❻ gelangen.

In Dürrenmungenau liegt eine 1614 erbaute evangelisch-lutherische Jakobskirche. Sie hat einen hübschen Fachwerkturm und birgt im Inneren u. a. einen sehenswerten Barockaltar. In der Nähe liegt das idyllische Barock-Wasserschloss, das von 1651-1876 im Besitz der Nürnberger Patrizierfamilie Kreß von Kressenstein war, die auch den Verhandlungsleiter für den Westfälischen Frieden stellte.

Sie folgen dem Steinbacher Weg, der am Ende in die Dorfstraße einmündet. Der Jakobsweg geht hier links weiter.

☺ ➥ Wenn Sie auf der Dorfstraße rechts gehen, erreichen Sie sowohl die ✞ St.-Jakobus-Kirche als auch das benachbarte barocke ♜ Wasserschloss (nur Außenbesichtigung). ➲ 250, bzw. 300m

🚲 Mit dem Rad fahren Sie von Dürrenmungenau nach Beerbach, wo Sie kurz auf den Jakobsweg treffen.

Auf der Dorfstraße geht es links und gleich danach rechts in den Dorfanger, bis zu einem schönen Fachwerkhaus mit einem Naturgarten und Pferdekoppeln.

✋ Kurz danach biegen Sie bei der Weggabelung links in die Felder und erreichen, nachdem Sie die Hochspannungsleitung unterquert haben, den Wald.

Sie laufen auf einem Grasweg in den Wald hinein. Bei einer Freifläche passieren Sie nochmals eine Hochspannungsleitung. Bald danach stoßen Sie bei einem einzelliegenden Gehöft auf eine Landstraße und wandern rechts weiter. Schon erblicken Sie die ersten Häuser von Beerbach und biegen bald links in das Sträßchen Beerbach C ein.

Die Straße Beerbach C führt Sie an einem Kriegerdenkmal vorbei. Sie kreuzen kurz danach die Straße Beerbach A und wandern leicht rechts versetzt auf der Straße Beerbach B aus dem vom Abc beherrschten Ort hinaus.

🚲 Am Ortsende fahren Sie an der Gabelung links, bis die Wege kurz vor der Pflugsmühle wieder zusammentreffen und gemeinsam zum Etappenziel führen.

Nun geht es zunächst auf einem gepflasterten Traktorweg in Richtung Pflugsmühle, der später in einen Schotterweg übergeht. Vor einem Waldstück halten Sie sich der Markierung folgend links. Der Weg endet beim Ort Pflugsmühle ❼.

Sie wandern auf dem Jakobsweg nach rechts über die Brücke über die Fränkische Rezat.

Pflugsmühle

Bäckerei und Biergarten Die Pflugsmühle, Pflugsmühle 1 b, 91183 Abenberg-Pflugsmühle, ☏ 098 73/97 98-0, ✉ info@pflugsmuehle.de, 💻 www.pflugsmuehle.de, im Sommer und bei warmem Wetter von 11:30-22:00. Hier gibt es einen schönen Ausblick auf die idyllischen Flussauen und bei Interesse auch eine Besichtigung des ⌘ Fahrradmuseums. Im Angebot befinden sich fränkische Spezialitäten, deftige Brotzeiten, feine Kaltspeisen und Salate. ➲ 50 m vom Weg

⌘ **Fahrradmuseum**

♦ Pflugsmühle 1b, ✉ 098 73/97 67 44, 📱 01 60/98 44 83 81, ✉ walter.mungenau@web.de, 💻 www.der-radsherr.de, Öffnungszeiten werden auf der Webseite bekanntgegeben, ansonsten Termine auf Anfrage, gerne auch für Gruppen. Der Eintritt ist frei. ➲ 100 m vom Weg, hinter der Pflugsmühle

Frisch gestärkt gelangen Sie zu einer Landstraße, überqueren diese und wandern auf einem Teersträßchen in den Wald. Vor den Toren der Abfalldeponie gehen Sie links und weiter bergan durch einen lichten Wald. Es geht am Waldrand entlang und nochmals ein kurzes Stück durch den schönen Wald. Hier bietet sich Ihnen eine wunderbare Aussicht über die Felder bis zur Burg Wernfels.

Schließlich vollführt der Weg einen Linksbogen. Sie wandern am Feuerwehrhaus vorbei und erreichen den Ort **Wernfels**. Nur noch ein kurzes Stück bis zum Dorfplatz und Sie folgen dem Wegweiser hinauf zur Burg Wernfels.

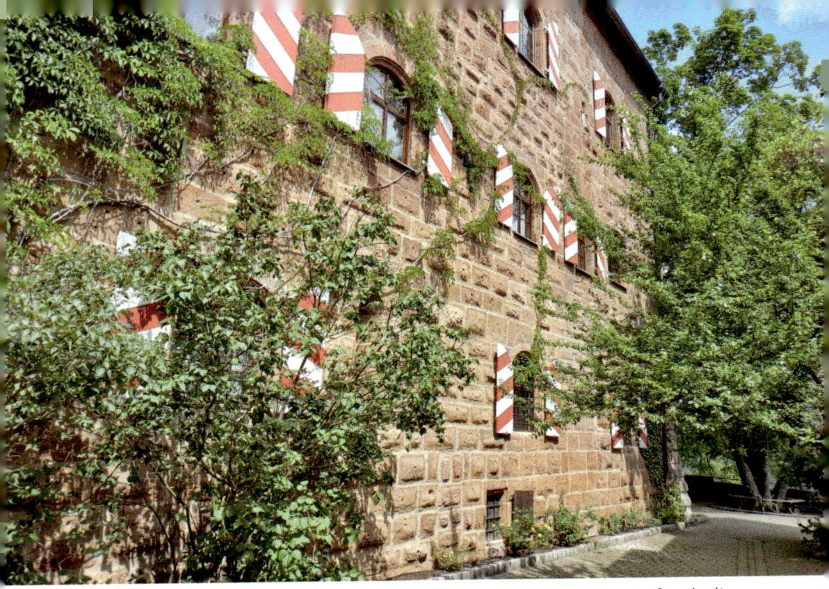

Die Burg Wernfels bietet ihren Gästen einen angenehmen Aufenthalt

☺ Auf der Burg gibt es eine 💧 Wasserauffüllstation, die Sie auch nutzen können, wenn Sie dort nicht übernachten.

Wernfels

CVJM Jugendherberge Burg Wernfels, Burgweg 7-9, 91174 Spalt-Wernfels, ☏ 098 73/97 61 20, burg@cvjm-bayern.de, www.burg-wernfels.de, 220 Betten in 56 Zimmern, ÜF EZ ab € 34, DZ ab € 68, MBZ ab € 99, Halbpension kann dazu gebucht werden. Pilgerinnen und Pilger sind auf der Burg mit der herrlichen Aussicht herzlich willkommen, ➲ 120 m vom Weg

⊙ In der Jugendherberge erhalten Sie einen Pilgerstempel.

Linie 607 nach Schwabach

Wernfels wird von der gleichnamigen romantischen Ritterburg überragt, die in ihren Grundrissen auf die Zeit 1230-60 zurückgeht und von 1284 bis 1802 fürstbischöflicher Amtssitz war. Im Jahre 1600 brannte die Burg vermutlich durch Blitzschlag nieder, wurde dann aber wieder aufgebaut.

Seit 1925 gehört sie dem CVJM-Landesverband Bayern und ist eine der beliebtesten Jugendherbergen deutschlandweit. Regelmäßig finden hier auch Burgfeste, Konzerte und andere Veranstaltungen statt.

3. Etappe: Wernfels – Gunzenhausen

20,3 km, 6 Std., 341 m, 368 m, 371-510 m

0,0 km	422 m	Wernfels
0,6 km	487 m	Theilenberg
2,1 km	395m	Staatsstraße 2723
5,0 km	487 m	Kalbensteinberg
7,2 km	432 m	Igelsbach
9,6 km	503 m	Geiselsberg
13,1 km	440 m	Brombach
16,1 km	447 m	Frickenfelden ( ) BANK
20,3 km	420 m	Gunzenhausen BANK

Die heutige Etappe führt Sie durch das Tal des Erbachs und durch die Obstplantagen nach Kalbensteinberg. Gerade Ende April bis Anfang Mai steht hier die Kirschblüte in voller Pracht. Sie wandern durch kleine Ortschaften und Auwälder und gelangen schließlich nach Gunzenhausen – die einzige Stadt in Bayern, die auf dem Limes liegt, der ehemaligen Grenze des römischen Imperiums. Inmitten des fränkischen Seenlandes befindet sich diese traditionsreiche Stadt, die mit ihrem fachwerkreichen Stadtkern zu einem Stadtbummel einlädt.

Mit dem Rad fahren Sie am Dorfplatz in die rechts führende Straße Unter der Burg, die zur Stiegelmühler Straße führt und auf der Sie bis Stiegelmühle fahren. Dort radeln Sie weiter rechts auf der St 2223 bis Hohenrad. Hier biegen Sie rechts in die St 2723 ein. Bald danach geht es links über eine Brücke, wo Sie kurz auf den Jakobsweg treffen. Bei der folgenden Gabelung bleiben Sie geradeaus auf diesem Weg. Kurz danach treffen Sie wieder auf den Jakobsweg und radeln auf diesem bis nach Kalbensteinberg.

Von Kalbensteinberg radeln Sie über die B 466 bis Gunzenhausen. Auf diesem Wegstück besteht keine Berührung mehr mit dem Jakobsweg.

Wenn Sie auf der Burg genächtigt haben, besteht die Möglichkeit, direkt auf dem Kirchenweg nach Theilenberg zu gelangen. Dieser Weg ist ausgeschildert und führt Sie aufwärtsgehend auf die Ortsdurchfahrtsstraße von Theilenberg. Kurz danach erreichen Sie die Kirche St. Wenzeslaus und befinden sich nun wieder auf dem Jakobsweg.

Ansonsten geht es von der Burg abwärts Richtung Dorfplatz. Dort wandern Sie links den steilen Weg hinauf und erreichen später die ✞ Kirche von **Theilenberg ❶**.

Sie halten sich bei den letzten Häusern kurz vor dem Ortsende links und folgen der Jakobswegmarkierung durch den landwirtschaftlichen Hof.

Auf einem betonierten, abwärtsführenden Weg geht es Richtung Wald. Bei einem Gartenhäuschen mit romantischem Garten gabelt sich der Weg und Sie folgen dem linken Weg in den Wald. Der Weg geht in einen Forstweg über. Sie wandern bei der folgenden Gabelung rechts auf einen steil abwärtsführenden Weg, der im Tal des Erlbachs auf die Staatsstraße 2723 ❷ stößt.

Bank vor dem Waldweg der ins Tal des Erlbachs führt

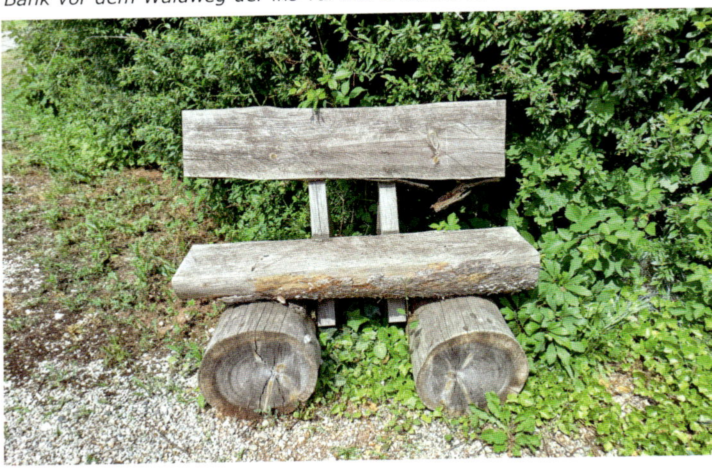

Nun gehen Sie links am Rande der mäßig befahrenen Staatsstraße und biegen kurz danach rechts zu einer Brücke ab. Ca. 100 m nach der Brücke, bei einer Ruhebank, geht es wieder rechts. Hier folgen Sie der Muschelmarkierung und den Hinweisschildern. Kurz danach erreichen Sie eine Gabelung, an der Sie nochmals rechts auf einem steil bergaufführenden und buckligen Weg weiterwandern. Im lichten Wald, nach einem Linksbogen des Weges, wandern Sie bei der nächsten Gabelung auf den links ansteigenden Weg.

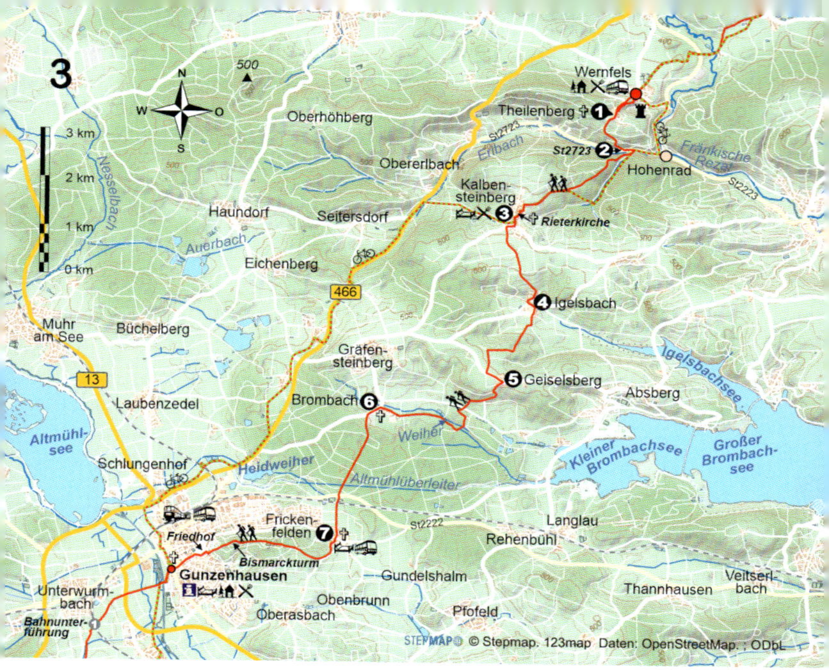

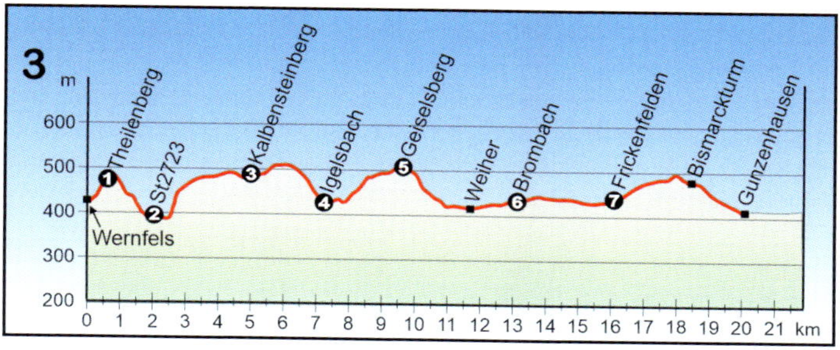

Ein kurzes Stück pilgern Sie auf diesem schmalen Waldpfad, bis Sie auf einen Schotterwaldweg stoßen und diesem links folgen.

Bei der nächsten Rechtskurve, wo sich ein Hochstand befindet, führt der Jakobsweg Sie links auf einem schmalen aufwärtsführenden Weg durch den Wald. Sie treffen auf den Zaun einer Obstplantage. Dort biegen Sie links in einen Wiesenweg, der dicht am Zaun entlangführt.

Beim Zaunende wandern Sie in bisheriger Richtung am Waldrand weiter und kommen an einem Brunnen und einer ⛩ Ruhebank vorbei. Sie lassen den Wald hinter sich und wandern genussvoll an den Obstgärten dieser Region entlang, bis Sie Kalbensteinberg ❸ erreichen. Bei den ersten Gebäuden gehen Sie links in Richtung Rieterkirche. Das Gotteshaus wird von Ihnen halb rechts umrundet und bei der nächsten Straße gehen Sie rechts. Kurz danach stoßen Sie auf die Ortsdurchfahrtsstraße, auf der Sie links den Gasthof zur Post erreichen.

Kalbensteinberg

🛏 **Gasthof zur Post**, Kalbensteinberg 1, 91720 Absberg-Kalbensteinberg, ☏ 098 37/283, ✉ info@gasthof-zur-post-kalbensteinberg.de, 💻 www.gasthof-zur-post-Kalbensteinberg.de, 26 Betten, ÜF EZ ab € 40, DZ ab € 80. Bitte unbedingt 1-2 Tage vorher telefonisch reservieren. ➲ direkt am Weg

⊙ Den Pilgerstempel gibt es bei der Mesnerin (☏ 098 37/97 64 60), da die Kirche meist verschlossen ist.

☺ ✞ Die Kirche ist, außer sonntags zum Gottesdienst, meist verschlossen, eine mögliche Kirchenführung ab 14:00 können Sie telefonisch im ev. Pfarramt erfragen, ☏ 098 37/233.

Kalbensteinberg ist für seinen Obstanbau und besonders für die duftende Kirschblüte Ende April bekannt. Der Ort wird überragt von der 1464 erbauten Rieterkirche, die sich heute noch weitgehend im Zustand von 1613 präsentiert. Im Inneren birgt sie zahlreiche Kunstschätze, u. a. den Hochaltar im Renaissancestil, das aus dem 15. Jh. stammende Chorgestühl und etliche Gemälde. Bemerkenswert ist auch die flache Holzfelderdecke vom Langhaus. Die Stifterfamilie Rieter pilgerte auch im Mittelalter auf den Jakobswegen und ist hier begraben. Ihre Gruft ist nicht mehr zugänglich.

Beim Gasthof wandern Sie auf der Ortsdurchfahrtsstraße in westlicher Richtung bis zum Ortsende. Die links abzweigende ruhige Landstraße, die von Feldern, Wiesen und Hügeln begleitet wird, führt Sie nach Igelsbach ❹. Nach dem Feuerwehrgerätehaus verlassen Sie die Ortsdurchfahrtsstraße und biegen rechts ab. Es geht über den Igelsbach und am Gasthaus Linde vorbei, bis Sie bei der folgenden Rechtskurve links abbiegen.

Nun wandern Sie zum Ort hinaus und halten sich bei der nächsten Gabelung rechts. Diese Asphaltstraße führt Sie aufwärts in Richtung Wald. Sie wandern sowohl am Waldrand als auch durch den Wald und genießen dabei die schöne Aussicht ins Tal des Igelsbaches.

Den Anstieg haben Sie erfolgreich gemeistert. Sie unterqueren eine Hochspannungsleitung und danach vollführt das Sträßchen einen Rechtsbogen. Erneut durchwandern Sie eine Stromleitung und halten sich bei der nächsten Weggabelung links. Zum dritten Mal queren Sie die Stromleitung, erreichen eine Landstraße und folgen dieser links nach Geiselsberg ❺.

Linker Hand passieren Sie das Gasthaus Rutz sowie einen schön angelegten Platz mit Brunnentrog. An der Bushaltestelle biegen Sie rechts in die abwärtsführende Straße Richtung Röthenhof, die Sie in Serpentinen aus dem Ort hinausführt.

In der Linkskurve, kurz vor Erreichen des Talbodens, biegen Sie rechts in ein asphaltiertes Sträßchen, das Sie in einem Linksbogen am Waldrand entlangführt. Dann queren Sie eine Teerstraße und laufen auf dem Wiesenweg halb links in den Wald. In einem Rechtsbogen führt Sie der Weg über eine Lichtung und bei der folgenden Weggabelung wandern Sie rechts bis zum Waldrand. Hier taucht rechter Hand ein Fischweiher mit zwei imposanten Weiden auf. Sie wandern durch diese wunderschöne, naturbelassene Landschaft an noch weiteren kleinen Weihern vorbei. Der Weg geht in eine Asphaltstraße über und Sie erreichen das Ortsschild von Brombach ❻. Sie wandern an einer Neubausiedlung vorbei und erreichen die querende Ortsdurchfahrtsstraße, der Sie links zur ✝ Kirche folgen. Die kleine Kirche aus dem 12./13. Jh. ist Johannes dem Täufer geweiht.

Der Ort endet bei einer Bauminsel mit Linden sowie zwei Bänken und Sie wandern noch ein Stück auf der Straße geradeaus. Bei der nächsten Möglichkeit biegen Sie links in einen breiten Schotterweg, der am Waldrand entlangführt. Der Weg leitet Sie für knapp 2 km durch den Gräfensteinberger Wald bis zur Staatsstraße 2222.

Nach der Querung der Staatsstraße erblicken Sie bereits Frickenfelden. Sie passieren einen Sportplatz, überqueren die Bahngleise und gelangen auf der Straße Zur Heide in den Ort **Frickenfelden** ❼. Sie gehen direkt auf die gelbe Kapelle zu, die neben sich einen Brunnen und zwei Bänke beherbergt. Schräg gegenüber befindet sich das Landhotel Seerose.

Frickenfelden

(✕)**Landhotel Seerose Garni**, Mühlstraße 4, 91710 Gunzenhausen-Frickenfelden, ☎ 098 31/49 06, info@landhotel-seerose.de, www.landhotel-seerose.info, 12 Zimmer, ÜF EZ ab € 63, DZ ab € 96. Im Hotel sind auf Anfrage kleine Mahlzeiten erhältlich, ansonsten gibt es keine Einkehrmöglichkeit in Frickenfelden. Sie können sich selbst verpflegen, ein Kühlschrank ist vorhanden.

Linie 640 nach Gunzenhausen

Frickenfelden ist heute ein ländlicher Stadtteil von Gunzenhausen, der auf das Jahr1238 zurückgeht. Durch die Gemarkung verlief zu römischer Zeit der Obergermanische-Rätische Limes, dem auch der Jakobsweg Richtung Gunzenhausen folgt.

Sie kreuzen die Gunzenhauser Straße und pilgern auf der gegenüberliegenden Straße Zum Limes weiter. Nach dem Ortsende zweigt halb rechts ein geschotterter Rad- und Fußweg ab, der Sie leicht bergan in den Wald führt. Nun wandeln Sie auf den Spuren des Limeswanderweges Altmühltal.

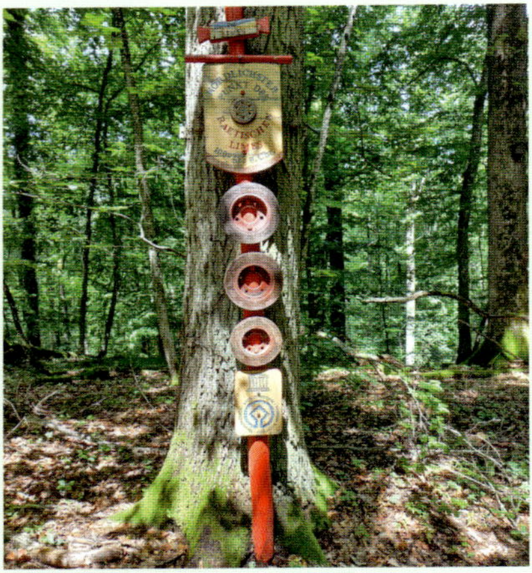

Am nördlichsten Punkt des Obergermanisch-Rätischen Limes

Der **Obergermanisch-Rätische Limes** ist ein 500 km langer Abschnitt der Außengrenze des römischen Reiches in Europa. Seit 2005 gehört er zum Welterbe der UNESCO. Gerade bei Gunzenhausen sind die römischen Spuren prägnant, da der nördlichste Punkt des Limes hier direkt durch die Stadt führt. Östlich des Stadtkerns im Burgstallwald befindet sich das Bismarck-Denkmal, das z. T. aus den Steinen der Limesmauer erbaut wurde. Auf dem Weg finden Sie ausreichend Informationstafeln, die Ihnen im Detail Auskunft geben.

Bei der nächsten Gabelung wandern Sie rechts und es geht weiterhin bergauf. Der Auwald lichtet sich. Der nun schmale abwärtsführende Pfad leitet Sie durch Strauchwerk und dann wieder in den Wald hinein. Sie queren einige Pfade und Wege und wandern geradeaus, bis die Schautafeln vom Rätischen Limes auftauchen.

Es geht bergauf und bergab, vorbei an den Resten alter Wachtürme bis zu dem 1901 nachgebildeten Bismarckturm. Hier gibt es auch ⩩ Ruhebänke, die zu einer Rast einladen. Danach steigen Sie Treppen hinab und kommen an einem rechts liegenden eingezäunten Gelände vorbei. Der Waldweg geht in einen Asphaltweg über und Sie erreichen die ersten Häuser von Gunzenhausen.

Aufgepasst! Nachdem Sie das erste Haus passiert haben, geht rechts ein schmaler Fußweg ab, der Sie Richtung Friedhof führt.

Kurz vor dem Friedhof liegt die Pension Hedi, falls Sie dort übernachten.

Hier biegen Sie links in die Goldmayer Straße und an deren Ende rechts in die Leonhardsruhstraße, die links in die Sonnenstraße mündet. Sie gehen über einen Verkehrskreisel und erreichen beim Färberturm das Ende der Sonnenstraße. Rechts gelangen Sie in die Innenstadt mit dem lang gestreckten Marktplatz. Die Tourist-Information finden Sie vor dem Blasturm.

Gunzenhausen

Tourist-Information, Rathausstraße 12, 91710 Gunzenhausen, ☏ 098 31/508-300, touristik@gunzenhausen.de, www.gunzenhausen.de, Mo-Fr 9:00-12:30 und 14:00-17:00, Sa 10:00-13:00, 400 m vom Weg

CVJM Jugendherberge Gunzenhausen, Spitalstraße 3, 91710 Gunzenhausen, ☏ 098 31/67 02-0, jh-gunzenhausen@cvjm-bayern.de, www.jugendherberge.de, 134 Betten in 32 Zimmern, EZ bis MBZ, ÜF ab € 31,50, zusätzlich HP und VP möglich, 500 m vom Etappenende, am westlichen Rand der historischen Altstadt

Hotel Adlerbräu, Marktplatz 10-12, 91710 Gunzenhausen, ☏ 098 31/88 67-0, info@hotel-adlerbraeu.de, www.hotel-adlerbraeu.de, 57 Zimmer, EZ/DZ p. P. ab € 59,50, DZ als EZ ab € 69, Restaurant Mo-Sa 11:00-14:00 und 17:00-23:00, So- und Feiertag 11:00-14:00 und 17:00-22:00, 400 m vom Etappenende, in der Stadtmitte

Gästehaus-Pension Hedi, Goldmayerstraße 10, 91710 Gunzenhausen, ☏ 098 31/35 58, info@pension-hedi.de, www.pension-hedi.de, 3 Zimmer und Ferienwohnungen, DZ p. P. ab € 38, DZ als EZ ab € 48, direkt am Weg, vor dem Friedhof

♦ **Hotel La Vigne**, Weißenburger Straße 36, 91710 Gunzenhausen, ☏ 098 31/61 96 80, info@hotel-la-vigne.de, www.hotel-la-vigne.de, 6 Zimmer, DZ p. P. ab € 45, DZ als EZ ab € 50, 30 m vom Etappenende in südlicher Richtung

♦ **Privatunterkunft Wittmann**, Spitalstr. 25, 91710 Gunzenhausen, ☏ 098 31/88 10 46, 01 76/41 58 71 36, Wittmann.Karin@t-online.de, 3 Zimmer, 8 Betten, Ferienwohnung, ÜF € 40, € 5 Zuschlag bei Einzelnutzung eines Doppelzimmers, Garten mit überdachter Terrasse in ruhiger Lage, 750 m vom Etappenende, zentrumsnah im Nordwesten der Stadt

Linie 649 Gunzenhausen – Gnotzheim – Heidenheim

Zugverbindung über Treuchtlingen nach Nürnberg

✝ Die **evangelisch-lutherische Stadtkirche St. Maria** wurde 1448-96 im spätgotischen Stil errichtet. Sie wurde jedoch im Laufe der Zeit mehrmals umgestaltet. Neben den vielen Sehenswürdigkeiten der Kirche sind besonders der Hochaltar und auch der Kreuzaltar zu erwähnen. Am Südportal der Kirche steht die in Bronze gegossenen Figur des Jakobus mit den üblichen Utensilien eines Pilgers, also Muschel, Kalebasse, Beutel, Pilgerhut und natürlich dem Pilgerstab.

⌘ **Färberturm**, ein Rundturm aus dem 14. Jh., der früher, je nach Bedarf auch als Pulvermagazin und Gefängnis diente. Sein heutiger Name stammt von einer Färberei, die in der Nähe ansässig war. Er bietet eine herrliche Aussicht auf die Umgebung.

⌘ Das **Rathaus** aus dem 16. Jh. wurde ab 1702 erheblich erweitert und war einst ein herrschaftliches Schloss. Es wurde auch von dem „Wilden Grafen" bewohnt, der hier 1757 verstarb.

⌘ In dem **Blasturm**, mit einer Höhe von 33 m, lebte einst der Stadttürmer, der alle Gefahren wie ausbrechendes Feuer, feindliche Angriffe im Blick hatte.

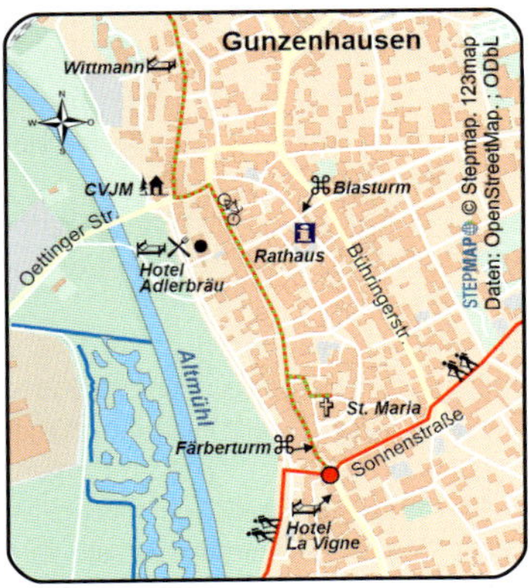

Gunzenhausen am Altmühlsee, das heutige Zentrum des Fränkischen Seenlandes, bietet Ihnen sowohl eine schöne Altstadt als auch eine interessante Geschichte. Schon die Römer nutzten damals die günstige Lage und errichteten ein Römerkastell zur Sicherung des Übergangs über die Altmühl. Urkundlich erwähnt wurde die Stadt erstmals 823.

Im 18. Jh. ließ Fürst Carl Wilhelm Friedrich, auch Wilder Graf genannt, repräsentative Bauten errichten, die das Stadtbild noch heute prägen. Neben Resten der Stadtmauer erinnern auch noch drei Türme an die einstige Stadtbefestigung. Im Zentrum liegen zahlreiche alte Fachwerkhäuser mit vielen Einkaufsmöglichkeiten, die Sie zu einem Stadtbummel einladen.

4. Etappe: Gunzenhausen – Heidenheim

16,1 km, 4 Std. 30 Min., ↑ 220 m, ↓ 128 m, ⇧ 413-623m

0,0 km	⇧ 420 m	Gunzenhausen
2,2 km	⇧ 424 m	Bahnunterführung bei Aha
3,5 km	⇧ 438 m	Kreuzung Abzw. Edersfeld
5,9 km	⇧ 469 m	Abzw. Pflaumfeld
9,3 km	⇧ 460 m	Gnotzheim
11,8 km	⇧ 589 m	Spielberg
13,4 km	⇧ 614 m	St. Georg Schützengildehaus
14,8 km	⇧ 565 m	Brücke, Landstraße vor Heidenheim
16,1 km	⇧ 533 m	Heidenheim

Heute verlassen Sie Gunzenhausen, um nach Gnotzheim und weiter auf die Ausläufer des Hahnenkamms zu wandern. An deren nördlichem Rand erreichen Sie den Ort Spielberg. Hier befindet sich das Schloss, auf dem der Künstler Ernst Steinacker und Familienmitglieder gewirkt haben. Nachdem Sie die herrliche Aussicht vom Schlossberg genossen haben, geht es weiter durch Laubwälder und Felder nach Heidenheim. Hier treffen Sie auf das beeindruckende Münster und die Klosteranlage, die ebenfalls eine Besichtigung lohnen.

Auf dem Weg bis Heidenheim gibt es nur in Spielberg einen kurzen Berührungspunkt mit dem Jakobsweg. Sie radeln über Aha, Sausenhofen und Sammenheim bis nach Spielberg. Kurz hinter Spielberg fahren Sie auf der Straße Wug 25 über Obelshof und die Einöden Krämershof und Kirschenmühle nach Heidenheim.

Am Ende der Sonnenstraße geht es im Linksbogen zur Weißenburger Straße und dort leicht rechts in die Gasse Zur Altmühl. Diese führt Sie zum Südende der Altmühl-Promenade. Dort halten Sie sich links, passieren die Stadthalle und gehen auf die großflächigen Parkplätze zu, um vor diesen rechts über die Brücke über die Altmühl zu gehen. Gleich danach, beim Linksbogen des Asphaltweges, folgen Sie dem rechts abzweigenden Weg durch die Felder. Sie queren die B13 bei einem Umspannwerk. Der Jakobsweg führt im Linksbogen als Feld- bzw. teilweise als Grasweg in Richtung Bahnlinie. Sie unterqueren die Bahnunterführung ❶ in der Nähe von Aha und wandern in bisheriger Richtung über eine Feldwegkreuzung. Nach einem Linksbogen des Feld-/Wiesenweges geht es bei Edersfeld geradeaus über eine Kreuzung ❷.

Sie marschieren kurz auf einem Teersträßchen, dann auf einem Schotterweg in Richtung Wald. Es geht am Waldrand entlang und vor Ihnen liegt der Ort Pflaumfeld, der jedoch nicht durchwandert wird. Bei der folgenden Weggabelung gehen Sie kurz rechts und kurz links, um dann rechts auf der Teerstraße zum Wald zu gelangen. Vor diesem wandern Sie links auf dem Feldweg am Waldrand entlang.

Nach einer großen Scheune biegen Sie rechts ab. Mit dem Linksknick des Weges entfernen Sie sich vom Wald, wandern an einer Buschreihe entlang und erreichen eine querende Autostraße. Hier gehen Sie kurz links Richtung Pflaumfeld ❸ und biegen gleich wieder rechts ab.

Links folgt eine abzweigende Straße, aber Sie gehen hier rechts in den Wald. Die Muschelmarkierung weist Ihnen den Weg und das Hinweisschild zeigt an, dass es bis Gnotzheim noch 3,5 km und bis Heidenheim 11 km sind. Der Pfad schlängelt sich durch den Buchenwald, bis Sie einen Zaun erreichen. Nun geht es rechts auf einen schmalen Pfad durch Zaunreihen hindurch. Beim Waldrand wandern Sie links auf einen Wiesenweg. Vor sich erblicken Sie bereits die Burg von Spielberg. Am Waldrand, bei einem landwirtschaftlichen Gebäude, geht es rechts in einen Schotterweg. Bei der Kreuzung mit Wegkreuz und ⛼ Ruhebank folgen Sie der Teerstraße nach links. Die nächste querende Straße führt Sie nach **Gnotzheim** ❹ hinein.

Der Ort war einst Standort eines Römerkastells. Später siedelten hier fränkische Wehrbauern. Im 14. Jh. kam Gnotzheim in den Besitz der Grafen von Oettingen. Die 1702 am Kirchenbuck erbaute ✞ St.-Michaels-Kirche ist ebenso wie die barocke ✞ St. Georgskirche katholisch, weil die Grafen von Oettingen auch nach der Reformation katholisch blieben.

Auf der Sammenheimer Straße gelangen Sie zur Ortsmitte und treffen dort auf die links abbiegende Spielberger Straße, der Sie bis zum Ortsausgang folgen.

☺ ⇘ Alle, die in Spielberg einkehren oder übernachten, können hier den Jakobsweg verlassen, um den geradeaus führenden kürzeren Weg auf der Straße zu nutzen. Die aufgeführten Unterkünfte liegen an der Straße im unteren Ortseingangbereich von Spielberg. Der schönere Weg, der markierte Jakobsweg, verläuft zunächst rechts um den Ort herum, bis er bei der Burg in Spielberg ankommt.

Nach dem Sportplatz pilgern Sie rechts auf einem Asphaltweg durch die Felder. Bei der Weggabelung geht es kurz links, dann rechts aufwärts und in einem Linksbogen wandern Sie Richtung Wald. Die Abzweigungen werden ignoriert und es geht steil bergauf an einem kleinen plätschernden Bach und am Waldrand entlang.

Der Weg gabelt sich und Sie gehen halb rechts auf einen gepflasterten Weg, der später in einen Waldweg übergeht. Schließlich erreichen Sie, glücklich über den gemeisterten Anstieg, die Ortsdurchfahrtsstraße von Spielberg ❺. Nun werden Sie mit herrlichen Aussichten von dem nahe gelegenen Burggelände belohnt.

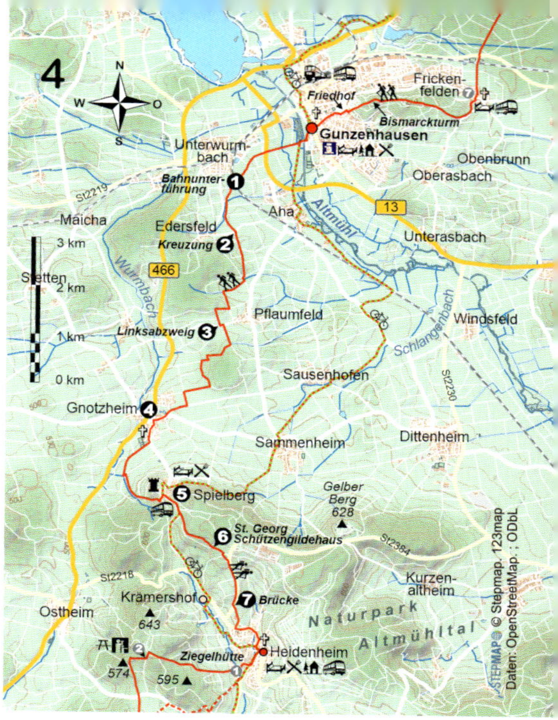

Besonders für Kunstbegeisterte lohnt ein Besuch der Schlossburg. Im Schloss und auf dem umliegenden Gelände wartet die Museumsgalerie Steinacker mit zeitgenössischer Kunst auf – mit einer Freilichtgalerie, den Figurenwiesen und einem Aussichtsplateau (Außenanlage und Schlossinnenhof 9:00-16:30, Galerie im Hauptgebäude Sa-So 14:00-16:30 und nach Vereinbarung).

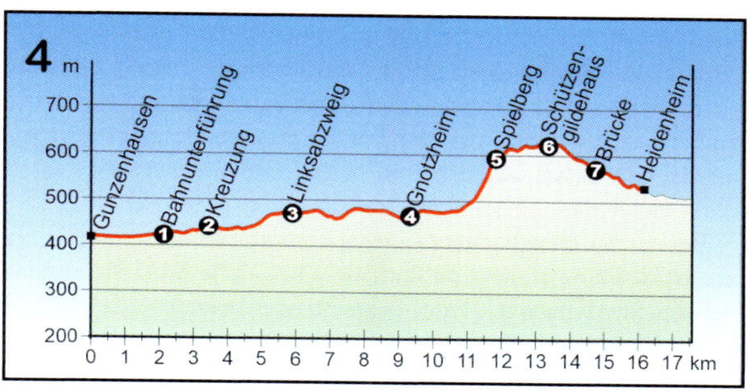

Spielberg

Gästehaus Sticht, Spielberg 53, 91728 Gnotzheim-Spielberg, ☏ 098 33/16 99, 01 77/303 97 70, gaestehaus-sticht@t-online.de, www.hahnenkamm.de/Sticht, ÜF EZ ab € 38, DZ ab € 68, Garten, Pilgerinnen und Pilger sind herzlich willkommen. ➲ 800 m vom Weg

♦ **Gasthof Gentner**, Spielberg 1, 91728 Gnotzheim-Spielberg, ☏ 098 33/98 89 30, info@gasthof-gentner.de, www.gasthof-gentner.de, 7 Zimmer, ÜF p. P. ab € 65, EZ-Zuschlag im DZ € 15, Zustellbett € 20, Fr-So gibt es einen Aufschlag von € 10 auf den Zimmerpreis, Restaurant nur Do-Sa von 18:00-21:00 geöffnet! ➲ 850 m vom Weg

Linie 649 nach Gunzenhausen bzw. in die Gegenrichtung nach Heidenheim

Spielberg ist ein Ortsteil von Gnotzheim und gilt mit der Schlossburg und der Kapelle aus dem 12. Jh. als Wahrzeichen der Region. Sie liegt auf einem Ausläufer des Bergrückens Hahnenkamm. In den Jahren 2015-2016 fand in einer Kooperation des Fürstlichen Hauses Oettingen-Spielberg und der Kirchenstiftung Gnotzheim eine grundlegende Sanierung der Burg statt. Der sogenannte Freskenraum, der Glockenturm und der Bühnenbereich wurden wiederhergestellt. 2017 wurde diese Baumaßnahme dann vom Bezirk Mittelfranken denkmalprämiert.

In Höhe der Burg geht es auf der ansteigenden Kreisstraße ortsauswärts in Richtung Markt Heidenheim. Direkt vor einer Rechtskurve zweigt links der Jakobsweg von der Straße ab und führt Sie auf einem Schotterweg in den Wald hinein. Der Weg steigt an, bis Sie den Wald verlassen und linker Hand auf das Schützenhaus der St. Georg Schützengilde ❻ treffen.

Sie gehen am Waldrand entlang, bis Sie eine Wiesenfreifläche erreichen. Linker Hand befindet sich ein Handymast und Sie wandern rechts abwärts in den Wald hinein. Am Waldende geht es auf einen parallel zu einer Landstraße verlaufenden Fuß- und Radweg, der von Büschen und Feldern gesäumt wird. Kurz vor Heidenheim queren Sie eine Landstraßenbrücke ❼ und wandern auf einem Fahrsträßchen in Richtung der sichtbar hervorragenden Kirchtürme. Das Sträßchen mündet mit einem Rechtsbogen in die Ostheimer Straße, die Sie links in den Markt Heidenheim hineinführt.

Bei der Straßengabelung, gegenüber der Sparkasse, gehen Sie auf dem rechten Ast der Ringstraße zum Rathaus. Die Straße führt Sie im Linksbogen zum ✞ Münster St. Wunibald. Hinter dem Münster befindet sich der Marktplatz, wo Sie auch Restaurants finden.

Heidenheim

Pilgerzimmer Café Emil, Marktplatz 2, 91719 Heidenheim, 015 11/665 05 15, 098 33/799, feller-susanne@web.de, 2 Zimmer, 1 DZ, 1 EZ, Preis auf Nachfrage, Frühstück möglich, Café Fr 14:00-22:00, Sa 14:00-18:00, So 9:30 -18:00, Kleine warme Gerichte, Kuchen, Eis, Getränke, 30 m vom Weg, hinter dem Kloster

Pilgerzimmer Heidenheim, Christine Schneider-Ebert, Krankenhausstraße 18, 91719 Heidenheim, 01 76/53 92 04 00 oder 098 33/54 39, www.pilgerzimmer-heidenheim.de, 2 Zimmer, 4 Betten, Ü DZ p. P. ab € 25, als EZ ab € 30, kein Frühstück, jedoch ist es möglich, Kaffee und Tee zu kochen, Bäckerei ist in der Nähe, 250 m vom Marktplatz in südlicher Richtung

Klostergasthof Heidenheim, Marktplatz 1, 91719 Heidenheim, 18 Zimmer, Preise auf Anfrage, 2019 neu renoviert, Restaurant Mo-Do Ruhetag, Fr 17:00-21:00, Sa-So 11:00-14:00 und 17:00-21:00, am Weg, neben dem Kloster

Heidenheimer Kebabhaus, Ostheimer Str. 7, 91719 Heidenheim, 098 33/795 92 25, So-Do 10:00-22:00, Fr-Sa 10:00-23:00, Essen auch zum Mitnehmen, 20 m vom Weg

♦ **Pizzeria La Piazza**, Marktplatz 7, 91719 Heidenheim, 098 33/98 81 40, Mo-Di geschlossen, Mi-Sa 17:00-22:00, So 11:00-14:00 und 17:00-22:00, Pizza und Pasta, auch zum Abholen, direkt am Weg, zu Beginn der nächsten Etappe nach Oettingen

⊙ Der Pilgerstempel befindet sich gleich rechts in der Eingangshalle vom Münster.

Linie 648 nach Gunzenhausen, von dort Verbindungen nach Ansbach und Nürnberg

⌘ **Klosterbetriebe Heidenheim GmbH**. Die Ortsmitte wird von dem Komplex des ehemaligen Klosters mit der zweitürmigen Kirche dominiert. Die romanische dreischiffige Pfeilerbasilika wurde von 1160-1180 erbaut. Im eher schlichten Kircheninneren ist die Walburgiskapelle aus dem 13. Jh. ein Kleinod.

Das Kloster wurde 752 vom englischen Prediger und Mönch Wunibald mithilfe seines Bruders Willibald als Missionszentrum gegründet, um von hier aus die Christianisierung in Franken voranzutreiben. Nach dem Tod Wunibalds 761 übernahm seine Schwester Walburga, zuvor in einem südenglischen Kloster lebend, die Leitung und wandelte das Kloster in ein Doppelhaus um. Das bedeutete, dass Nonnen und Mönche unter einem Dach, jedoch räumlich voneinander getrennt lebten. Walburga leitete das Kloster mit viel Tatkraft und kümmerte sich sowohl innerhalb als auch außerhalb der Klostermauern um die ihr anvertrauten Menschen. Nach fast 30-jährigem Einsatz verstarb sie 788. Das Doppelkloster wurde aufgelöst.

Ein weiterer Aufschwung erfolgte im 12. Jh. durch die benediktinischen Reformmönche, der jedoch durch die wechselnden Reformbewegungen im 15. Jh. sein Ende fand.

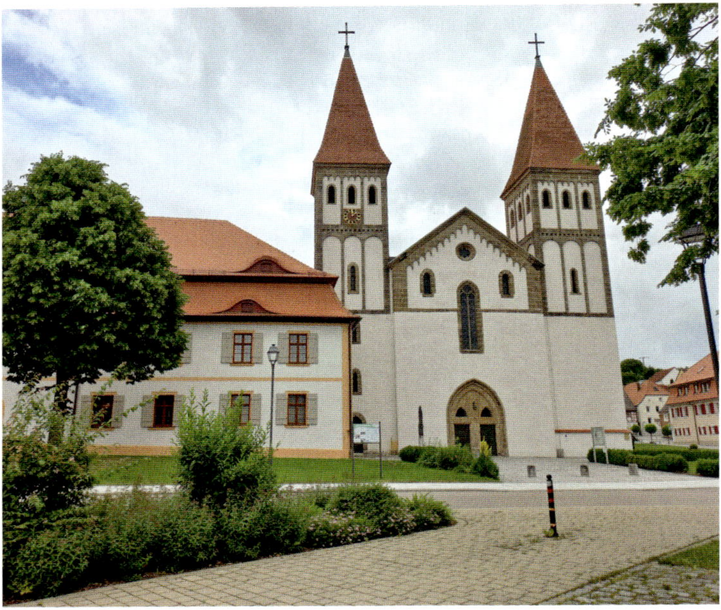

Das Münster in Heidenheim

Das 2018 neu renovierte Kloster hat sich der Öffentlichkeit geöffnet und bietet diverse Führungen, Seminare und Veranstaltungen an. Informationen zu allen Themen und Veranstaltungen erhalten Sie unter der unten genannten Telefonnummer der Klosterverwaltung.

♦ Ringstraße 8, ☏ 098 33/770 98 88

Der Markt Heidenheim liegt am Hahnenkamm, ein Mittelgebirgszug, der zum Naturpark Altmühltal gehört. Der Ortsname geht sehr wahrscheinlich auf den fränkischen Ortsgründer Heido zurück. Die Grundbedeutung von dem Wort Heim heißt so viel wie Einzelhof oder Wohnsitz.

5. Etappe: Heidenheim – Oettingen

➲ 18,4 km, ⌛ 5 Std. 15 Min., ↑ 210 m, ↓ 300 m, ⇧ 415-582 m

0,0 km	⇧ 533 m	Heidenheim
0,8 km	⇧ 512 m	Heidenheim, Abzw. Ziegelhütte
2,7 km	⇧ 589 m	Ruhebank, Waldrand
5,2 km	⇧ 581 m	Hohentrüdingen
9,6 km	⇧ 515 m	Hüssingen
11,8 km	⇧ 467 m	Steinhart
13,7 km	⇧ 466 m	Wornfeld
16,0 km	⇧ 434 m	Hainsfarth
18,4 km	⇧ 419 m	Oettingen

Am Ortsrand von Heidenheim haben Sie heute die Möglichkeit, eine Wegvariante zu wählen, die über die sieben Quellen führt und die kurz vor Hohentrüdingen wieder auf den Jakobsweg einmündet. In Hohentrüdingen lohnt sich ein Abstecher zu dem wuchtigen Turm der ehemaligen Stauferburg. Sie wandern durch kleine Ortschaften und erreichen als Tagesziel Oettingen mit seiner evangelischen Pfarrkirche St. Jakob, dem Schloss Oettingen und seinem schönen Schlossgarten.

☺ Nehmen Sie sich heute auf jeden Fall Proviant mit, denn unterwegs gibt es keine Einkehrmöglichkeiten.

Am Marktplatz, beim Klostergasthof, leitet Sie die Markierung des Jakobsweges in die rechts abwärts führende Hechlinger Straße. Nach der Rechtskurve, bei einem taubenblauen Haus, geht es nochmals rechts ab. Sie stoßen auf die Stelzergasse und wandern hier links, bis Sie bei einer Linkskurve im Gemeindeteil Ziegelhütte ❶ ankommen.

🚲 Der Radweg hat nach Heidenheim keine Berührung mehr mit dem Jakobsweg auf dem Weg nach Oettingen. Erst kurz vor dem Städtchen treffen die Wege zusammen.

Sie radeln über Balsenmühle und Hechlingen am Hahnenkammsee vorbei und erreichen dann Ober- und Unterappenberg. Weiter führt Sie der Weg über Megesheim nach Oettingen.

☺ ↬ Hier haben Sie die Möglichkeit, eine ca. 400 m kürzere Variante zu wählen, die auch zum größten Teil markiert ist. Der Weg führt über die „Sieben Quellen“, die einen Besuch lohnen.

In der Stelzergasse im Gemeindeteil Ziegelhütte gehen Sie weiter geradeaus, bis Sie kurz vor einer Steinbrücke rechts abbiegen. Nun wandern Sie aus Heidenheim hinaus, unterqueren eine kleine Stromleitung, ignorieren zwei Weggabelungen und folgen weiter der Markierung zu den Sieben Quellen. Der Schotterweg führt Sie aufwärts bis zur Gabelung und Sie biegen rechts in den Wald und erreichen schließlich die Sieben Quellen.

⌘ Die **Sieben Quellen** sind ein ca. 100 m² großes Geotop, bestehend aus Schichtquellen, die sich im Hahnenkamm Höhenzug befinden. Im Jahre 2014 wurde das Geotop generalsaniert. Unter anderem wurde dabei die ⌂ Jakobus-Schutzhütte nach historischem Vorbild neu aufgebaut. Es wurde ein kleiner Teich aufgestaut, der auf einem befestigten Weg umrundet werden kann. ⩩ Picknickplätze laden zu einer Rast ein.

Linker Hand lassen Sie die Schutzhütte liegen und wandern weiter aufwärts in den Wald. Bei einem kreuzenden Weg folgen Sie der Markierung links bis zum Ende des Waldes. Sie treffen auf eine ruhige Landstraße, wo Sie keine Markierung mehr vorfinden. Auf dieser geht es für gut 400 m rechts an einem Weiher vorbei. Dann biegen Sie links in eine Fahrstraße und wandern nochmals ca. 400 m leicht bergauf. Nun biegen Sie rechts in ein weiteres Fahrsträßchen und nach ca. 200 m erreichen Sie wieder die Hauptroute des Jakobsweges.

Wenn Sie dem Hauptweg folgen, dann wandern Sie an der Ziegelhütte rechts und auf der kleinen aufwärtsführenden Asphaltstraße in Richtung Wald. Kurz nachdem es leicht bergab geht, biegen Sie leicht links in den Wald.

✋ Zum Zeitpunkt der Recherche, war die Markierung beim Eintritt in den Wald zunächst nicht zu sehen. Im Dickicht entdecken Sie nur ein Wegzeichen mit einer sieben. Der Weg war sehr zugewuchert und nur teilweise markiert.

Sie wandern auf dem stetig ansteigenden Waldweg und bei einem Querweg halten Sie sich halb rechts. Bei der nächsten Gabelung folgen Sie der Markierung rechts auf den leicht bergaufführenden Weg. Er mündet in einen breiteren Forstweg, dem Sie halb rechts folgen. Sie pilgern links abwärts aus dem Wald hinaus und erreichen ein Biotop mit Obstbäumen und wilden Wiesen. Nach ca. 150 m biegen Sie rechts am Waldrand ab, wo Sie auf einer Bank ❷ schöne Ausblicke

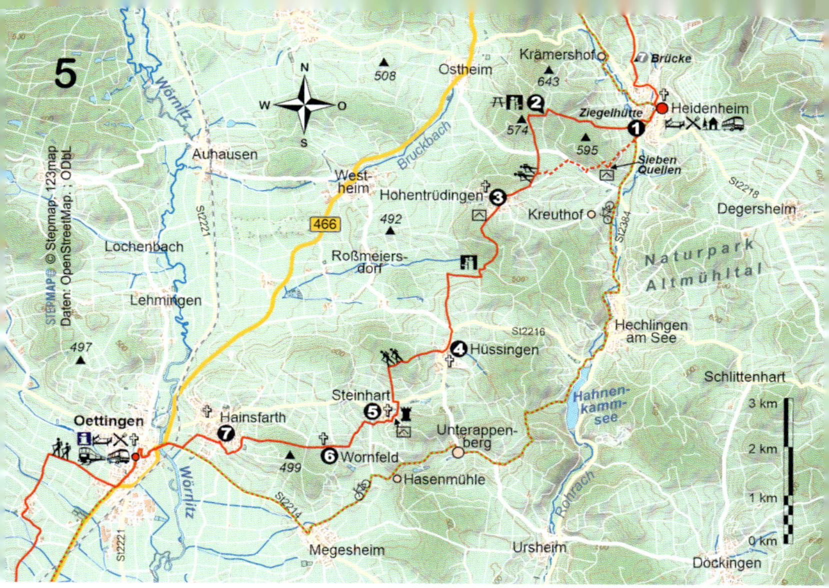

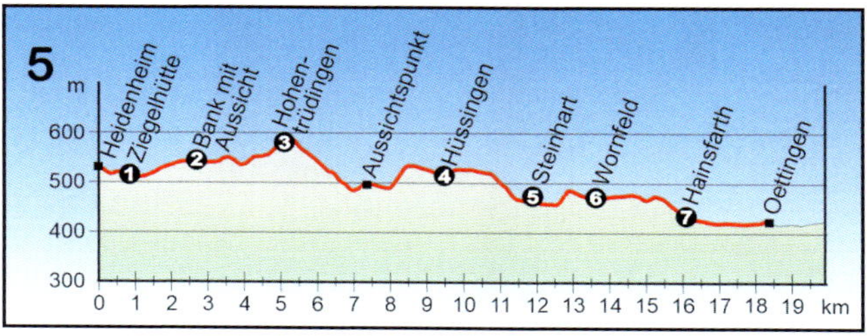

ins Tal genießen können. Der Wiesenweg vollführt am Waldrand einen Linksbogen und Sie wandern weiter abwärts bis zur Kreisstraße.

Sie gehen auf einem Teerweg weiter, der zum Wiesenweg wird und in ein Wäldchen führt. Am Waldende wandern Sie weiter bergauf durch Wiesen und Felder sowie an einer links liegenden großen Eiche vorbei. Der Weg geht in eine ansteigende kleine Asphaltstraße über, wobei der erste Abzweig ignoriert wird. Am Ende der Straße stoßen Sie auf eine etwas breitere Asphaltstraße, wo die von links kommende Wegvariante wieder auf den Jakobsweg trifft. Hier geht es rechts und dann geradeaus am Waldrand entlang. Sie erreichen die Autostraße, die Sie hinauf nach Hohentrüdingen ❸ leitet.

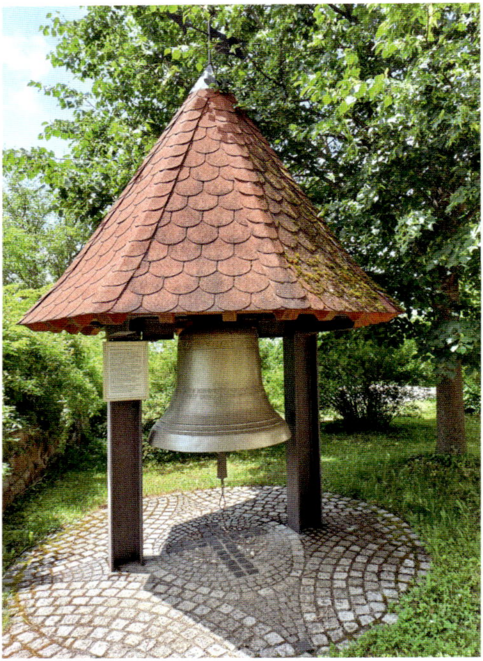

Stahlglocke bei dem alten Kirchturm von Hohentrüdingen

Hohentrüdingen liegt am Westrand des Hahnenkamms und ist Teil der Gemeinde Heidenheim. Im 12. Jh. wurde hier eine mächtige Burg von den Grafen von Truhendingen errichtet, die 1812 bis auf den Bergfried und die Wälle der Vorburg abgerissen wurde. Der Minnesänger Wolfram von Eschenbach war häufig zu Gast auf dieser Burg und hat hier vermutlich u. a. auch das Heldenepos Parzival geschrieben. Heute erinnert nur noch der Kirchturm an das ausgestorbene Adelsgeschlecht der Truhendinger.

Nach einer Bauminsel führt Sie der Jakobsweg links in den Oberen Ring.

↳ Wenn Sie einen Abstecher zu dem alten Kirchturm mit Aussichtsplattform aus dem 12. Jh. machen, dann halten Sie sich geradeaus auf der Bergstraße. Sie erreichen dann die auf einem Hügel liegende ✞ Kirche. Von hier haben Sie einen sehr schönen Ausblick auf den Hesselberg und ins Ries, ➲ 500 m.

Auf dem Oberen Ring verlassen Sie den Ort und kommen zu einer rechts oberhalb des Weges gelegen schönen Schutzhütte. Der Weg führt Sie durch eine Obstbaumallee und schließlich auf einen Schotterweg, der leicht abwärts in den Wald führt. Sie queren einen Forstweg und ignorieren den nächsten rechten Abzweig. In der folgenden Linkskurve gehen Sie rechts auf einen Pfad. Hier finden Sie auch die Wegweiser „Hüssingen 2,5 km" und „Oettingen 10,5 km".

Dieser Pfad führt Sie links über eine kleine Brücke. Unmittelbar danach passieren Sie ein kleines Zauntor und gehen auf dem steil bergaufführenden Pfad bis zum nächsten Drahtzaungitter beim nahenden Waldende. Hier haben Sie die Mühen des Anstiegs geschafft. Am Waldrand, bei einem kleinen Hochstand, halten Sie sich links.

Am Waldende wandern Sie rechts auf einen Feldweg. Bei der folgenden Kreuzung biegen Sie links auf ein Asphaltsträßchen zum Hüssinger Berg ab. Wenn Sie eifrig suchen, entdecken Sie die Markierung für diesen Abzweig links im Gebüsch. Sie wandern über den Hüssinger Berg, wo die Sicht durch das Strauchwerk nur begrenzt möglich ist. Dafür werden Sie beim Abstieg mit Blicken bis ins Riesbecken belohnt. Kurz bevor Sie die kreuzende Staatsstraße erreichen, gehen Sie in den links abzweigenden Wiesenweg, der zur Straße führt. Diese bringt Sie rechts nach **Hüssingen ❹** zum Dorfplatz.

Von dem ebenfalls im Ries liegenden Hüssingen genießt man eine herrliche Rundumsicht. In der ✝ Pfarrkirche St. Leonhard und St. Nikolaus am Dorfplatz befindet sich die lebensgroße Gestalt von Jesus an einem Holzkreuz, die aus der Zeit um 1500 stammt.

Beim Dorfplatz gehen Sie rechts und verlassen den Ort auf einer kleinen Teerstraße. Nach einem Fußballplatz tauchen Sie in den Wald ein. Sie wandern an einem Hochstand vorbei und halten sich bei der nächsten Gabelung rechts. Am Waldrand biegen Sie links in einen Schotterweg ein, den Sie gemütlich bergabwandern. Vor sich erblicken Sie den Ort Steinhart mit seiner in der Dorfmitte liegenden Kirche. Vor Steinhart geht der Weg in ein asphaltiertes Sträßchen über und Sie erreichen die Staatsstraße in **Steinhart ❺**. Sie folgen dieser kurz links, bis rechts die Burgstraße abzweigt. Bald erreichen Sie eine Kreuzung mit Teich und schönem ⩩ Ruheplatz.

↳ Wenn Sie in die Ortsmitte oder zur ✝ Kirche St. Peter und Paul gehen möchten, biegen Sie rechts ab. Der Jakobsweg verläuft weiter geradeaus.

Östlich des Orts liegt eine ♜ Burgruine aus dem 12. Jh., die nach ihrer Zerstörung im 14. Jh. neu aufgebaut wurde. Unterhalb davon befindet sich ein Judenfriedhof aus dem 18. Jh.

Der ansteigende Weg führt zunächst geradeaus, bis er rechts abbiegt und dabei einige Häuser am Ortsrand von Steinhart berührt. Sie erreichen einen ⌂ Unterstand mit Bank. Hier geht es noch kurz geradeaus, dann zweigt ein Feldweg rechts ab. Dem folgen Sie abwärts bis zu einer querenden Ortsstraße und wandern auf dieser links weiter. Sie gelangen in einem Rechtsbogen zur Landstraße, wo es links nach Megesheim geht, Sie aber geradeaus weiterlaufen.

Die Markierung weist Sie kurz danach nach links und Sie erreichen einen schönen Picknickplatz, der unter einem Baum liegt. Sie pilgern auf dem Schotterweg bergauf durch eine Baumgruppe hindurch und genießen dabei die Ausblicke ins Land. Bei dem folgenden querenden Feldweg biegen Sie rechts Richtung Wornfeld ab. Es geht durch den kleinen Ort und am Ende von **Wornfeld ❻** treffen Sie noch auf eine kleine ✞ Marienkapelle.

Der Weiler Wornfeld gehört zur katholischen Pfarrei Hainsfarth.

Auf dem Teersträßchen erreichen Sie den Wald, wo Sie am linken Baum eine Muschelmarkierung und den Hinweis vorfinden, dass es noch 2 km bis Hainsfarth sind. Bei der folgenden Wegspinne am Waldende gehen Sie leicht links. Das Teersträßchen führt Sie in einem Rechtsbogen am Ortsrand von Hainsfarth entlang und mündet in eine kleine Teerstraße. Sie gehen bis zur nächsten querenden Straße, die Sie rechts nach **Hainsfarth ❼** bringt.

Die Ortschaft liegt am Rand vom Nördlinger Ries und wurde um 800 erstmals erwähnt. Bereits im 15. Jh. siedelten sich hier Menschen jüdischen Glaubens an. Im 18. Jh. war die jüdische Gemeinde die stärkste Glaubensgruppe noch vor der protestantischen und katholischen. Erst im 19. Jh. fand ein enormer Wegzug der jüdischen Bevölkerung von Hainsfarth in die Großstädte oder nach Amerika statt. Das endgültige Aus der Judengemeinde erfolgte durch die Deportierung 1942.

☺ ➭ Bei der Ortsdurchfahrtsstraße besteht die Möglichkeit, rechts zur ✞ Kirche St. Andreas zu pilgern. Der Jakobsweg führt jedoch links weiter. Gleich danach biegen Sie rechts in die Sudetenstraße ein, der Sie bis zum Ende folgen. Leicht nach rechts versetzt geht es in bisheriger Richtung weiter.

Nachdem Sie den Ort verlassen haben, überqueren Sie die kleine Brücke über den Mühlbach und wandern sofort links auf einem Fuß- und Radweg weiter. Bei einer querenden Landstraße geht es rechts und Sie erblicken bereits die Kirchtürme von Oettingen. Sie wandern nach den unbeschrankten Gleisen links und über die Wörnitzbrücke zum Verkehrskreisel von Oettingen. Der originale Kupferkessel der Brauerei Oettingen sticht Ihnen sofort ins Auge.

Geradeaus laufen Sie über den Kreisel und in die historische Altstadt. Am Ende der Schützenstraße spazieren Sie links durch den Torbogen des Zwingers. Geradeaus geht es am Heimatmuseum, dann an der rechts liegenden Kirche St. Sebastian vorbei. Linker Hand befindet sich der Gruftgarten, ein Stadtpark.

Nach der Kirche biegen Sie gleich rechts in die Pfarrgasse, wo sich das ehemalige Jesuitenkloster befindet. Schließlich stoßen Sie auf die St. Jakob-Kirche und wenden sich links zum Hauptportal, das in der Schlossstraße zu finden ist.

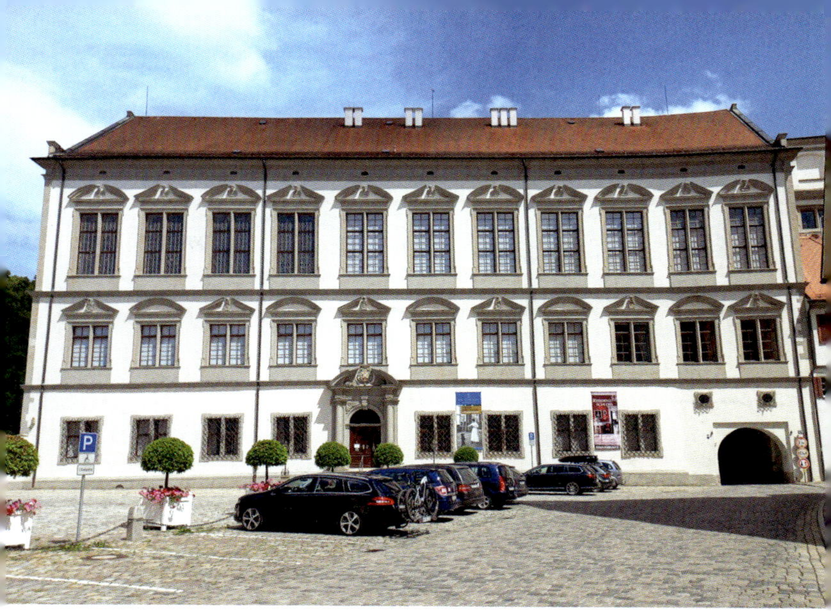

Der Blick von der Schlossstraße auf das Residenzschloss

Vor der Kirche begrüßt Sie eine markante bronzene Jakobsstatue. Das benachbarte Residenzschloss mit dem fürstlichen Hofgarten wartet ebenfalls auf eine Besichtigung.

Sie folgen der Schlossstraße in Richtung des Marktplatzes. Gleich zu Beginn gehen Sie am Bürgerhaus vorbei, das oftmals auf seinem Dach ein Storchennest mit Familie beherbergt. Sie bestaunen den malerischen Marktplatz mit seinen Fachwerkhäusern, wo Sie die Cafés zu einem Espresso einladen. Bei der Tourist-Information endet die heutige Etappe.

Oettingen

Tourist-Information Oettingen, Schlossstraße 36, 86732 Oettingen, 090 82/709-52, tourist-information@oettingen.de, www.oettingen.de. Mai-Sep Mo-Mi 9:00-12:00 und 14:00-17:00, Do 9:00-12:00 und 14:00-17:30, Fr 9:00-12:00 und 14:00-17:00, Sa 10:00-13:00, Okt-April Mo-Mi 9:00-12:00 und 14:00-16:00, Do 9:00-12:00 und 14:00-17:30, Fr 9:00-12:30. Die freundlichen Mitarbeiterinnen der Tourist-Information vermitteln Ihnen gerne Privatzimmer. Bitte melden Sie sich dort rechtzeitig. ➲ direkt am Etappenende

🛏 ✕ **Hotel Goldene Gans**, Königstraße 5, 86732 Oettingen, ☎ 090 82/24 10, ✉ info@hotel-goldene-gans.de, 💻 www.hotel-goldene-gans.de, 30 Betten, je nach Zimmerkategorie ab € 57, Details nur auf Anfrage, Restaurant Mo Ruhetag, Di 17:00-24:00, Mi Ruhetag, Do-Fr 17:00-24:00, Sa 15:00-24:00, So 17:00-24:00, ➲ direkt am Weg, nach 150 m auf der Etappe nach Nördlingen

☺ 🛏 Ca. 2024 wird wieder ein weiteres Hotel am Marktplatz eröffnet.

⊙ Der Pilgerstempel ist in der Tourist-Information erhältlich.

🚌 Linie 503 Direktverbindung Oettingen – Nördlingen

🚆 Verbindung nach Gunzenhausen, mit Umsteigemöglichkeit nach Ansbach und Nürnberg, Verbindung nach Nördlingen

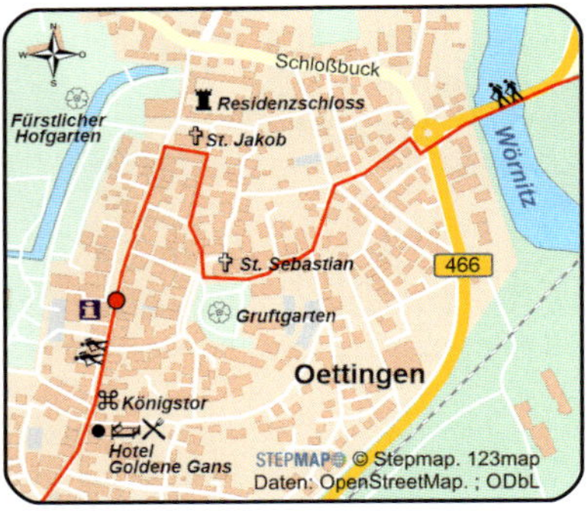

Oettingen in Bayern wurde erstmals im 9. Jh. erwähnt. Ab 1141 residierten hier die Grafen und späteren Fürsten von Oettingen. Noch heute ist die Innenstadt von Resten der erstmals im 13. Jh. erwähnten staufischen Stadtmauer umgeben. Seit dem 16. Jh. war es eine religiös geteilte Stadt. Dies erkennt man noch gut zwischen Schlossstraße und Marktplatz. Auf der Westseite liegen die Fachwerkfassaden der Katholikinnen und Katholiken, auf der Ostseite die Barockbauten der Protestantinnen und Protestanten. Auch in Oettingen waren Jüdinnen und Juden seit dem Mittelalter ansässig und hatten eine ähnliche Geschichte wie diejenigen in Hainsfarth

✝ **St. Jakobskirche**, eine evangelische Pfarrkirche beim Schloss, die 1312-1326 entstand. Innen erkennt man noch die gotischen Strukturen. Im 17. Jh. wurde die Kirche im barocken Stil umgestaltet. Bemerkenswert ist eine Kreuzigungsgruppe im Choraltar aus der Zeit um 1500 und das Taufbecken aus der Zeit um 1400.

⌘ Der **Königsturm** ist der Turm des unteren Tores, dort befand sich einst das Stadtgefängnis.

♜ Das **Residenzschloss** wurde zwischen 1679 und 1687 im Stil der Spätrenaissance erbaut. Außerdem erwähnenswert ist der fürstliche Hofgarten mit seinem sehr alten Baumbestand.

6. Etappe: Oettingen – Nördlingen

24,8 km, 6 Std. 20 Min., ↑ 58 m, ↓ 40 m, ⇧ 415-459 m

0,0 km	⇧ 419 m	Oettingen
3,3 km	⇧ 421 m	Nittingen
7,3 km	⇧ 420 m	Heuberg
11,6 km	⇧ 432 m	Maihingen
16,2 km	⇧ 430 m	Birkhausen
19,0 km	⇧ 454 m	Wallerstein
20,7 km	⇧ 428 m	Ehringen
22,9 km	⇧ 427 m	Baldingen
24,8 km	⇧ 431 m	Nördlingen

Wiesen, Felder, Störche sowie geschichtliche Erinnerungen an Kriege und alte Römerzeiten begleiten Sie auf dieser Etappe nach Nördlingen. Am nordwestlichen Rand des Rieses liegt idyllisch das Kloster Maihingen mit seinem Permakultur-Klostergarten und lädt Sie zum Verweilen ein. Sie pilgern weiter durch den Markt Wallerstein, der im 15. Jh. durch das Wirken des Adelsgeschlechts der Oettinger geprägt wurde. Schließlich begrüßt Sie Nördlingen mit seiner vollständig erhaltenen Stadtmauer, seinen romantischen und verwinkelten Gassen sowie der Kirche St. Georg.

Das **Nördlinger Ries** begann seine fulminante Geschichte vor ca. 14,5 Millionen Jahren mit dem Einschlag eines gewaltigen Asteroiden, dessen Durchmesser ca. 1.000 m betrug. Dadurch wurde eine unvorstellbare Menge an Energie freigesetzt, die man mit einer Sprengwirkung von einigen 250.000 Hiroshima-Atombomben vergleichen kann.

Es entstand ein Primärkrater mit einer Tiefe von 4,5 km und einem Durchmesser von 12 km, der sich schnell durch die brechenden Kraterränder auf 25 km erweiterte. Die dabei entstehende Glutwolke legte eine ca. 400 m hohe Gesteinsschicht auf die zunächst zerstörte Landschaft. Im Laufe der Jahrhunderte wandelte sich diese Fläche zu einer nutzbaren Kulturlandschaft.

Heute können Sie eine Heidelandschaft durchwandern, in der idyllisch die Schafe grasen und am Wegrand Thymian, Küchenschelle und Sonnröschen wachsen.

Der Jakobsweg taucht bei Hainsfarth ins Ries ein, verläuft weiter über Nördlingen und endet dann in Höhe der Burgruine Niederhaus.

🚲 Von Oettingen aus starten die Radfahrerinnen und Radfahrer Richtung Bettendorf und treffen anschließend kurz vor Heuberg auf den Jakobsweg. Hinter Heuberg verläuft der Jakobsweg wieder gemeinsam mit dem Radweg bis nach Maihingen.

Bei der Tourist-Information wandern Sie auf der Schloßstraße in südlicher Richtung. Sie durchschreiten das Königstor und folgen der Königsstraße bis zu ihrem Ende. Dort geht es halb rechts auf der Nördlinger Straße, bis Sie an einem 🛒 Super- und Drogeriemarkt vorbeikommen. Noch ein Stück geradeaus, dann führt die Nördlinger Straße vor einem Bekleidungshaus rechts und über eine kleine Brücke durch ein Gewerbegebiet.

In bisheriger Richtung gehen Sie auf einem Schotterweg über ein kreuzendes Asphaltsträßchen und blicken auf die entfernt auf einem Hügel thronende Kirche von Belzheim. Sie wandern durch die Getreidefelder, kreuzen einen Feldweg und pilgern nun auf einem Wiesenweg geradeaus. Dann biegen Sie links in eine kleine Teerstraße, die von Büschen und Bäumen gesäumt wird.

Bei der nächsten Kreuzung, bei einem Bildstock, einer Ѧ Bank, sowie einer Muschelmarkierung, geht es auf dem betonierten Weg über den Mühlbach hinweg und nach **Nittingen ❶**.

Der Ort liegt im Südwesten von Oettingen und wurde erstmals im Jahr 1307 urkundlich erwähnt. Nittingen hat sein ursprüngliches Ortsbild mit seiner Marienkapelle, deren Ursprünge sich bis in das Jahr 1767 zurückverfolgen lassen und die saniert wurde, erhalten. In der Linkskurve der Ortsdurchfahrtsstraße entdecken Sie die ✝ Marienkapelle mit einem Hochaltar, die neben einem Spielplatz mit Ѧ Ruhebänken und 💧 Brunnen steht.

Auf dieser Straße wandern Sie in einem Rechts-Linksbogen aus Nittingen hinaus und weiter zu dem 2 km entfernten Bettendorf.

Nach der Rechtskurve der Landstraße erreichen Sie das Einzelgehöft Seehof, eine Bruteierfarm. Sie gehen immer geradeaus und erreichen den Ortsrand von Bettendorf. Sie spazieren nun an einer tierfreundlichen Farm mit frei laufenden Truthähnen vorbei.

Kurz vor der Brücke über den Grimmgraben wandern Sie nach rechts auf einen schönen Wiesenweg, der an Baumreihen entlangführt. Sie durchqueren ein kleines Wäldchen und es geht geradeaus durch die Felder. Der Weg war im Frühjahr 2022 sehr hoch mit Gras bewachsen, also lassen Sie sich nicht irritieren, falls Sie es ebenso verwildert vorfinden. Sie befinden sich auf dem richtigen Weg.

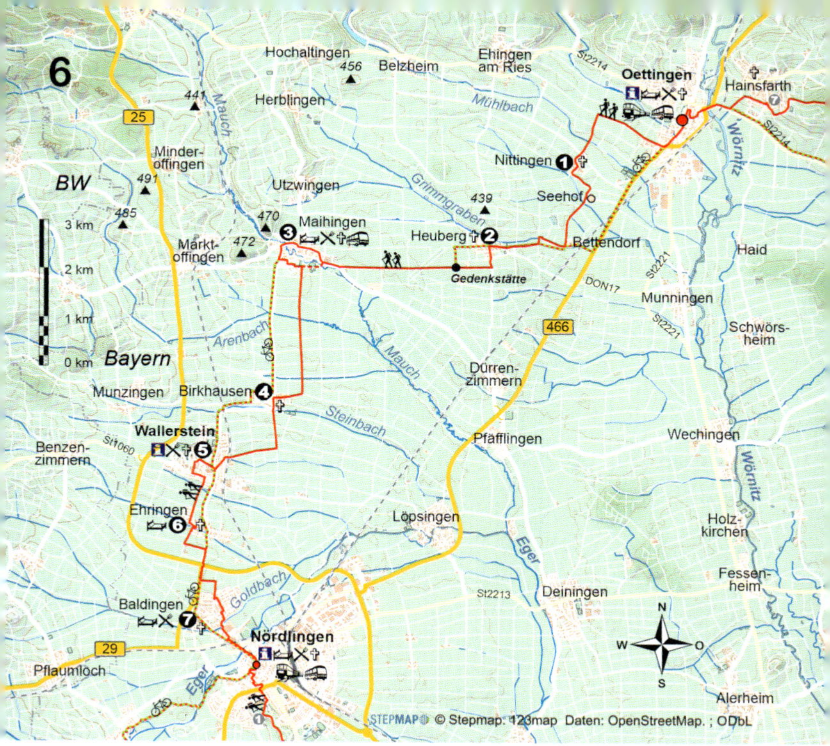

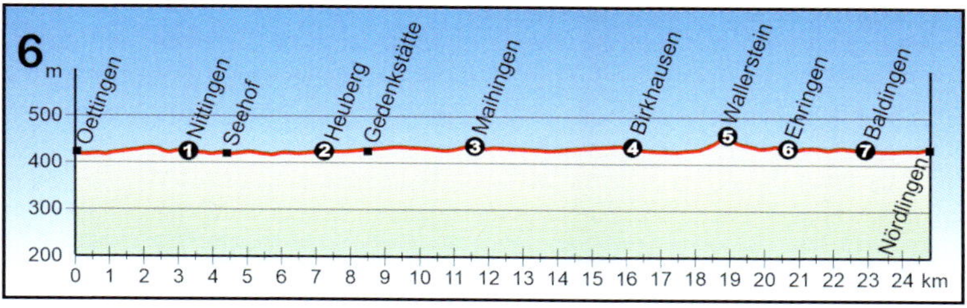

Schließlich gelangen Sie zu einem Feldweg, dem Sie nach links über die kleine Brücke über den Grimmgraben folgen. Sie pilgern noch ca. 150 m geradeaus und biegen dann nach rechts in die kleine Straße, die Sie zum nächsten Ort führt. Nach den Pferdekoppeln erreichen Sie das Ortszentrum von **Heuberg ❷**. Hier halten Sie sich links Richtung Dürrenzimmern.

↳ Geradeaus führt ein kleiner Abstecher zur ✞ Dorfkirche, ➲ 150 m.

Heuberg ist nach Oettingen eingemeindet worden und liegt auf einer Höhe von 422 m. Urkundlich wurde Heuberg erstmals 1223 erwähnt. Die Grundherrschaft war zum größten Teil bei den Grafen von Oettingen. 1539 wurde der Ort reformiert.

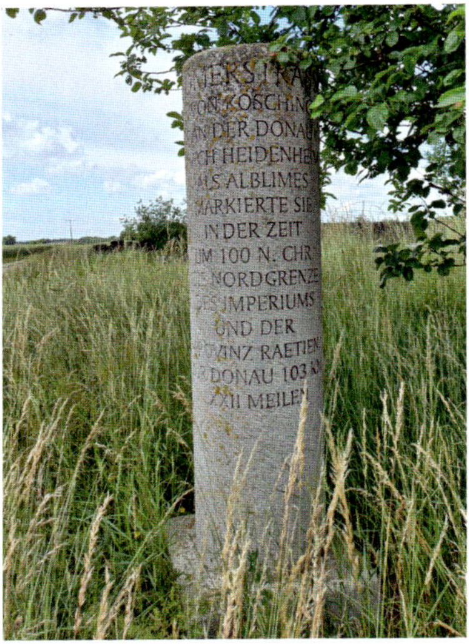

Weiße Stehle an der Römerstraße

Die ✞ Kirche entstand im 14. Jh., ein dem Apostel Bartholomäus geweihtes Gotteshaus. Im Inneren sehen Sie alte Fresken im Kreuzrippengewölbe, die 1954 bei der Renovierung entdeckt wurden.

Auf der Römerstraße kommen Sie an einem ehemaligen Kolonialwarenladen vorbei und verlassen das Dorf. Bald danach, an einer weißen Stele und einer Informationstafel, biegen Sie nach rechts in die geschichtsträchtige Römerstraße ein, die kurz danach zum Feldweg wird.

Es geht geradeaus, bis Sie das 2008 erstellte Denkmal für die Opfer von Gewalt, Krieg und Vertreibung erreichen. Hier geben Informationstafeln Auskunft über den ehemaligen Militärflugplatz und sein angrenzendes Lager. Sowohl sowjetische Kriegsgefangene als auch die ab 1946 untergebrachten Heimatvertriebenen fanden dort ihr ungewisses Schicksal.

Sie pilgern weiter in Stille auf dem von Buschwerk umgebenen Weg, bis Sie auf die Hauptstraße treffen, die Sie geradeaus nach Maihingen ❸ hineinführt.

↳ Falls Sie nicht einkehren und auch nicht das Kloster mit seinem Garten, das Museum und Maihingen besichtigen möchten, können Sie hier nach links mit der Markierung des Radpilgerweges in den Römerweg einbiegen. Dieser bringt Sie in einem Rechtsbogen an Sport- und Tennisplätzen vorbei zu einem Kindergarten und zu einem weiteren Sportplatz. Hier biegen Sie dann nach links in den Betonplattenweg ein und befinden sich wieder auf dem Jakobsweg. Diese Wegstrecke ist ca. 1,5 km kürzer.

Beim Dorfplatz treffen Sie auf das Rathaus und rechter Hand auf die Pfarrkirche von Maihingen. Bald danach folgt der Gasthof zur goldenen Sonne. Sie gehen weiter auf der Hauptstraße und gelangen kurz nach Querung der Brücke über die Mauch zu einer Straßenkreuzung. Wenn Sie hier nach rechts gehen, erreichen Sie das Kloster Maihingen mit Übernachtungsmöglichkeit sowie seinem schönen Permakulturgarten. Außerdem lädt hier das Rieser Bauernmuseum zu einem Besuch ein. Der Jakobsweg führt an dieser Kreuzung nach links auf der Birkhauser Straße weiter.

Maihingen

Kloster Maihingen, Klosterhof 5, 86747 Maihingen, ☏ 090 87/92 99 90, info@kloster-maihingen.de, www.kloster-maihingen.de, 81 Betten in EZ, DZ und MBZ, Bürozeiten: 8:30-11:30, bitte einen Tag vorher reservieren, gerne auch per E-Mail, Fahrradunterstellmöglichkeit vorhanden. ☺ Bei Vorlage eines Pilgerausweises gibt es für ÜF einen speziellen Pilgerpreis, auch für das eingeschränkte Budget. ➲ 200 m vom Weg

Gasthof zur goldenen Sonne, Hauptstr. 28, 86747 Maihingen, ☏ 090 87/226, mail@sonne-maihingen.de, Mo-So 11:00-14:00, warme Küche bis 13:30, abends ab 17:00, Di-Mi Ruhetag, schwäbische Küche, ➲ am Weg

⊙ Den Pilgerstempel erhalten Sie im Kloster Maihingen im Klosterladen

Linie 501, 502, 868 nach Nördlingen, von dort gibt es Anschluss über Donauwörth nach Nürnberg

Urkundlich wurde Maihingen erstmals 1280 erwähnt. Die Gegend war mit ziemlicher Sicherheit schon zu Römerzeiten besiedelt. Der Ort hat zwei Kirchen. Am Dorfplatz steht die Pfarrkirche mit ihrem Gnadenbrunnen, die Anfang des 18. Jh. einst ein Wallfahrtsziel war. Zu dieser Zeit entstand auch im Inneren der Kirche das Wallfahrerbildchen.

Das Kloster im Westteil des Ortes wurde 1459 vom Birgittenorden gegründet. Von 1607 bis zur Säkularisation im Jahr 1802 übernahmen die Minoriten die Führung des Klosters. Das heutige Klostergebäude wurde 1703 erbaut, die prächtige Klosterkirche 1712-19. Sie besitzt im Inneren eine wunderschöne Barockorgel, die 1734-37 gebaut wurde und zu den bedeutendsten Orgeln der Barockzeit zählt. Erwähnenswert ist auch das Hl. Grab von 1723, welches nach aufwendiger Renovierung 2014 offiziell neu eingesegnet wurde.

Seit 1984 ist das Kloster Sitz der Gemeinschaft Lumen Christi, wo Menschen mit unterschiedlichen Berufungen leben. Die gemeinsame geistliche Grundordnung beinhaltet im Wesentlichen ein einfaches christliches Leben, Tätigkeiten im Dienst der Evangelisation und Gehorsam gegenüber der gewählten Leitung.

In zwei denkmalgeschützten Gebäuden befindet sich heute das sehenswerte Museum KulturLandRies mit aktuellen und Sonderausstellungen (15. März-10. November 13:00-17:00, tägl. außer Mo 15. Juni-15. September 10:00-17:00, Di-So und Fei

Der Jakobsweg führt Sie nun für ca. 300 m auf der Birkhauser Straße, dann gehen Sie kurz vor dem Ortsende nach links in die Birgittenstraße.

Der Permakulturgarten im Kloster Maihingen

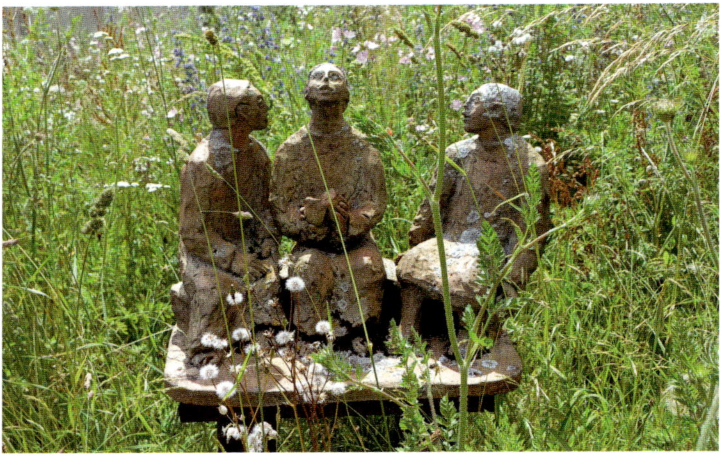

Dieser folgen Sie bis zum nächsten Abzweig, dort geht es nach rechts, mit einem Bogen nach links und beim nächsten Linksbogen der Straße zweigt ein schmaler Fußweg nach rechts ab. Dieser bringt Sie kurz danach zu einer Anliegerstraße, auf der Sie nach links weiterwandern.

Sie gehen an einem links liegenden Sportplatz und Kindergarten vorbei. Unmittelbar danach biegen Sie bei einer Stele nach rechts in einen Betonplattenweg ab. Nun pilgern Sie an den letzten Häusern von Maihingen vorbei und bleiben dann für ca. 2,5 km auf diesem kurvenlosen Weg. Der zum Teil auch geschotterte Weg führt Sie durch die Felderlandschaft. Manchmal begleiten Sie schattenspendende Buschreihen und weit voraus erblicken Sie schon die Kirchturmspitze von Birkhausen.

Sie queren eine kleine Brücke über den Arenbach und erreichen dann eine linksseitig gelegene Baumgruppe, wo Sie rechtsseitig ein Dorf entdecken. An dieser Stelle führt der Weg in einem Rechtsbogen nach **Birkhausen ❹**.

Sie gehen in den Ort hinein und passieren linker Hand die Kirche ✞ St. Vitus.

✞ Die **Pfarrkirche St. Vitus** von 1488 ist einen Besuch wert und war einst eine Wehr- und Zufluchtsstätte. Da die Dörfer früher kein Recht auf Mauern mit Toren und Türmen hatten, waren für die Menschen die Kirchen die einzigen sicheren Orte. So wie der Kirchturm von St. Vitus, der mit 2 m dicken Mauern und einem fensterlosen Untergeschoss versehen wurde.

⊙ In der Kirche St. Vitus finden Sie einen Pilgerstempel.

Nach der Kirche folgt ein Hofladen, der zeitweilig geöffnet hat. Hier wandern Sie nach links und leicht bergab Richtung Wallerstein. Beim Rechtsbogen der Straße gehen Sie geradeaus über die Brücke über den Steinbach und wandern auf einem landwirtschaftlichen Weg aus Birkhausen hinaus.

Sie wandern an links liegenden Stallungen mit Silos vorbei und über einen kreuzenden Weg hinweg. Bei der folgenden Wegkreuzung, wo sich auch eine Ruhebank befindet, biegen Sie nach rechts Richtung Wallerstein ab. Nach ca. 1 km unterqueren Sie die Eisenbahnlinie und in einem Linksbogen geht es auf der Riegelstraße nach Wallerstein ❺ hinein. Am Ende der Straße treffen Sie in einer Kurve auf die Weinstraße und folgen ihr nach rechts aufwärts. Sie kommen am Rathaus mit der Tourist-Information vorbei.

Wallerstein

Rathaus mit Tourist-Information, Weinstraße 19, 86757 Wallerstein, ☏ 090 81/27 60-0, info@markt-wallerstein.de, www.markt-wallerstein.de, Mo-Fr 08:00-12:00 und Do 14:00-18:00, ➲ am Weg

Zum Goldenen Löwen, Obere Bergstraße 1, 86757 Wallerstein, ☏ 090 81/276 60, Mo-Di geschlossen, Mi-Sa 11:30-14:00 und 17:30-21:00, So 11:00-21:00, ➲ 100 m vom Weg, hinter der Maria-Hilf-Kapelle gelegen

♦ **Saigon Bistro**, Hauptstraße 31, 86757 Wallerstein, ☏ 090 81/604 34 40, www.saigon-bistro-wallerstein.business.site, Mo geschlossen, Di-Sa 17:00-21:30, So 11:00-14:30 und 17:00-21:30, ➲ am Weg

♦ **La Fenice Ristorante Pizzeria**, Hauptstraße 40, 86757 Wallerstein, ☏ 090 81/805 61 60, Mo 11:00-14:00 und 17:00-23:15, Di geschlossen, Mi-Fr 11:00-14:00 und 17:00-23:15, Sa 17:00-23:15, So 11:00-14:00 und 17:00-23:15, ➲ 30 m vom Weg, bei der Pestsäule

⊙ Einen Pilgerstempel erhalten Sie im Rathaus, u. U. auch außerhalb der Öffnungszeiten, dann rufen Sie bitte vorher an und vereinbaren eine Uhrzeit.

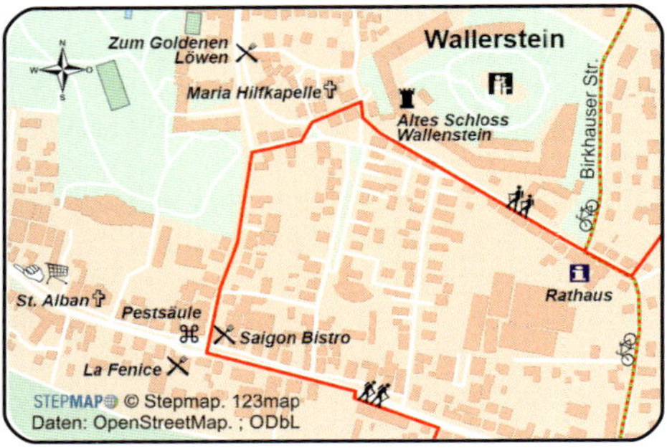

Die Anfänge Wallersteins reichen bis in das 6. Jh. zurück. Der Ort entstand durch die günstige Lage an der Handelsstraße von Italien nach Frankfurt.

Die Burg auf dem Felsen war jedoch seit 1188 Mittelpunkt der Staufer-Besitzungen im Ries und kam nach dem Niedergang der Staufer 1261 an die Grafen von Oettingen, die in der Folge Wallerstein zur Blüte brachten. 1500 erhielt Wallerstein das Marktrecht. Ihr Ende fand die kolossale Burg 1648 durch die Zerstörung der schwedischen Truppen. Heute sind nur noch Teile der Unterburg mit dem Torbogen erhalten. Die Burg, das Schloss und die verschiedenen Herrenhäuser erinnern an die Glanzzeit der früheren Residenz der Grafen von Oettingen. Die Pestsäule mit dem reichen Figurenschmuck gilt ebenfalls als eines der Wahrzeichen von Wallerstein. Errichtet wurde sie 1722-25 durch den Bildhauer Johann Georg Bschorer.

Die Weinstraße geht in die Obere Bergstraße über, Sie passieren den Haupteingang vom Brauhaus Fürst Wallerstein und halten sich links abwärts.

↬ In dem Bereich der Oberen Bergstraße befinden sich die ✞ Maria-Hilf-Kapelle (➲ 30 m), das ♜ Alte Wallersteiner Schloss (➲ 80 m) und der 65 m hohe Wallersteiner Felsen (➲ 250 m), von dem Sie mit einem faszinierenden Rundblick über die Landschaft des Rieses belohnt werden.

Bei der folgenden Straßengabelung gehen Sie nach links in die Untere Bergstraße, die in die Herrenstraße einmündet.

Auf dieser gelangen Sie zu dem Platz mit der Dreifaltigkeitssäule, auch Pestsäule genannt, und befinden sich nun auf der Hauptstraße. Nach links führt der Jakobsweg an Geschäften, Banken, Cafés und Restaurants vorbei.

↬ Wenn Sie nach rechts gehen, können Sie die besondere Architektur der katholischen ✞ Pfarrkirche St. Alban bewundern, die Stilelemente von der Gotik bis zur Renaissance präsentiert und 1242 erbaut wurde, ➲ 150 m.

↳ Supermärkte befinden sich 250 m nach der Kirche.

Nach der Sparkasse verlassen Sie nach rechts Bei den Linden und über den Grabenweg den Markt Wallerstein.

Vorbei an Wiesen und Feldern wandern Sie geradeaus nach Ehringen ❻ hinein, bis Sie zum Teich mit einer Ruhebank gelangen.

Ehringen

Zimmervermietung Marie-Luise Forner, Am Bug 18, 86757 Wallerstein-Ehringen, ☏ 090 81/35 81, info@goldener-schluessel.de, www.wohnen-im-ries.de, 9 Betten, p. P. ab € 32, F € 5, ➲ 150 m vom Weg und ca. 100 m vor dem Weiher

Vor dem Teich geht es nach links und bei der Gabelung folgen Sie der rechten Straße Im Oberdorf. Nach einem Linksbogen geht es nach rechts am Feuerwehrhaus vorbei und über die kleine Bachbrücke. Mit einem Rechts-Links-Abzweig verlassen Sie auf der Straße Am Riedweg Ehringen.

Nach ca. 250 m biegen Sie vor einer großen weißen Halle nach links ab und erreichen eine Kreisstraße. Auf der gegenüberliegenden Seite befindet sich ein Geh- und Radweg, dem Sie in Südrichtung folgen.

Sie gehen geradeaus über den Verkehrskreisel hinweg. Linker Hand erblicken Sie bereits Nördlingen mit der imposanten Kirche. Ca. 250 m nach dem Kreisel geht es nach links auf einem weiteren Geh- und Radweg, der Sie in einem Rechtsbogen nach Baldingen ❼ hineinführt. Am Kinderspielplatz laufen Sie in einem Rechts-Links-Bogen in die Uhlandstraße.

Am Straßenende geht es nach rechts und bei der nächsten abzweigenden Straße nach links in die Straße Kleines Feldle. Über zwei Plätze, die jeweils mit einer Linde bestückt sind, geht es bis zum Ende bei einer querenden Straße. Hier spazieren Sie nach links auf der Brücke über den Goldbach.

↳ Falls Sie im Gasthaus zum Storchen übernachten möchten, gehen Sie hier nach rechts, bis Sie die Romantische Straße erreichen.

Baldingen

Gasthaus zum Storchen, Romantische Straße 22, 86720 Nördlingen-Baldingen, ☏ 090 81/32 33, www.gasthaus-zum-Storchen.de, 12 Betten, ÜF EZ ab € 42, DZ ab € 68, nur Frühstück, kein Restaurant, ➲ 350 vom Weg

☺ ✕ In der Romantischen Straße 24 befindet sich ein Pizza-Lieferservice, ☏ 090 81/890 92 67, Mo geschlossen.

Nach der Brücke folgen Sie der Markierung kurz nach rechts in die Raiffeisenstraße und dann nach links über den Parkplatz am Einkaufszentrum. Bei der nächsten Querstraße wandern Sie nach rechts zur Würzburger Straße. Dort gehen Sie auf dem Fußgängerweg durch die Eisenbahnunterführung und weiter geradeaus in Richtung Kirche. Sie spazieren über die Kreuzung des Inneren Rings in Richtung Stadtmitte.

↬ Noch vor der Stadtmauer geht es nach links über den Bleichgraben zum JUFA Hotel, falls Sie dort übernachten möchten! ➲ 500 m

Kurz vor der Stadtmauer wandern Sie über eine Brücke und durch das Baldinger Tor. Auf der Baldinger Straße erreichen Sie den Marktplatz von Nördlingen mit seinen zahlreichen historischen Gebäuden und der beeindruckenden ✝ Kirche St. Georg.

Nördlingen

Tourist-Information, Marktplatz 2, 86720 Nördlingen, ☏ 090 81/841 16, touristinformation@noerdlingen.de, www.noerdlingen.de, Ostern bis 31. Okt Mo-Do 09:00-18:00, Fr 09:00-16:30, Sa 10:00-14:00, Fei 10:00-14:00, 1. Nov-Ostern Mo-Do 09:00-17:00, Fr 09:00-15:30

Hotel-Café Altreuter, Marktplatz 11, 86720 Nördlingen, ☏ 090 81/43 19, mail@hotel-altreuter.de, www.hotel-altreuter.de, 25 Betten, ÜF EZ ab € 55, DZ ab € 78, MBZ ab € 98, ➲ am Weg

Hotel Goldene Rose, Baldinger Straße 42, 86720 Nördlingen, ☏ 090 81/860 19, info@goldene-rose-noerdlingen.de, www.goldene-rose-noerdlingen.de, 15 Betten, ÜF EZ ab € 49, DZ ab € 79, Restaurant Mo-Fr 12:00-14:00 und 17:00-24:00, Sa-So 12:00-23:45, deutsche Küche, ➲ am Weg

♦ **Kaiserhof Hotel Sonne**, Marktplatz 3, 86720 Nördlingen, ☏ 090 81/50 67, info@kaiserhof-hotel-sonne.de, www.kaiserhof-hotel-sonne.de, 63 Betten, ÜF EZ ab € 55, DZ ab € 80, MBZ ab € 95, HP p. P. ab € 16, Restaurant Mo Ruhetag, Di-Fr 17:30-22:00, Sa 11:00-14:30 und 17:30-22:00, So 11:00-15:00, ➲ am Weg

Gasthof Walfisch, Hallgasse 15, 86720 Nördlingen, ☏ 090 81/31 07, gasthof@walfisch-noerdlingen.de, www.walfisch-noerdlingen.de, 35 Betten, ÜF EZ ab € 45, DZ ab € 70, MBZ ab € 90. Im Haus befindet sich das Restaurant Kleibls am Daniel, ➲ am Weg, zu Beginn der Etappe nach Kloster Neresheim

♦ **JUFA Hotel Nördlingen**, Bleichgraben 3a, 86720 Nördlingen, ☏ 090 81/290 83 90, noerdlingen@jufa.eu, www.jufahotels.com/hotel/noerdlingen, 53 Zimmer, ÜF EZ ab € 65, DZ ab € 85, MBZ ab € 115, HP p. P. ab € 12,90, Wellnessbereich, Fahrradgarage, ➲ 500 m vom Weg in nördlicher Richtung von der Innenstadt

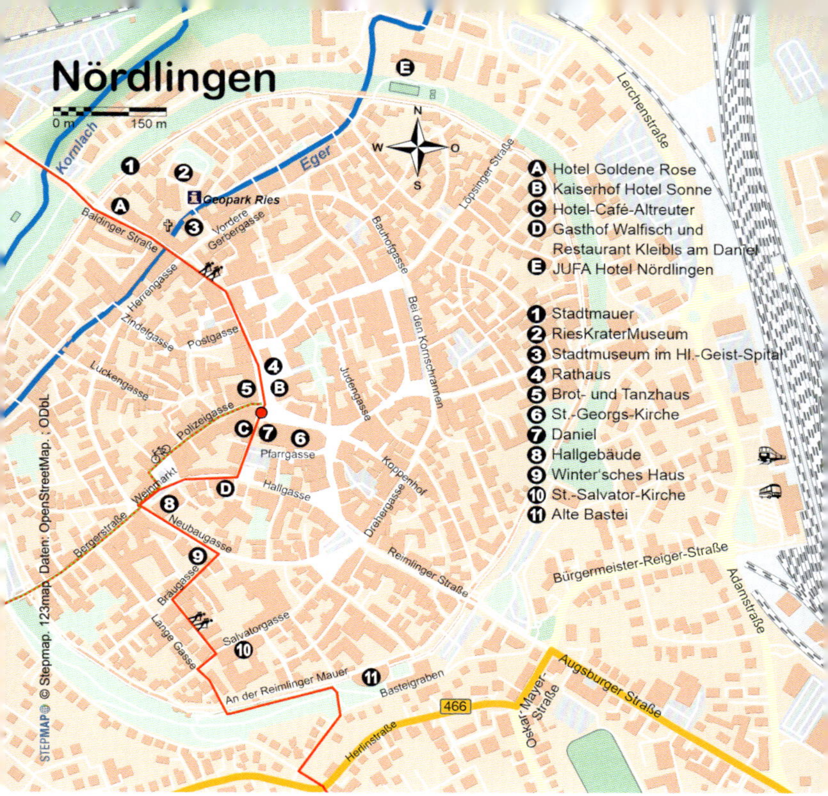

Restaurant Kleibls am Daniel, Hallgasse 15, 86720 Nördlingen, ☏ 09081/275 60 79, info@kleibls-am-daniel.de, www.kleibls-am-daniel.de, Mo-Di Ruhetag, Mi-Sa 11:30-14:00 und 17:30-22:00, So 11:30-14:00 und 17:30-21:00, moderne deutsche Küche, ➲ am Weg, zu Beginn der Etappe nach Kloster Neresheim

Den Pilgerstempel gibt es in der St.-Georg-Kirche, im Turm der Kirche (Daniel) beim Türmer sowie bei der Tourist-Info.

vom Busbahnhof Linie 7696 nach Aalen und von dort Linie 110 Aalen – Kloster Neresheim

Zugverbindung über Donauwörth nach Nürnberg sowie auch in die Gegenrichtung nach Ulm

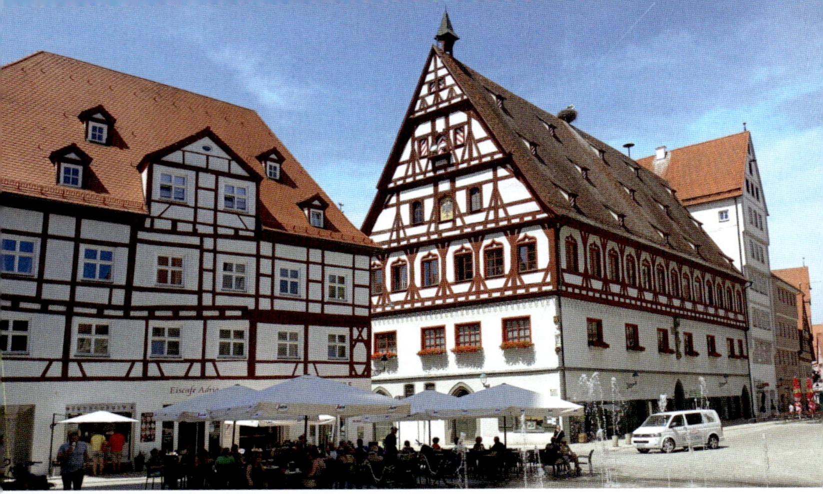

Blick von der St.-Georgs-Kirche auf den Marktplatz

Die Gegend um Nördlingen war schon zur Jungsteinzeit besiedelt. Während der Römerherrschaft gab es hier sowohl ein Kastell wie auch eine Siedlung. Urkundlich wurde die Stadt erstmals 898 erwähnt, 1215 erhielt sie Markt- und Stadtrechte.

Die Nördlinger Altstadt ist mit einer Fülle von prachtvollen Häusern aus dem Mittelalter schon lange ein Touristenmagnet und wurde schon mehrfach von Filmemachern als Kulisse benutzt. Neben etlichen sehenswerten Gebäuden erwarten Sie viele Einkaufsmöglichkeiten, um Ihren Proviant aufzufüllen, sowie eine abwechslungsreiche Gastronomie.

✞ Die **St.-Georgs-Kirche** am Marktplatz ist das Wahrzeichen Nördlingens mit ihrem rund 90 m hohen Turm Daniel. Sie wurde von 1427 bis 1505 im gotischen Stil erbaut. 22 Säulen tragen das prächtige Netzgewölbe der mächtigen Hallenkirche, die im Inneren zahlreiche Schätze birgt, u. a. die frühbarocke Seitenorgel, die Kanzel mit barockem Schalldeckel und der Hochaltar mit mittelalterlicher Kreuzigungsdarstellung.

Der Daniel war für die Sicherheit der Stadt von großer Bedeutung, um rechtzeitig vor Feuer oder Feinden zu warnen. Rund um die Uhr hielten zwei Wächter die Stellung. Vom Daniel ruft auch heute noch der Türmer jede halbe Stunde zwischen 22:00-24:00: „So Gsell so!“

Seinen Namen verdankt der Daniel vermutlich der Bibelstelle 2,48: „Und der König erhöhte Daniel und gab ihm große und viele Geschenke und machte ihn zum Fürsten über die ganze Landschaft ...“

⌘ Das **RiesKraterMuseum** liegt unweit vom Baldinger Tor. Es zeigt insbesondere den Asteroideneinschlag im Nördlinger Ries vor 15 Millionen Jahren. Außerdem können Sie dort neben Meteoriten und Fossilien echtes Mondgestein bewundern. Direkt nebenan befindet sich das Geopark-Infozentrum, wo Sie sich einen Überblick über die Geologie und Entstehungsgeschichte des Rieses verschaffen können.

♦ Eugene-Shoemaker-Platz 1, 🚪 09.04.2022-06.11.2022 Mo geschlossen, Di-So 10:00-16:30, ab 08.11.2022 10:00-12:00 und 13:30-16:30. Bitte erkundigen Sie sich ab 2023 nach den aktuellen Öffnungszeiten. Eintritt Erw. € 5, Schülerinnen und Schüler € 2, Kinder unter 6 J. frei, Gruppe ab 15 P. € 3,50

⌘ Das **Stadtmuseum im Heilig-Geist-Spital** gibt Einblick in die Geschichte der ehemaligen Reichsstadt mit ihrem Handwerk, Handel und Zünften und in die Geschichte des Dreißigjährigen Krieges.

♦ Vordere Gerbergasse 1, 🚪 18.03.22-6.11.22 Mo geschlossen, Di-So 13:30-16:30, Eintritt Erw. € 5, Schülerinnen und Schüler € 2, Kinder unter 6 J. frei, Gruppe ab 15 P. € 3,50. Alle Eintrittskarten gelten am Tag des Erwerbs auch im RiesKraterMuseum!

⌘ Die **Stadtmauer** geht auf das Jahr 1327 zurück, hat fünf Tortürme, elf weitere Türme und zwei Bastionen. Sie ist die einzige Stadtmauer in Deutschland, die auf einer Länge von ca. 2,7 km durchgängig begangen werden kann. Vier Tortürme sind nach den nahe gelegenen Orten Baldingen, Löpsingen, Deiningen und Reimlingen benannt, das fünfte, das Berger Tor, nach dem Friedhofsberg. Zwischen dem Baldinger und Berger Tor liegen diverse Türme wie der Pulver- und Löwenturm, der Untere Wasserturm sowie einige Backofentürme. Das Baldinger Tor haben Sie bereits bei Ihrer Ankunft durchschritten. Dieses wurde nach seinem Einsturz im Jahre 1702 nicht mehr vollständig aufgebaut.

⌘ Das **Rathaus**, das nördlich vom Marktplatz liegt, wird seit 1382 ohne Unterbrechung als Rathaus genutzt. 1618 wurde nachträglich die auffällige Freitreppe aus Suevit-Haustein angebaut, die tief unter ihrem Treppenpodest fensterlose Gefängniszellen beherbergte.

⌘ Das **Brot- und Tanzhaus** am Marktplatz wurde 1442-1444 erbaut. Die Tuchhändler präsentierten hier ihre Waren, aber ebenso diente es als Tanzsaal. Das Erdgeschoss mit seinen kleinen Läden war den Bäckereien vorbehalten.

☺ Auf der folgenden Etappe, die am Daniel beginnt, liegen noch weitere Sehenswürdigkeiten auf dem Weg stadtauswärts: das Hallgebäude, das Winter'sche Haus, die St.-Salvator-Kirche sowie die Alte Bastei.

7. Etappe: Nördlingen – Kloster Neresheim

23,6 km, 7 Std., ↑ 393 m, ↓ 239 m, ⇧ 430-600 m

0,0 km	⇧ 431 m	Nördlingen
1,5 km	⇧ 473 m	Hexenfelsen/Marienhöhe
6,7 km	⇧ 543 m	Albuch/Otto Rehlen Hütte
8,9 km	⇧ 479 m	Burgruine Niederhaus
11,9 km	⇧ 482 m	Abzw. Klosterkirche Christgarten
14,6 km	⇧ 544 m	Abzw. Jägerstand Waldrand
19,7 km	⇧ 561 m	Hohlenstein
22,1 km	⇧ 580 m	Kapelle Maria Buch
23,6 km	⇧ 500 m	Kloster Neresheim

Von dem schönen mittelalterlichen Stadtkern von Nördlingen verabschieden Sie sich in die hügelige Landschaft des Rieses. Sie wandern über die Marienhöhe mit dem Galgenberg und den Albuch, wo die Schlacht von Nördlingen stattfand. Danach erreichen Sie die auf einem abenteuerlichen Vorsprung liegende Burgruine Niederhaus. Inmitten des Kartäusertals begrüßt Sie dann die Klosterruine Christgarten mit der evangelischen Kirche St. Peter. Sie erreichen nun den östlichen Teil der Großlandschaft Schwäbische Alb mit seiner Hochfläche, dem Härtsfeld, wo eingebettet Neresheim mit seinem imposanten Kloster liegt.

Mit dem Rad fahren Sie heute von Nördlingen über Nähermemmingen, Utzmemmingen nach Härtsfeldhausen. Weiter geht es nach Dehlingen und am Ortsrand von Weilermerkingen entlang, bis Sie nach Ohmenheim gelangen. Von hier aus radeln Sie bis zur Kapelle Maria Buch, wo Sie kurz den Jakobsweg kreuzen, und erreichen schließlich das Kloster Neresheim. Ein Stück vor dem Kloster treffen Sie wieder auf den Jakobsweg.

Sie verlassen den Marktplatz bei den Kirchtürmen und dem Hotel-Café Altreuter über das Windgässchen. Es geht am Obstmarkt mit dem Brunnen vorbei, bis Sie am Ende der Gasse am Gasthof Walfisch nach rechts in die Hallgasse abbiegen. Der Jakobsweg führt Sie nun über den Weinmarkt mit dem Hallgebäude.

⌘ Das **Hallgebäude** wurde 1541-1545 erbaut. Es war einst ein Lagerhaus für Wein, Getreide und Salz und diente auch als städtisches Zahlhaus. Heute beherbergt es eine Schule und ein städtisches Archiv.

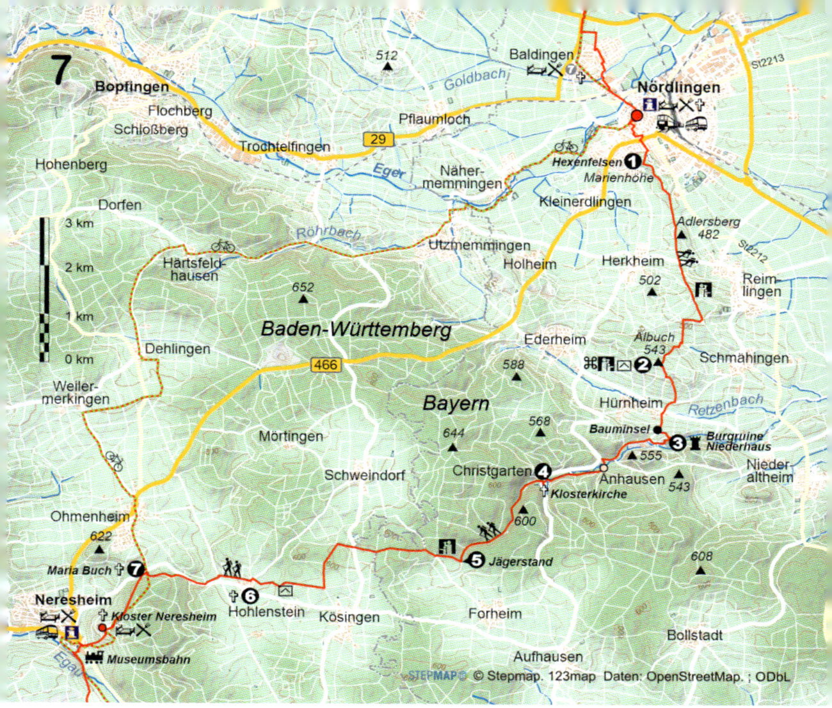

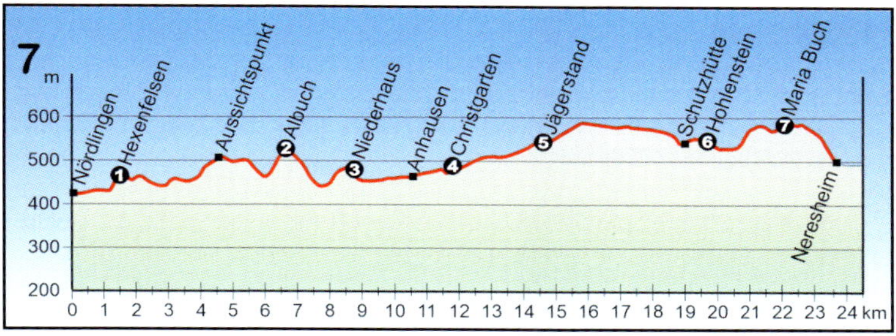

Anschließend gehen Sie nach links in der Neubaugasse weiter. Der nächste Abzweig am Winter'schen Haus führt Sie nach rechts in die Bräugasse und bei der zweiten Möglichkeit nach links in die Bürggasse.

⌘ Das **Winter'sche Haus** ist ein Fachwerkbau aus dem 17. Jh. Interessant sind die sehr kunstvoll geschnitzte hölzerne Eingangstür und ein schön geschnitzter und bemalter Eckpfosten. Dieser wird von einem originellen Eckstein geschützt, den man hier „Hundsbrunzer" nennt.

An der nächsten Ecke liegt die St.-Salvator-Kirche.

✞ Die **St.-Salvator-Kirche** ist eine Karmeliterklosterkirche, die im 15. Jh. erbaut wurde. Ihr Äußeres zeugt davon, dass sie durch einen Bettelorden erbaut wurde, da anstatt eines Glockenturms nur ein schlichter Dachreiter mit Glocke vorhanden ist. Ursprünglich wurde 1381 aufgrund eines Hostienwunders an diesem Ort schon die Kapelle Corporis Christi errichtet. Da der Wallfahrerstrom im Laufe der Zeit zu groß wurde, entschloss sich die Stadt zum Bau eines Klosters.

Im Inneren der Kirche fällt sowohl der spätgotische Flügelaltar ins Auge als auch die spätgotische Ausstattung, die hier harmonisch auf die Moderne trifft.

Sie gehen vor der Kirche nach rechts, dann gleich wieder nach links in die Lange Gasse, wo Sie nochmals auf die Stadtmauer stoßen. Nachdem Sie das Tor durchschritten haben, halten Sie sich links und gehen durch die schöne Parkanlage.

Beim nächsten Torbogen – zuvor steht eine WC-Anlage und dahinter die Alte Bastei – gehen Sie nach rechts.

Die Alte Bastei

Dieser mächtige, besonders verstärkte Bau sicherte die Stadt vor den gefürchteten Angriffen von dem nahe gelegenen Galgenberg. Sie war mit 10 Geschützen ausgestattet. Heute dient sie erfreulicherweise künstlerischen Zwecken und wird als Freilichtbühne genutzt.

Nach ca. 50 m biegen Sie nochmals nach rechts ab in die Straße Am Hohlen Schänzle, welche Sie in einem Linksbogen zur Herlinstraße bringt. Diese überqueren Sie bei der Ampel und kreuzen kurz danach den Taigweg. Dann spazieren Sie unter Linden dahin, bis Sie das Ende der Allee erreichen. Es geht nach rechts aufwärts in den Zeitblomweg und an Tennisplätzen vorbei. Der Weg gabelt sich.

Sie halten sich rechts, gehen in den Wald hinein, kommen an einem Hochreservoir vorbei und erreichen den Hexenfelsen ❶ auf der Marienhöhe. Ein imposanter, isoliert stehender Dolomitklotz.

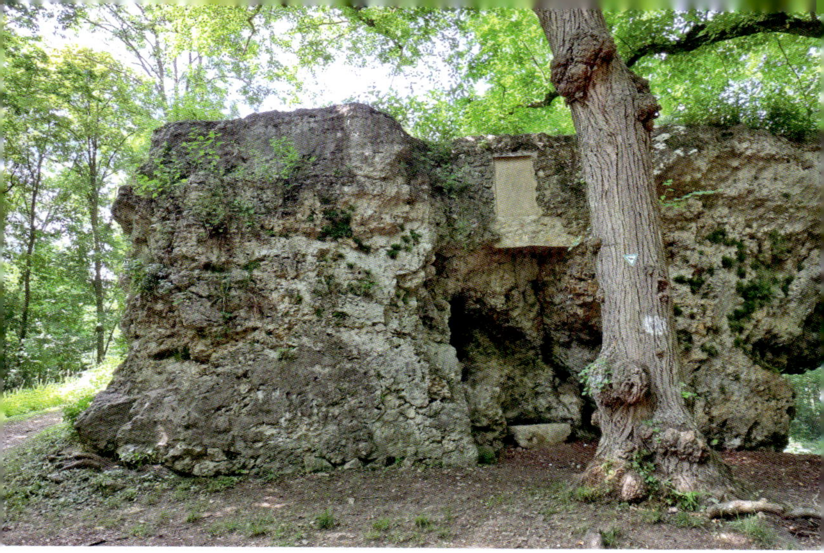

Der Hexenfelsen am Marienberg

Marienhöhe

Die Marienhöhe war der frühere sogenannte Galgenberg, auf dem im Jahre 1777 die letzten Hinrichtungen und im Mittelalter nachweislich Hexenverbrennungen stattfanden. Zu Beginn des 19. Jh. wurde mit den ersten Pflanzungen rund um den Hexenfelsen begonnen. Er erhielt später den Namen Marienhöhe und ist heute ein beliebtes Ausflugsziel.

Vor dem Schwimmbad wandern Sie nach links auf einem Parkweg über die Marienhöhe, wo eine ⩚ Ruhebank nach der anderen folgt. Der von Bäumen gesäumte Weg schlängelt sich über die Höhe und erreicht eine kleine Wegkreuzung. Sie wandern ein kleines Stück durch die Baumreihe abwärts und auf dem unteren Weg zwischen Feldrand und Buschwerk in bisheriger Gehrichtung weiter.

Nach der Unterquerung einer Hochspannungsleitung führt Sie der ansteigende Weg durch ein Waldstück bis zum Adlersberg. Am Waldende wandern Sie weiter in stetigem Auf und Ab durch das offene Gelände. Nach der Überquerung einer Teerstraße, die rechts nach Herkheim führt, gehen Sie auf einem Schotterweg bergan. Sie können nun schöne Blicke in die weite Landschaft genießen. Kurz vor dem Erreichen der Höhe treffen Sie bei einer Weggabelung auf einen Schilderbaum und auf zwei ⩚ Rastplätze. Nach dem Aussichtspunkt wandern Sie leicht bergab und gelangen nach ca. 600 m zu einem kleinen Waldstück.

☞ Hier gabelt sich der Weg geradeaus in den Fränkisch-Schwäbischen-Jakobsweg und nach rechts in den Weg nach Konstanz.

Sie wandern also vor dem Wäldchen nach rechts auf einem Wiesenweg weiter und treffen kurz danach auf eine asphaltierte Fahrstraße, der Sie nach rechts folgen. Mit einem Linksknick der abwärtsführenden Straße stoßen Sie auf eine kleine Asphaltstraße. Hier geht es kurz rechts und gleich wieder links auf den ansteigenden Wiesenweg Richtung Wald.

Am Wegende wandern Sie nach rechts am Waldrand entlang. Kurz danach biegen Sie nach links auf den ansteigenden schmalen Pfad, der in den Wald hineinführt. Sie verlassen den Wald auf einen Wiesenpfad und überqueren einen Feldweg. Kurz vor dem Erreichen des Albuchs ❷ finden Sie rechter Hand die von Birken und Lerchen eingebettete Otto-Rehlen-Hütte, die auch als ⌂ Unterstand dient.

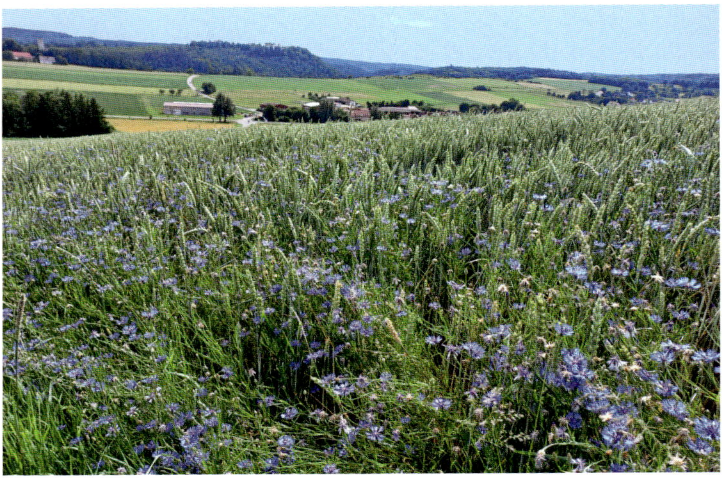

Getreidefelder unterhalb des Albuchs

Albuch
Hier fand im Dreißigjährigen Krieg die grausame und entscheidende Schlacht zwischen der kaiserlich-habsburgischen-katholischen Liga und den Schweden mit ihren protestantisch-deutschen Verbündeten statt. Zuvor war die evangelische Reichsstadt Nördlingen zwei Wochen belagert worden.

Der große Gedenkstein auf dem Albuch erinnert an die Schlacht von Nördlingen vom 6.9.1634, die 12.000 Menschenleben forderte.

Heute genießen Sie von dieser wacholderbewachsenen Hochebene wunderbare Rundblicke. Besonders von einer unter drei Linden stehenden Bank, die sich dafür anbietet, die Landschaft in Ruhe zu betrachten.

Der Naturraum Albuch und Härtsfeld befindet sich in einem gemeinsamen Tal, das von Kocher und Brenz durchflossen wird. Diese karge Landschaft ist ökologisch besonders wertvoll, da sie mit ihren Wacholderheiden, Trockenrasen und lichten Mischwäldern unzähligen Tieren und Pflanzen Lebensraum bietet.

Sie lassen den Gedenkstein rechts liegen und steigen auf dem Wiesenweg ein kurzes Stück steil abwärts bis zu einem querenden Feldweg. Diesem folgen Sie weiter abwärtsgehend nach links und in einem Rechtsbogen geht es um ein Feld herum.

Der Feldweg wird zum Teersträßchen und stößt auf eine Fahrstraße, der Sie nach rechts abwärts folgen. Sie überqueren die Kreisstraße, die am Ortsrand von Hürnheim liegt. Den Ort lassen Sie rechts liegen und wandern geradeaus auf der ansteigenden Landstraße.

Sie erreichen die Höhe bei einer Bauminsel mit Ruhebank. Linker Hand befindet sich die Burgruine Niederhaus ❸, die eine Besichtigung lohnt und Sie auch zum Picknicken einlädt.

Falls Sie die Burg nicht besichtigen möchten, bleiben Sie bei der Bauminsel geradeaus auf der Landstraße. Der Jakobsweg mündet nach gut 200 m wieder in die Landstraße ein. Wer den steilen Abstieg von der Burg aufgrund körperlicher Einschränkungen vermeiden möchte, geht einfach wieder den Aufstiegsweg hinunter, der problemlos ist.

Die Fahrstraße führt bis kurz vor die Ruine, die Sie dann von Osten her über eine neuzeitliche Holzbrücke erreichen.

Burgruine Niederhaus

Die romantisch gelegene Burg aus dem 12. Jh. war einst Sitz der Edelherren von Hürnheim. Die Baugeschichte der Burg ist nicht genau bekannt. Nach 1585 verfiel die Burg. In den 1970er-Jahren wurde Sie teilweise rekonstruiert und saniert. Sie besteht noch aus dem gut erhaltenen Palas, dem Bergfried und den Teilen der Außenmauer.

Der Abstieg führt in südlicher Richtung über einen sehr steilen Pfad zu einem Bach hinunter. Dahinter befindet sich ein kleiner malerischer Weiher. Sie spazieren an diesem Bach bis zu einer Steinbrücke und gehen nach rechts. Sie stoßen dann wieder auf die Landstraße, der Sie nach links folgen.

Auf der Landstraße ignorieren Sie die von Karlshof einmündende Straße. Sie biegen, kurz vor dem Erreichen der Autostraße in Richtung Christgarten, links in ein Teersträßchen zu dem Weiler Anhausen ab.

Bei der Weggabelung vor einem Anwesen geht es nach rechts auf einen schmalen Wiesenweg. Sie wandern unter einer Stromleitung durch und weiter am Waldesrand entlang. Dort, wo die Stromleitung bei einem Hof endet, biegen Sie halb links in den Wald. Sie gehen weiter aufwärts in der Nähe des Forellenbachs.

Sie erblicken auf der rechten Seite die ersten Häuser von Christgarten. Dann weist bei einer ⩫ Bank ein roter Pfeil nach rechts. Sie verlassen abwärtsgehend den Wald und wandern über zwei kleine Brücken nach **Christgarten** ❹. Nach links geht es auf einem Kiesweg am ehemaligen Gasthof Schwan vorbei.

➯ Bevor Sie die Kreisstraße erreichen, führt ein Wiesenweg nach links zur Kartäuserkirche, ➲ 80 m.

✞ Das frühere Kartäuserkloster wurde 1338 gegründet. Bei den Kartäusern handelt es sich um einen Orden, den der heilige Bruno im 11. Jh. in einer bei Grenoble gelegenen Bergwildnis namens Carthusia/Chartreuse gründete. Eine kontemplative Glaubensgemeinschaft mit äußerst strengen Regeln, die sich gerade im 14. und 15 Jh. im fränkischen Raum verbreitete.

Im Zeitalter der Reformation wurde die Kartause Christgarten 1547 durch Plünderungen und Brand zerstört. Die Grafen von Öttingen unterstützten den Wiederaufbau in den folgenden Jahren. 1557 lebten nur noch drei Patres und ein Bruder im Kloster. 1648 fand dann die endgültige Aufhebung statt. Vom Kloster sind nur noch die Außenmauern eines saalartigen Raums mit Resten gotischer Spitzbogenfenster südlich des Chores erhalten.

Bei der Kreisstraße wandern Sie kurz links, um gleich danach das rechtsliegende Wildgehege durch ein Gatter zu betreten. Auf dem von Obstbäumen und Kastanien gesäumten Weg pilgern Sie für ca. 1,5 km leicht aufwärts. Der breite Weg führt in großen Bögen durch den lichten Mischwald und an Felsen und einem Graben entlang. Nach ca. 1,5 km verlassen Sie in der Rechtskurve einer Weggabelung das Wildgehege durch ein großes Holzgatter.

Am Waldende, bei einem Jägerstand ❺, führt Sie der Jakobsweg mit einer nach rechts zeigenden Muschelmarkierung auf einen Feldweg am Waldrand.

Leicht bergan gehend erreichen Sie eine gezimmerte Bank. Von hier aus bieten sich Ihnen schöne Ausblicke ins Land und auf den Ort Forheim. Schließlich stoßen Sie auf ein Autosträßchen, dem Sie für ein kurzes Stück rechts in den Wald folgen. Am nächsten Abzweig geht es links am Waldrand entlang und später aufwärts durch den Wald. Sie queren zwei Wegkreuzungen und erreichen wieder einen Waldrand. Sie wandern in bisheriger Richtung weiter und überqueren eine Landstraße in Richtung eines Waldstücks.

Im Wald biegen Sie bei den beiden kurz hintereinander folgenden Weggabelungen jeweils nach links ab und es geht durch lichtes Gehölz leicht bergauf.

Nach dem Verlassen des Waldes wandern Sie durch eine von Büschen, Bäumen und Feldern geprägte Landschaft. Bei der folgenden Wegspinne gehen Sie nach rechts auf den leicht abwärtsführenden geteerten Feldweg und passieren eine achteckige Schutzhütte. Schließlich gelangen Sie in einem Linksbogen des Weges an den Ortsrand von Hohlenstein ✝ ❻.

Nach dem Ortsschild wandern Sie nach rechts in die kleine Teerstraße, queren einen Asphaltweg und halten sich weiter geradeaus. Bei einem bizarren Felsen stoßen Sie auf eine Landstraße. Hier gehen Sie kurz links und gleich wieder rechts auf einen Wiesenweg. Dieser führt Sie zu einer Kreisstraße, der Sie für ca. 350 m nach rechts folgen.

Sie biegen links von der Straße ab, gehen in den Wald und folgen dem Schild Richtung Kapelle Maria Buch. Auf dem ansteigenden Forstweg erreichen Sie einen Abzweig. Sie folgen dem Weg rechts am Waldrand entlang bis zu einer Landstraße. Hier geht es für gut 50 m rechts und dann links auf einem schmalen Waldpfad zur ✝ Kapelle Maria Buch ❼. Auf dem Gelände um die Kapelle finden Sie einige Ruhebänke.

✝ Maria Buch

Die idyllisch im Wald gelegene Wallfahrtskapelle hat ihre eigene Entstehungsgeschichte. Die Legende besagt, dass Abt Meinrad vom Kloster Neresheim im Jahr 1649 auf dem Weg nach Ohmenheim über den Buchrain ritt. Dabei entdeckte er das Gnadenbild von Maria Einsiedeln in dieser Buche. Da die Orte im Härtsfeld während des Dreißigjährigen Krieges sehr in Mitleidenschaft gezogen worden waren, nahm er dies zum Anlass, Maria als Schutzpatronin des Härtsfelds zu ernennen. Die Mariafigur blieb an ihrer ursprünglichen Stelle in der Buche. Nach und nach pilgerten immer mehr Härtsfelder zu diesem Ort. 1663 wurde die Buche dann mit einem kleinen Häuschen umbaut. 1708 fand die Grundsteinlegung zum Bau einer Kirche statt. Die Mönche des nahe gelegenen Klosters, die sogenannten Buchherren, kümmerten sich um die Kirche. Sie organisierten Wallfahrten und führten Aufzeichnungen sowohl über die Gebetserhörungen als auch über die wundersamen Ereignisse, die sich dort ereigneten. 1796 brannte die Wallfahrtskirche Maria Buch während der Belagerung der Franzosen völlig ab. Die heute noch bestehende Kapelle wurde 1889 gebaut.

Unterhalb der Kapelle führt Sie ein schöner, leicht ansteigender Waldweg bis zum Waldrand. Sie folgen dort der Alten Kösinger Straße nach rechts und umrunden den Klosterkomplex, bis Sie das Haupteingangstor vor dem Klosterhof erreichen. Hier besteht die Möglichkeit, im Tagungshaus des Klosters Neresheim zu übernachten.

🛏 ✕ **Tagungshaus im Kloster Neresheim**, ☏ 073 26/964 42-0, ✉ neresheim@tagungshaus.net, 💻 www.abtei-neresheim.de, 139 Betten, Ü EZ ab € 35, DZ ab € 50, EZ mit Etagendusche ab € 28, DZ mit Etagendusche ab € 36, F € 8 p. P./Tag. 🚪 Die Klostergaststäte ist ab 10:00 durchgehend geöffnet und bietet Frühstück, Mittagessen, Kuchen und Abendessen. ✋ Seit November 2021 wird das Haus renoviert und bleibt voraussichtlich für ca. 18 Monate geschlossen! ➲ direkt am Weg

⚖ **Klosterbuch- und Fairhandlung**, ☏ 073 26/851 06, ✉ klosterbuchhandlung@abtei-neresheim.de, 🚪 täglich 11:00-11:45 und 13:00-16:30, im Innenhof des Klosters

♦ **Klostergutladen**, ☏ 073 26/78 51 44, ☏ 073 26/851 44 (Büro), ✉ info@klostergut-neresheim.de, 💻 www.klostergut-neresheim.de, 🚪 Di, Do, Fr, Sa 9:30-11:30, Fr 15:00-17:00 sowie nach Vereinbarung für Reisegruppen. Hier gibt es natürliche Lebensmittel aus eigener Produktion. Der Laden liegt außerhalb des Klosters, gegenüber vom Haupteingang.

⊙ Den Stempel erhalten Sie im Klosterbuchladen oder im Tagungshaus.

🚌 Linie 110 nach Neresheim

Die Abtei Neresheim wurde 1095 für die Augustiner-Chorherren gegründet. Ab 1106 wirkten die Benediktiner ununterbrochen bis zur Säkularisation 1802. Das Kloster fiel daraufhin in den Besitz der Fürsten Thurn und Taxis, die 1919/1920 die Wiederbesiedlung durch die Benediktiner ermöglichten. Im Jahr 2020 bildeten 6 Mönche den Konvent der Benediktinerabtei St. Ulrich und Afra.

1750 wurde mit dem Bau der zu den bedeutenden Kirchenbauten des Spätbarocks zählenden Abteikirche begonnen. Der Tiroler Martin Knoller malte von 1770-1775 die farbenfrohen Kuppelfresken. 1792 wurde die Kirche eingeweiht und Johann Nepomuk Holzhay begann mit dem Bau der 48 Register zählenden Hauptorgel, die 1797 fertiggestellt wurde. Von 1966-1975 wird die Abteikirche grundlegend saniert. Heute finden in der Kirche auch Konzerte und Lesungen statt.

☺ ↳ Im Zentrum von Neresheim finden Sie weitere Übernachtungsmöglichkeiten (Wegbeschreibung ☞ 8. Etappe).

Schwäbische Alb

8. Etappe: Kloster Neresheim – Giengen

➲ *22,1 km,* ⌛ *6 Std. 30 Min,* ↑ *279 m,* ↓ *391 m,* ⇧ *460-624 m*

0,0 km	⇧ 500 m	Kloster Neresheim
2,2 km	⇧ 520 m	Aussichtspunkt Neresheim
5,8 km	⇧ 595 m	Auernheim
9,0 km	⇧ 531 m	Fleinheim
10,6 km	⇧ 602 m	Bushaltestelle Abzw. Zöschingen
15,6 km	⇧ 503 m	Staufen
18,1 km	⇧ 512 m	Wanderparkplatz
20,5 km	⇧ 500 m	Steine des Anstoßes
22,1 km	⇧ 472 m	Giengen BANK ⌘

Das beeindruckende Kloster von Neresheim lassen Sie hinter sich und wandern nun durch die karge, aber reizvolle Hochfläche des Härtsfelds. Es geht durch die kleinen Orte Auernheim und Fleinheim, bis Sie Staufen mit der am Ortsrand und auf einem Hügel liegenden Kirche St. Martin erreichen. Durch die sanft hügelige Wacholderheidelandschaft pilgern Sie weiter bis nach Giengen, wo die beiden ungleichen Türme der Stadtkirche das unverwechselbare Wahrzeichen der Stadt bilden.

Der Jakobsweg führt vom Haupteingang geradeaus bis zur rechts abbiegenden Klosterallee. Mit schönen Aussichten folgen Sie dieser im Abstieg, bis Sie in Höhe des alten Bahnhofs auf die Dischinger Straße stoßen.

Der Jakobsweg nach Konstanz führt nicht in die Innenstadt von Neresheim.

↳ Vom ehemaligen Bahnhof erreichen Sie auf der Dischinger Straße in Kürze das Zentrum von Neresheim (➲ 250 m). Auch dieser Abstecher ist mit der Jakobsmuschel gekennzeichnet, denn es handelt sich um einen Verbindungsweg, der nach Rottenburg führt. In der Innenstadt und etwas außerhalb an der B466 Richtung Heidenheim finden Sie Einkaufsmöglichkeiten und Supermärkte (➲ 900 m).

Neresheim

Touristikgemeinschaft Gastliches Härtsfeld, Hauptstraße 21, 73450 Neresheim, ☏ 073 26/81 49, tourist@neresheim.de, www.neresheim.de, Mo-Do 8:30-12:00, Do 14:00-17:00, Fr 8:30-12:30, 250 m vom Weg Richtung Innenstadt

Gasthaus Zur Krone, Hauptstr. 13, 73450 Neresheim, ☏ 073 26/963 90-0, info@neresheim-krone.de, www.neresheim-krone.de, 33 Betten, Ü EZ ab € 38, DZ ab € 68, MBZ ab € 85, F € 3,50, Restaurant Mo 9:00-24:00, Di geschlossen, Mi-Fr 9:00-24:00, Sa-So 10:00-14:00 und 17:00-24:00, 200 m vom Weg, im Zentrum

Linie 110 nach Aalen, dort Umstieg in der Zug nach Nürnberg

Die Kleinstadt liegt in der weiten Landschaft des Härtsfelds. Sie wurde 1095 erstmals urkundlich mit der Gründung der Abtei Neresheim erwähnt. Die Gegend war allerdings schon früher besiedelt. 1350 wurde Neresheim zur Stadt ernannt. Im Jahr 1634, in der Blutnacht von Neresheim, wurde die Bevölkerung erheblich dezimiert durch den blutigen Rückzug der Truppen aus der Nördlinger Schlacht. Das Kloster als Grundherr bemühte sich anschließend um die Wiederansiedlung des Härtsfelds.

Im Jahr 1900 entstand die Härtsfeldbahn, die bis 1972 in Betrieb war. 2001 wurde diese als Museumsbahn wieder eröffnet. Das Eisenbahnmuseum informiert über diese Zeit im ehemaligen Bahnhofsgebäude im ersten Stock. Die Bahn verkehrt in der Regel am 1. Sonntag in den Monaten Mai-Okt.

Sie radeln heute von Neresheim nach Iggenhausen und Dischingen, bis Sie zunächst in Fleinheim und danach in Staufen jeweils kurz auf den Jakobsweg treffen. Von Staufen aus führt der Radweg bis Giengen teilweise parallel mit dem Jakobsweg. Hier war im Frühjahr 2022 noch keine Radpilgermarkierung vorhanden.

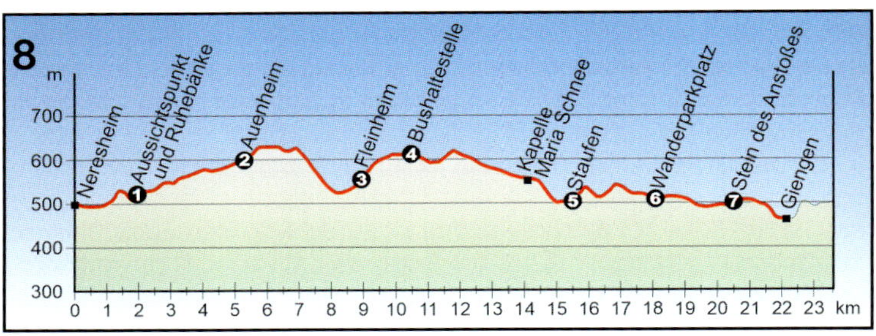

Für ein kurzes Stück halten Sie sich rechts in Richtung Stadtmitte und biegen dann sofort nach links in die schmale Straße in Richtung Auernheim ab.

Sie laufen auf dem kleinen Asphaltweg an Tennisplätzen und Gewächshäusern vorbei. Am querenden Schotterweg geht es durch einen kleinen Links-Rechts-Bogen und dann anschließend weiter geradeaus.

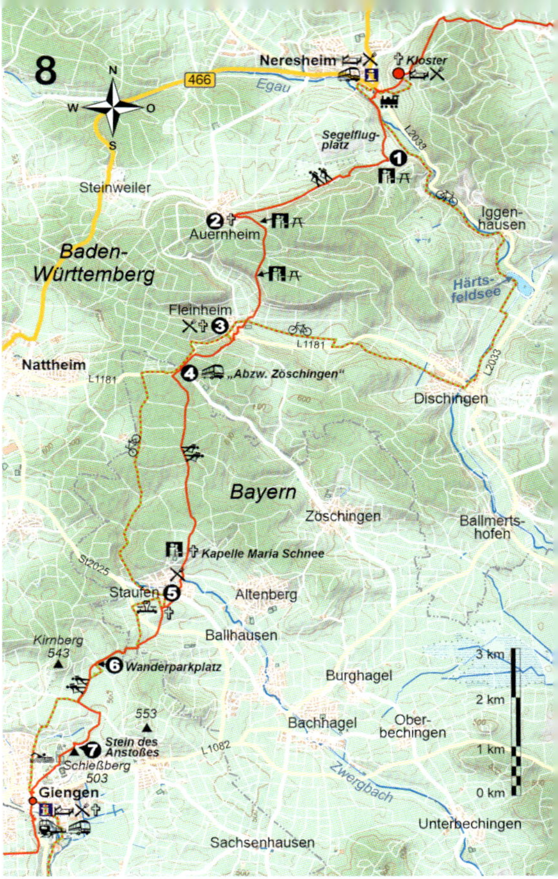

Außerhalb des Ortes führt Sie der nächste querende Schotterweg nach links, bis der Weg bei der Egaubrücke endet. Nach Überquerung der Brücke wandern Sie auf einer kleinen aufwärtsführenden Asphaltstraße, die von Hecken und Bäumen gesäumt wird. Auf der Anhöhe treffen Sie auf einladende Ruhebänke und eine schöne Aussicht bis Neresheim und das Kloster ❶. Nun geht es weiter durch eine Senke und am folgenden Wegekreuz folgen Sie der Beschilderung nach rechts aufwärts. Der Schotterweg führt Sie zur nächsten Gabelung, wo es nochmals nach rechts, aber nun auf einem Wiesenweg am Waldrand weitergeht. Sie kreuzen einen Waldweg und wandern leicht aufwärts geradeaus in den Wald hinein. Der schmale Weg vollführt einen Linksbogen und gelangt zu einem Forstweg, auf dem Sie nach rechts weiterwandern.

Nach knapp 150 m führt Sie die Muschelmarkierung nach rechts abwärts auf einen grasigen Waldweg. Dieser gabelt sich sofort und Sie halten sich links am Waldrand. Von hier aus blicken Sie in die Heidelandschaft des Härtsfelds und auf einen Segelflugplatz.

Das **Härtsfeld** ist eine karge Karsthochfläche des weißen Juras. Ebenso wie das Ries wird es geprägt durch Wacholderheiden, artenreiche Wälder und Trockentäler. Hier treffen Sie auf eine seltene Pflanzenwelt, die von der Orchidee bis zur Silberdistel reicht. Das Härtsfeld ist der östliche Teil der Schwäbischen Alb und wird im Norden durch die Steilhänge der Alb, im Osten durch das Ries, im Westen durch die Täler von Kocher und Brenz und im Süden durch die Donauebene eingerahmt.

Der Waldrand begleitet Sie bis zu der auf einem Hügel liegenden ⊙ ✞ Kirche St. Georg in Auernheim ❷. Den Ort berühren Sie nur am östlichen Rand.

Auernheims Gründung ist auf eine mittelalterliche Burganlage zurückzuführen, die möglicherweise auf den Resten eines römischen Bauwerks errichtet wurde. Heute gibt es noch Reste vom Burgstall am südlichen Ortsrand.

Die Kirche St. Georg, die am Ortsrand liegt, ist den Überlieferungen zufolge wohl viermal erbaut worden. Laut einer Sage hat ihre Lage eine besondere Bedeutung. Im 18. Jh. wünschten sich Auernheims Bürgerinnen und Bürger, dass ihre Kirche lieber mitten im Dorf stehen sollte. Das dafür vorgesehene Baumaterial wurde jedoch über Nacht immer wieder von unsichtbarer Hand entwendet und zu dem Platz gebracht, wo auch heute noch die Kirche steht.

Vor der Kirche führt Sie die Markierung scharf links in die berganführende Auertalstraße und aus dem Ort hinaus. Bei einem Aussichtspunkt mit Ruhebank genießen Sie einen weiten Blick übers Härtsfeld und sogar noch bis zum Neresheimer Kloster.

Es folgt kurz darauf eine Gabelung, wo Sie den linken Abzweig ignorieren und geradeaus weitergehen. Sie wandern nach rechts leicht aufwärts in den Wald hinein. Der breite auf- und absteigende Forstweg führt Sie für ca. 1 km durch den Wald, wobei Sie abzweigende Wege ignorieren.

Schließlich erreichen Sie den Waldrand und kommen hier hoffentlich in den Genuss, die dort vorhandenen Sonnenbänke zu nutzen. Schöne Tiefblicke bieten sich Ihnen ins Fleinheimer Tal. Links führt der Weg an einem Hang entlang und Sie wandern abwärts durch die Felderlandschaft. Am Krautgarten geht es vorbei und am Ortsanfang von Fleinheim ❸ gehen Sie nach rechts in die Hochfeldstraße, die Sie in den Ort führt.

Weiter geradeaus leitet Sie der Mühlweg am Sportplatz vorbei. Nach dem Rechtsbogen des Mühlweges gehen Sie noch knapp 100 m geradeaus und dann nach links auf den Fußweg Burggäßle. Bei der Dischinger Straße biegen Sie kurz nach rechts und nach links ab, um auf der Hespelstraße hinauf zur Petruskirche zu gelangen.

Fleinheim ✕ ⊙

✕ **Gasthof zum Ochsen**, Dischinger Straße 6, 89564 Nattheim-Fleinheim, ☏ 073 27/61 42, Mo-Di Ruhetag, Mi 10:30-22:00, Do Ruhetag, Fr 10:30-22:00, Sa Ruhetag, So 10:30-22:00, durchgehend warme Küche, keine Übernachtungen, ➲ 30 m vom Weg

⊙ Stempel in der Petruskirche

Der zu Nattheim gehörige Ort liegt von ausgedehnten Wäldern umgeben im Härtsfeld. 1763 wurde dort die Petruskirche erbaut.

Sie gehen nach der Kirche in südwestlicher Richtung in die aufwärtsführende Zangstraße, der Sie bis zum Ortsende folgen. Dort wandern Sie geradeaus auf einem kaum sichtbaren ansteigenden Pfad, der an einem Gartenzaun entlangführt. Es geht über ein paar Treppenstufen hinweg und weiter auf einem Wiesenweg am Waldrand. Bei zwei Ruhebänken bietet sich Ihnen nochmals eine schöne Sicht über Fleinheim.

Anschließend wandern Sie links auf einem schmalen Weg in den Wald hinein. Sie kreuzen einen grasigen Waldweg und bleiben weiterhin auf dem etwas zugewachsenen Weg. Der Wald wird lichter und Sie treffen auf einen Baum mit Muschelmarkierung und dem Hinweisschild, dass es 10 km bis Giengen sind. Am folgenden Forstweg halten Sie sich rechts und gehen sogleich wieder links auf einen zunächst breiteren Weg, der parallel zur Fleinheimer Straße L1181 verläuft.

Der Weg wird zum Wiesenweg, überquert einen Schotterweg und Sie erreichen eine Kreisstraße mit der Bushaltestelle „Abzw. Zöschingen" ❹. Hier geht es geradeaus weiter.

Nach Querung der Kreisstraße war der geradeaus weiterführende Weg im Frühjahr 2022 extrem zugewachsen, sodass Sie möglicherweise für ein kurzes Stück auf die rechtsliegende Fleinheimer Straße ausweichen müssen. Bei der nächsten Gelegenheit verlassen Sie wieder die Straße nach links auf den breiten Forstweg, der Sie durch den Wald leitet.

Wer sich durch das vielleicht noch vorhandene ca. 200 m lange Dickicht durchkämpfen möchte, geht also geradeaus in den Wald und biegt dann nach links in den oben genannten breiten Forstweg ab.

Sie wandern für ca. 3,3 km auf diesem Forstweg und streifen sowohl einen im Wald gelegenen Windpark als auch den höchsten Punkt des Landkreises Dillingen/Donau mit einer Höhe von 610 m. Am Waldende marschieren Sie auf einem Feldweg hinab nach Staufen. Kurz nachdem es abwärtsgeht, erreichen Sie die Kapelle Maria Schnee. Bei gutem Wetter können Sie hier wundervolle Ausblicke bis in die Alpen genießen.

Kapelle Maria Schnee

Die neugotische Kapelle Maria Schnee liegt idyllisch nördlich des Ortes Staufen. Sie wurde 1895 als Dank für den unfallfreien Bau der Staufer Pfarrkirche St. Martin errichtet.

Die modernen Kreuzwegstationen empfingen 1992 die kirchliche Weihe. Insgesamt wurden von der Künstlerin Carola Heine aus München 15 Bronzereliefs in schwere, unbehandelte Eichenbalken eingelassen.

Die Kirche St. Martin in Staufen

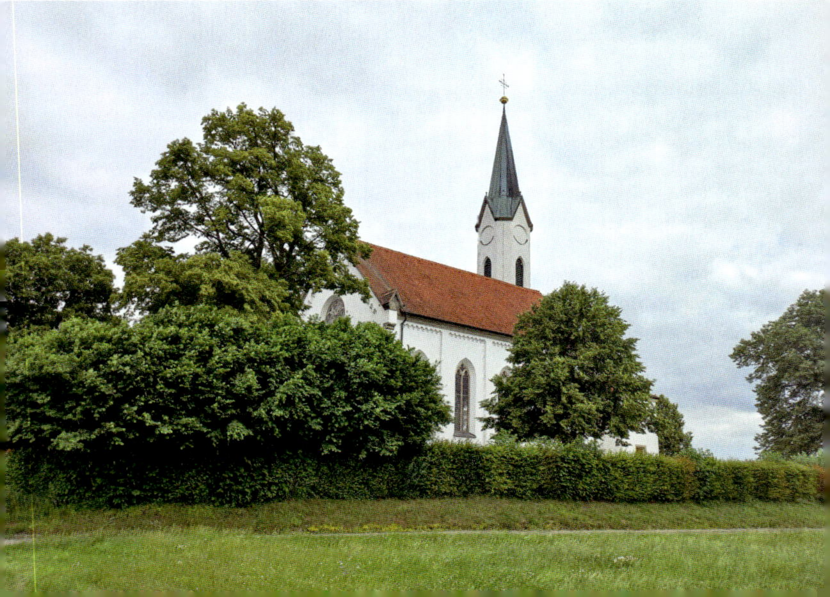

Der weitere Abstieg nach Staufen ❺ wird von Kreuzwegstationen begleitet. Sie passieren den Gasthof Schlössle mit Biergarten, der am Klingenplatz liegt, queren dann die Brücke über den Zwergbach und gelangen so in die Bauerngasse.

☺ ↳ Von der Bauerngasse aus erreichen Sie über den Silcherweg die Bäckerei Römer in der Schwabenstraße, ➲ 300 m. Von dort aus führt eine Straße direkt zur Kirche, ➲ 400 m.

Staufen

✕ **Gasthaus Schlössle**, Klingenplatz 5, 89428 Syrgenstein-Staufen, ☏ 090 77/950 37 40, Mo-Di Ruhetag, Mi-So 17:00-22:00, Fei 17:00-22:00, Pizza, Burger, Salate, ➲ am Weg

Bäckerei Römer, Schwabenstraße 9, 89428 Syrgenstein-Staufen, ☏ 090 77/911 64, Mo-Fr 6:30-12:30, Mo, Di, Do, Fr 15:00-18:00, Sa 6:30-12:00, ➲ 300 m vom Weg

⊙ Kirche St. Martin, Stempel im Außenbereich gegenüber dem Kircheneingang

Staufen gehört wieder zu bayerischem Gebiet und liegt am Rande der Schwäbischen Alb. Der Ort war in früherer Zeit ein Adelssitz, was ein Adelsgrab aus dem 8. Jh. in der Martinskirche bezeugt.

Die neugotische Kirche St. Martin wurde Ende des 19. Jh. an der Stelle von Vorgängerbauten nach den Plänen des Baumeisters Steiff aus Giengen erbaut.

Nach Querung der Durchfahrtsstraße wandern Sie weiter auf der Memminger Straße in Richtung Kirche. In einem Linksbogen geht es hinauf zur ✞ Kirche St. Martin, wo Ihnen eine weite Rundsicht geboten wird.

Sie gehen vom Kirchberg in südlicher Richtung abwärts und lassen Staufen hinter sich liegen. In der Senke überqueren Sie die Landstraße und wandern geradeaus aufwärts auf einem Feldweg, der z. T. durch Waldstücke führt. Bei einer kleinen Teerstraße am Kamm des Hügels gehen Sie kurz nach links und gleich wieder nach rechts auf einen Feldweg, der leicht bergab führt. Von hier aus sehen Sie bereits Giengen.

Am Waldrand lädt Sie eine Bank, die unter einer Buche steht, zur Rast ein. In einem S-Bogen bringt Sie der Weg zu einer Weggabelung, wo Sie den Waldrand nach links verlassen. Im offenen Gelände mit sanften Hügeln unterqueren Sie eine Hochspannungsleitung und bleiben bei der folgenden Gabelung halb links auf der kleinen Teerstraße.

Sie marschieren geradeaus über einen Wanderparkplatz ❻ mit Wandertafel und Schilderbaum. Vom Parkplatz gehen Sie in einen Wiesenweg, der bald wieder in einen Feldweg einmündet.

Der nächsten Teerstraße folgen Sie für ca. 500 m nach links. Bei dem dritten abzweigenden Weg verlassen Sie diese nach rechts auf einen Wiesenweg, der Sie durch die Ebene führt.

Nach einem Rechtsbogen geht es leicht bergauf. Sie kreuzen einen Wiesenweg und halten sich bei der folgenden Wiesenweggabelung, wo auch ein Strauch ins Auge fällt, rechts.

Sie orientieren sich nun nach links oben zu den beiden Linden mit der Ruhebank, wo sich auch die Steine des Anstoßes ❼ befinden.

Schöne Aussichtsbank bei den Steinen des Anstoßes

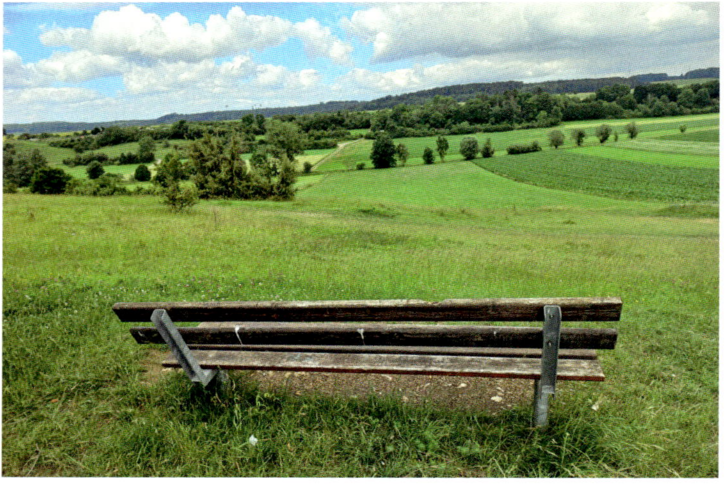

Von hier aus wandern Sie auf der kleinen Teerstraße nach rechts in Richtung der Sportanlagen von Giengen. Nachdem Sie diese durchquert haben, befindet sich auf der rechten Seite das Bergbad und links Bushaltestellen.

☺ ↳ Wenn Sie hier geradeaus auf der Straße Auf dem Schießberg und später durch die Friedenstraße weitergehen, gelangen Sie zu dem rechts liegenden Brauereigasthof Schlüsselkeller, ➲ 600 m.

Nach den Bushaltestellen wandern Sie in bisheriger Richtung auf dem geschotterten Weg des Bergrückens durch die schöne Parkanlage. Der Schotterweg geht später in einen Wiesenweg, dann in einen geteerten Fußweg über und führt Sie hinab in die Stadt. Bei den ersten Gebäuden gehen Sie sofort links auf einem kleinen Fußweg zwischen den Häusern hindurch.

Sie stoßen auf eine breite Straße, die Sie queren, um dann leicht rechts versetzt geradeaus auf der Obertorstraße weiterzugehen. Sie erreichen die auf der linken Seite liegende Marktstraße mit dem Panscherbrunnen und die Tourist-Information von Giengen.

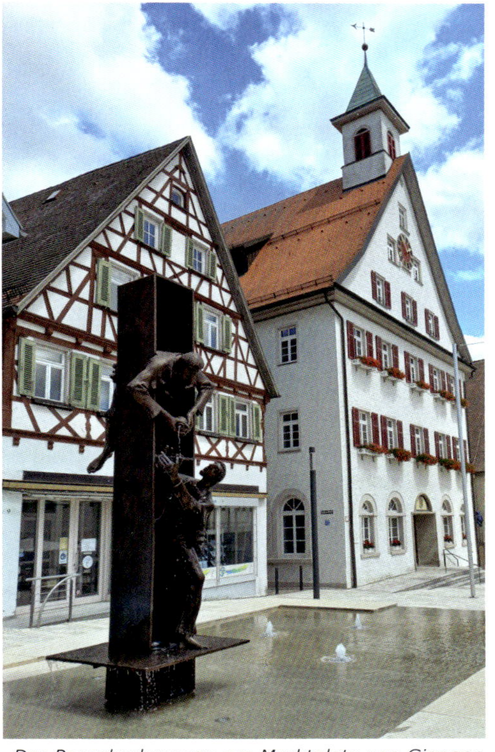

Der Panscherbrunnen am Marktplatz von Giengen

Giengen

Tourist-Information, Marktstraße 9, 89537 Giengen, ☏ 073 22/952-29 20, tourist-info@giengen.de, www.baerenland.de, Mo-Do 10:00-12:30 und 13:30-15:30, Fr 10:00-13:00, Sa 10:00-13:00 (Sa nur 1.4.-31.10). Das Info-Foyer ist täglich von 8:00-20:00 zugänglich, dort liegen die wichtigsten Prospekte von Giengen und der Umgebung aus. Empfehlenswert ist das winzige Faltheft „Stadtspaziergang" mit Stadtplan und Beschreibung der einzelnen Sehenswürdigkeiten. ➲ direkt am Etappenende

🛏 ✕ **Brauereigasthof Schlüsselkeller**, Oggenhauser Str. 34, 89537 Giengen, ☎ 073 22/32 43, ✉ info@schluesselkeller.de, 💻 www.schluesselkeller.de, ÜF EZ ab € 45, DZ ab € 75, 🚪 Restaurant Mo Ruhetag, Di-Fr 17:00-23:00, Sa-So und Fei 11:30-14:00 und 17:00-24:00, ➲ 600 m vom Weg, beim Bergbad

♦ **Stadthotel Giengen**, Richard-Wagner-Straße 5, 89537 Giengen, ☎ 073 22/968 80, ✉ info@stadthotel-giengen.de, Ü EZ ab € 70, DZ ab € 75, F € 9,50, Check-in 24 Std. möglich, da auch ein Boarding-Automat vorhanden ist, wenn die Rezeption nicht besetzt ist, 🚪 Restaurant Mo Ruhetag, Di-Fr 11:30-14:00 und 17:00-23:00, Sa 17:00-23:00, So und Fei 11:30-14:00 und 17:00-23:00, warme Küche bis 21:30, ➲ 700 m von der Innenstadt

♦ **Hotel-Restaurant La cucina** GmbH, Marktstraße 68, 89537 Giengen, ☎ 073 22/932 55 30, pronto@lacucina-giengen.de, 18 Betten, ÜF EZ ab € 50, DZ ab € 80, 🚪 Restaurant Mo Ruhetag, Di-Sa 17:00-23:00, So 11:00-14:00 und 17:00-23:00, ➲ 250 m von der Tourist-Info, in der Innenstadt

♦ **Lobinger Parkhotel**, Steigstraße 110, 89537 Giengen, ☎ 073 22/95 30, ✉ mail@lobinger-hotels.com, 💻 www.lobinger-hotels.com, 72 Zimmer, ÜF EZ ab € 82, DZ ab € 99, 🚪 Restaurant 18:30-22:00, Spezialität sind Wildgerichte, ➲ 2,5 km von der Tourist-Info, auf der Etappe nach Nerenstetten, ca. 400 m vom Jakobsweg (Wegbeschreibung ☞ 9. Etappe)

⊙ Den Pilgerstempel erhalten Sie in der Tourist-Info.

🚌 Linie 65 Bergbad Giengen – Bhf. Giengen

🚆 von Giengen nach Ulm und von dort über Donauwörth nach Nürnberg, Direktverbindungen nach München

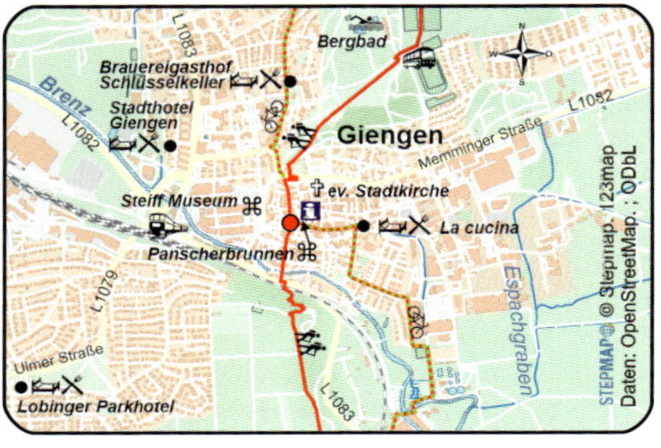

Giengen mit seiner weitgehend erhaltenen Altstadt liegt am Südrand der Schwäbischen Alb im Tal der unteren Brenz. Giengen wurde 1287 erstmals als Stadt erwähnt. Auch den mittelalterlichen Pilgerinnen und Pilgern war Giengen schon ein Begriff auf dem Weg zum Grab des heiligen Jakobus. Nach dem Aussterben der Staufer ging sie in Reichsbesitz über. 1430 wurde Giengen letztmals als Reichsstadt bestätigt. 1634, nach der Schlacht von Nördlingen, brannte Giengen fast vollständig ab. Seit Beginn des 19. Jh. gehört sie zu Württemberg.

Das Stadtzentrum erstreckt sich zwischen dem Schießberg im Norden und der Brenz im Süden. Sehenswert ist auf jeden Fall die Altstadt mit den historischen Gebäuden.

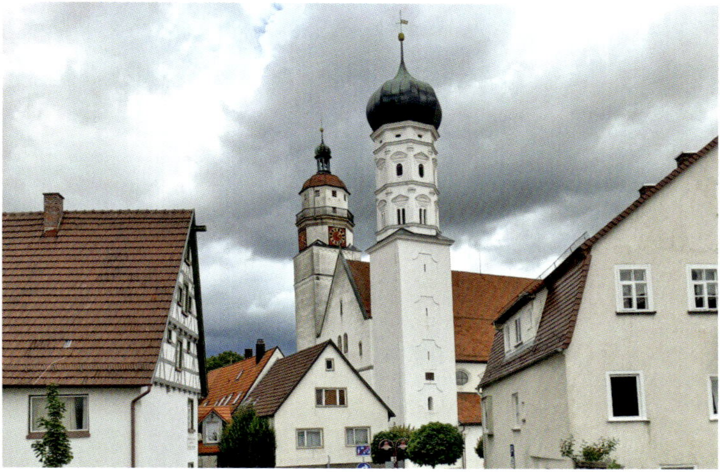

Die Evangelische Stadtkirche mit den zwei unterschiedlichen Türmen

✞ **Evangelische Stadtkirche**, mit ihren beiden unterschiedlichen Türmen. Der Bläserturm gehörte zunächst zur staufischen Stadtbefestigung und wurde im 14. Jh. bei der Vergrößerung der Kirche als Kirchturm integriert. Parallel dazu wurde noch ein zweiter gotischer Glockenturm erbaut. Bei der Renovierung 1906 kamen noch Jugendstilelemente hinzu sowie die Orgel der Gebrüder Link.

⌘ Das **Steiff Museum** ist ein großer Anziehungspunkt, denn Giengen ist der Geburtsort von Margarete Steiff, die 1902 den legendären Teddybären erfand.

♦ Margarete-Steiff-Straße 1, Mo geschlossen, Di-So 10:00-17:00, (letzter Einlass Museumsführung 16:00), in den Ferien (Baden-Württemberg) Mo geöffnet, Eintritt Erw. € 12, Kinder bis 17 J. € 8, ermäßigt € 10, Gruppe ab 20 P. p. P. € 10

⌘ Der **Panscherbrunnen** aus dem Jahr 1984 spielt auf den Necknamen der in Giengen Wohnenden an, da Sie Kaiser Barbarossa und seinem Gefolge bei einem seiner Besuche gepanschten Wein kredenzten. Diese tranken aus der Sicht der Einheimischen zu viel des guten Weins.

9. Etappe: Giengen – Nerenstetten

➲ 21,8 km, ⧗ 6 Std., ↑ 190 m, ↓ 125 m, ⇧ 453-542 m

0,0 km	⇧ 465 m	Giengen
3,1 km	⇧ 508 m	Brücke B492
5,0 km	⇧ 460 m	Hürben
6,3 km	⇧ 456 m	Abzw. Charlottenhöhle
9,3 km	⇧ 511 m	Bettelmannsgrab
11,4 km	⇧ 495 m	Stetten
15,2 km	⇧ 523 m	Lindenau
18,4 km	⇧ 499 m	Setzingen
21,8 km	⇧ 512 m	Nerenstetten

Heute geht es, nachdem Sie Giengen verlassen haben, zunächst über den Bruckersberg und weiter durch Wiesen und Felder nach Hürben. Hier befindet sich in der Nähe die Charlottenhöhle, die längste Schauhöhle der Schwäbischen Alb mit beeindruckenden Tropfsteinformationen. Im Lonetal treffen Sie, wo die Lone in die Hürbe einmündet, auf die auf einem Felsvorsprung liegende Ruine Kaltenburg. Einige Forstwege begleiten Sie zum einsamen Bettelmannsgrab und zu den Orten Stetten und Setzingen mit ihren schönen Kirchen. Schließlich führt Sie der Jakobsweg nach Nerenstetten.

Mit dem Rad starten Sie von Giengen in östlicher Richtung und biegen rechts in die Biberstraße. Auf einem Fuß- und Radweg geht es am Einkaufszentrum vorbei. Sie queren zweimal die Brenz und fahren auf dem Giengener Weg parallel zu den Bahngleisen aus Giengen hinaus. Weiter geht es in westlicher Richtung auf einer Nebenstraße nach Burgberg. Sie fahren um den Ort herum und dann in Richtung Charlottenhöhle, wo Sie kurz vor der Kaltenburg auf den Jakobsweg stoßen. Von Hürben bis Konstanz ist die Radpilgermarkierung nun wieder vollständig vorhanden.

Am Marktplatz am Brunnen starten Sie auf der abwärtsführenden Hohen Straße, die dann später in die Spitalstraße übergeht. Vor der Brücke über die Brenz liegt links die Spitalkirche, die seit 1967 der griechisch-orthodoxen Gemeinde als Gotteshaus dient. Nach Überquerung des Flusses mündet die Spitalstraße in die Hermaringer Straße ein.

Sie überqueren die Hermaringer Straße und gehen kurz links, um dann nach rechts in einen Fußweg einzubiegen. Nach Unterquerung der Bahnlinie wandern

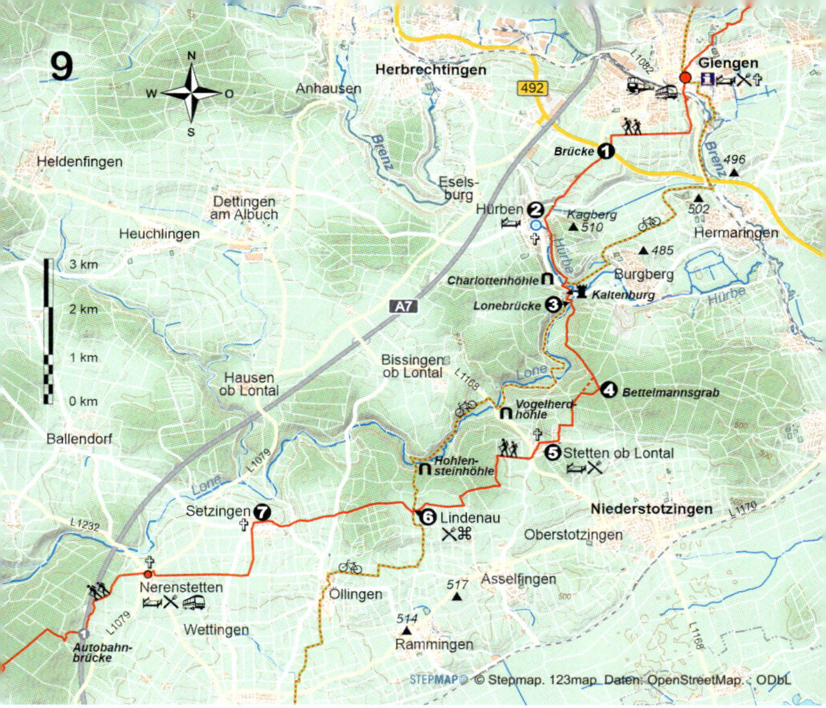

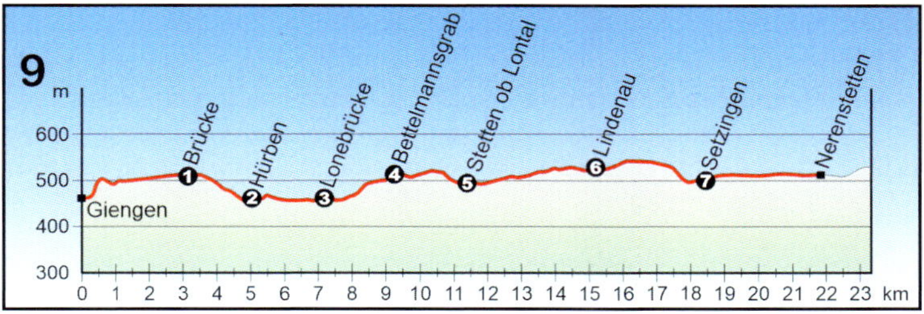

Sie in einem Linksbogen in den Wald. Zum Teil geht es über Treppenstufen den steilen Hang des Bruckerbergs hinauf. Am Ende des Aufstiegs treffen Sie auf einen Wiesenpfad und folgen diesem kurz nach rechts. Der gleich auftauchende Schilderbaum und die Informationstafeln über den Schäferweg leiten Sie links auf einen Schotterweg.

Mit weiten Blicken ins leicht hügelige Land wandern Sie auf der mit Buschwerk bewachsenen Anhöhe unter einer Stromleitung hindurch, bis der Weg nach rechts in einen Asphaltweg mündet. Die gleich folgende Jakobswegmarkierung weist Sie nach rechts in eine kleine ansteigende Teerstraße, die an einem Bauernhof vorbeiführt. Bei einer Wegkreuzung auf der Anhöhe erreichen Sie den Rand einer Neubausiedlung, wo sich rechts das Lobinger Hotel befindet.

Sie gehen weiter geradeaus bis zum Ende der Siedlung und bei der nächsten Straßenkreuzung links über die Brücke an der B492 ❶.

Durch Wiesen und Felder wandern Sie auf den Ort Hürben zu. Sie kommen an einem Picknickplatz bei einer alten Linde sowie an einem Reiterhof vorbei. Noch geht es ein Stück auf der Teerstraße leicht abwärts, bis Sie eine querende Dorfstraße erreichen, die rechts nach Hürben führt. Sie wandern hier allerdings weiter geradeaus auf dem Wiesenweg. Der leitet Sie rechts über zwei Grundstücke, über einen Bach und dann über eine Wiese. Rechter Hand befindet sich nun Hürben, das Sie jedoch nur am Rande berühren. Bei einem Teersträßchen treffen Sie auf eine Informationstafel über das Jakobswegle, ein 4,2 km langer Rundweg, der um den Kagberg herumführt. Auf einer Länge von 2,5 km wird die Strecke von Giengen nach Santiago de Compostela im Maßstab 1:1.000 abgebildet.

Hier geht es nach rechts und in einem Linksbogen durch den Ortsrandbereich von Hürben ❷.

Wollen Sie in Hürben übernachten, bringt Sie die bald rechts abzweigende Adalbert-Stifter-Straße zur Giengener Straße, auf der Sie links zur Pension Felsen gelangen.

Hürben

BANK ✞ ⌘

Pension Felsen, Giengener Straße 19, 89537 Giengen an der Brenz-Hürben, ☏ 073 24/55 77, 9 Betten, Ü p. P. ab € 20 im DZ und EZ mit Etagen-Dusche/WC, ohne Frühstück! Kühlschrank und Mikrowelle sind zur Selbstversorgung vorhanden! ➲ 250 m vom Weg

Hürben wurde erstmals 1171 erwähnt und gehört heute zu Giengen. Am Fuß des hohen Felsens, auf dem früher eine Burg stand, befindet sich eine aufgestaute Karstquelle, der Hürbetopf.

Im ehemaligen Rathaus finden Sie das ⌘ Stadtmuseum mit seiner anthropologischen Abteilung, die Funde aus der Altsteinzeit beherbergt.

Bei der nächsten Weggabelung wandern Sie links und leicht aufwärts auf einen Schotterweg Richtung Niederstotzingen Lonetal.

☺ Falls es Sie nach einem guten Eis gelüstet, besteht ein kurzes Stück später die Möglichkeit, nach rechts abzubiegen, um nach ca. 50 m zu einem Automaten zu gelangen, der selbst gemachtes Bauernhofeis anbietet.

Der Schotterweg wird schmäler und führt nun am Waldrand oberhalb des schönen Hürbetals entlang. Schließlich erreichen Sie einen rechts abzweigenden Wiesenweg bei einem Picknickplatz, der zur Charlottenhöhle führt. Der Jakobsweg leitet Sie hier jedoch zunächst weiter geradeaus.

Charlottenhöhle

Die Charlottenhöhle ist mit einer Länge von 587 m eine der längsten Schauhöhlen Süddeutschlands. Die Tropfsteinhöhle wurde 1893 erstmals befahren und noch im selben Jahr der Öffentlichkeit zugänglich gemacht. Benannt wurde sie nach der damaligen Königin Charlotte von Württemberg. Der verhältnismäßig enge Höhlengang zieht sich wie ein Schlauch durch den Berg und wird von 10 großen Hallen unterbrochen.

Sie gehen über einen Wohnmobilstellplatz und biegen kurz danach rechts ab. Nun haben Sie die auf einer Anhöhe liegende Ruine Kaltenburg in Ihrem Blickfeld. Sie überqueren die Landstraße und gehen links auf einem Fuß- und Radweg bis zur Straßengabelung unterhalb der Burgruine.

Ruine Kaltenburg

Die Ruine Kaltenburg liegt oberhalb der Charlottenhöhle mit einem großartigen Ausblick auf das Hürbe- und Lonetal. Erbaut wurde sie um 1180 und im Dreißigjährigen Krieg zerstört.

Der Schwäbische Albverein Hürben und die 2014 gegründete Interessengemeinschaft Kaltenburg erwirkten die Sanierung des Kulturdenkmals. Seither kann man Sie wieder besichtigen.

Hier geht es rechts auf den Fußweg neben der Kreisstraße und an dem Holzhaus mit der Zeittafel der Kaltenburg vorbei. Bald danach biegen Sie links auf einen Schotterweg Richtung Wald ab.

Mit dem Rad bleiben Sie auf der K3021, bis diese in Höhe der Vogelherdhöhle bei der L1168 endet. Hier geht es kurz nach rechts, bis Sie vor einem Parkplatz nach links abbiegen und auf der Nordseite des Lonetals bis zur Höhe des Hohlensteinmassivs weiterradeln. Dort biegen Sie links ab bzw. radeln südwärts nach Lindenau, wo Sie den Jakobsweg nur queren.

Sie passieren die kleine Lonebrücke ❸ und wandern für knapp 900 m am Waldrand durch das idyllische Lonetal. Auf der gegenüberliegenden Talseite fällt der Blick auf den Ort Lontal. Bei der folgenden Weggabelung im lichten Wald geht es zunächst rechts weiter. Der Weg biegt nach links, steigt im Wald an, bis Sie mitten im Wald eine große Wegkreuzung erreichen. Es geht noch knapp 250 m geradeaus, dann liegt rechts vom Weg das leicht zu übersehende Bettelmannsgrab ❹.

➯ Falls Sie das Bettelmanngrab nicht besuchen möchten, bleibt Ihnen die Möglichkeit, zuvor bei der großen Wegkreuzung auf dem ebenfalls muschelmarkierten und nach rechts führenden Weg weiterzugehen. Sie sparen ca. 250 m Wegstrecke.

Bettelmannsgrab
Die Legende besagt, dass um 1840 ein Jäger einen erfrorenen Mann an dieser Stelle im Wald fand und ihn dort begrub. Am Grabkreuz finden Sie ein besinnliches Gedicht von Graf Georg von Maldeghem.

Am Bettelmannsgrab geht es rechts auf dem Wiesenweg durch den Wald. Sie treffen wieder auf den breiten Forstweg, wo auch die Variante in den Jakobsweg einmündet. Hier wandern Sie nach links weiter Richtung Stetten. Am Waldrand biegen Sie nach links auf eine kleine Teerstraße ab, die durch die Felder führt. An der folgenden Weggabelung bei einem Strommast geht es nach rechts Richtung Stetten.

Am Ende der Straße tauchen schon die ersten Häuser auf. Dort gehen Sie links auf der Straße Am Büschelberg weiter. In der Ortsmitte von Stetten ❺ steht die Besichtigung der Wallfahrtskirche an, die mit einer Kopie der „Schwarzen Madonna von Einsiedeln" aufwartet.

Stetten

🛏 ✕ **Lonetal-Hotel Zum Mohren**, Oberdorfstraße 31, 89168 Niederstotzingen-Stetten, ☏ 073 25/922 47 11, ✉ info@lonetalhotel.de, 💻 www.lonetalhotel.de, 30 Betten, ÜF EZ ab € 70, DZ ab € 90, MBZ ab 130, 🚪 Restaurant mit Gartenterrasse 8:00-22:30, warme Küche Mo-Di 17:30-21:00, Mi-Sa 11:30-14:00 und 17:30-21:00, So und Fei 11:30-21:00, ➲ 80 m vom Weg

🛏 **Gasthaus Adler Stetten**, Fam. Stein, Kirchstraße 15, 89168 Niederstotzingen-Stetten, ☏ 073 25/180 80 47, ✉ info@adler-lonetal.de, 💻 www.adler-lonetal.de, 4 DZ ab € 25, ohne Frühstück. Es besteht die Möglichkeit zur Selbstverpflegung! 🚪 Café So 14:00-18:00, ➲ am Weg

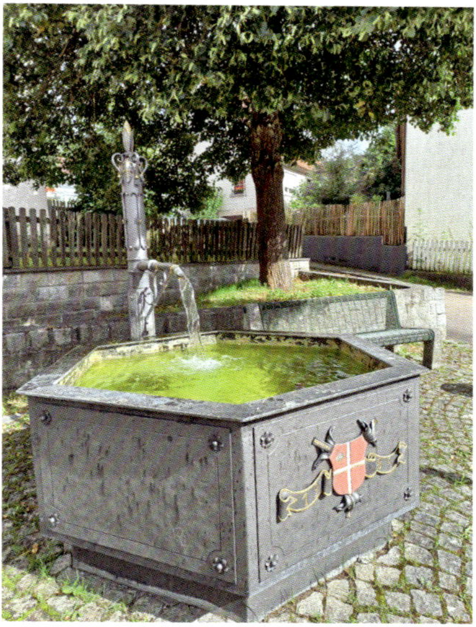

Plätschernder Brunnen vor der Wallfahrtskirche in Stetten

Urkundlich wurde Stetten erstmals 1367 genannt und ist heute ein Teil der Gemeinde Niederstotzingen. Das Schloss mit seiner Schlosskapelle wurde von den Herren von Riedheim 1583 erbaut. Nach einigen Besitzerwechseln gewann die Familie von Riedheim 1723 wieder ihren Besitz zurück. Als Dank gelobte der Baron die Gründung der Marienwallfahrt. Dazu erbat er vom befreundeten Fürstabt des Klosters Einsiedeln in der Schweiz eine Nachbildung der Schwarzen Madonna. Nachdem der Pilgerstrom für die Kapelle zu groß wurde, entstand 1732-1735 die Wallfahrtskirche mit Gnadenkapelle, in der sich die Schwarze Madonna befindet.

Ein weiterer Anziehungspunkt ist die unweit von Stetten gelegene Vogelherdhöhle, wo die ältesten Kunstwerke der Welt gefunden wurden und die seit 2017 UNESCO Weltkulturerbe ist. Weitere Informationen erhalten Sie unter

www.archaeopark-vogelherd.de.

Vom Gasthaus Adler Stetten pilgern Sie nach links in die Kirchstraße, die in die Mitteldorfstraße übergeht und Sie bis zur Landstraße führt. Dort mündet die Oberdorfstraße ein, an der links etwas oberhalb das Lonetal-Hotel Zum Mohren liegt. Nach Überquerung der Landstraße gehen Sie geradeaus weiter auf dem geteerten Wasserhauweg und verlassen den Ort in Richtung Wald. Der Weg geht in einen Wiesenweg über und am Waldrand folgen Sie diesem weiter nach links.

Nach einer querenden Forststraße wandern Sie links in den Wald hinein bis zu einer Weggabelung mit einer kleinen Gras- und Bauminsel. Hier geht es zweimal kurz nach rechts und dann durch den einsamen Wald stetig geradeaus. Kurz vor dem Erreichen des Waldrands, treffen Sie noch auf ein bisonartiges Holzklettertier und einen Hochstand.

Sie laufen noch ein kurzes Stück am Waldrand entlang und an einer einladenden ⛼ Ruhebank vorbei, bis Sie bei der nächsten Kreuzung nach links abbiegen. Auf diesem Schotterweg geht es ca. 200 m entlang, bis Sie nach rechts in einen Teerweg einbiegen. Nach einem Linksbogen wandern Sie am biologischen Linsenanbaugebiet der Alb-Leisa vorbei und erreichen das Dorf Lindenau ❻.

Lindenau ✕ ⌘

✕ **Gasthaus zum Schlößle, Lindenau 1, 89192 Rammingen-Lindenau,**
☏ 073 45/53 12, 💻 www.ausflug-lindenau.de, 🚪 Mo Ruhetag, Di-So 11:30-21:00, Biergarten, schwäbische Küche, ➲ am Weg

Das große Gehöft, wo sich heute die Wirtschaft befindet, geht auf das Jahr 1274 zurück.

Damals stand in Lindenau eine berühmte Wallfahrtskirche, die 1312 an das Kloster Kaisheim überging. Das Kloster wurde später aufgelöst und die Wallfahrtskirche 1803 abgerissen.

Pilgerin bei der Rast kurz vor Setzingen

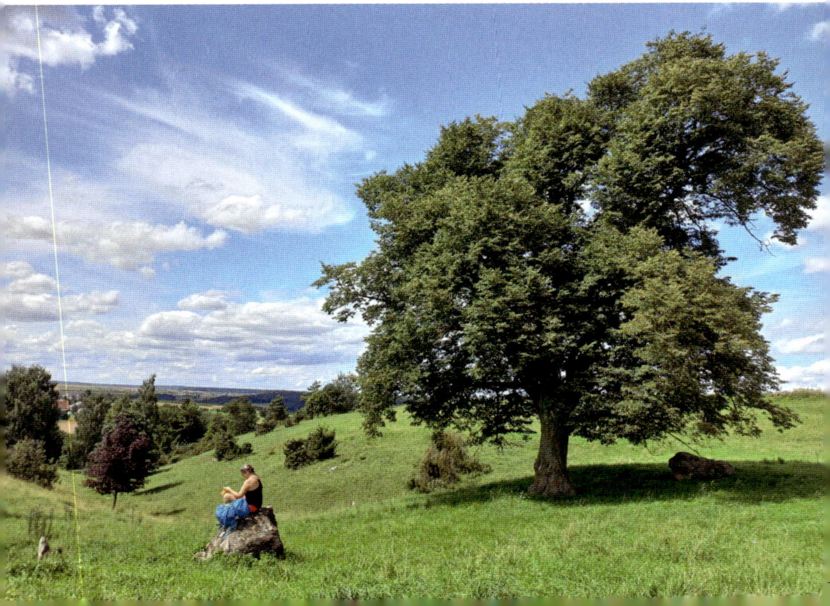

☺ ⌘ In Lindenau befindet sich die Höhle des Löwenmenschen, ein Info-Point des Geoparks Schwäbische Alb. Hier wurden die ältesten figürlichen Kunstwerke der Menschheit entdeckt (🚪 Di-So 11:00-19:00).

🚲 Von der Gaststätte radeln Sie in südlicher Richtung aus dem Ort und nach 1,4 km nach rechts in Richtung Öllingen. In südlicher Richtung geht es aus dem Ort hinaus bis nach Langenau. Da Sie auf dieser Etappe den Jakobsweg nicht mehr berühren, geht es für Sie schon mal weiter nach Albeck. (Informationen zum Ort und zu Übernachtungsmöglichkeiten ☞ 10. Etappe, S. 118)

Bei der Gaststätte geht es kurz nach links und gleich nach rechts auf ein Asphaltsträßchen Richtung Setzingen. Sie spazieren durch die Felder bis zum nächsten Waldstück. Der Schotterweg führt Sie durch den Wald, wobei Sie alle abzweigenden Wege ignorieren.

Am Waldrand gehen Sie weiter geradeaus, queren später eine Kreisstraße und wandern in bisheriger Richtung durch die Felder. Kurz vor Setzingen lädt Sie ein auf der rechten Seite liegender ⛩ Picknickplatz zur Rast ein. Nun geht es ein Stück bergab bis zu einer Straßenkurve und Sie erreichen auf der Langen Straße **Setzingen ❼**.

Der ländlich geprägte Ort liegt an der südlichen Abdachung der Schwäbischen Alb. Die evangelische ⊙ ✞ Bartholomäuskirche ist einen Besuch wert. An ihrer Nordwand finden Sie Fresken aus dem 13. Jh., ebenfalls interessant sind die Taufglocke aus dem 14. Jh. und der hölzerne Taufstein von 1762.

Ca. 150 m nach dem Ortsanfang biegen Sie rechts in die Werrengasse, die Sie zum Rathaus und zur Kirche St. Bartholomäus führt.

Auf der Kirchstraße wandern Sie durch den beschaulichen Ort, bis Sie nach ca. 200 m links in die Blumenstraße abbiegen. Auf einem Fußweg erreichen Sie einen Verkehrskreisel am Ortsende. Hier überqueren Sie die Kreisstraße und halten sich leicht links versetzt auf der Straße mit dem Namen Breite. Sie verlassen geradeaus weitergehend den Ort. Nachdem Sie eine Wegkreuzung passiert haben, erreichen Sie eine kleine querende Teerstraße, der Sie nach rechts folgen.

Sie queren eine Kreisstraße und gehen weiter in bisheriger Gehrichtung durch die ausgedehnten Mais- und Sojafelder. Auf dem Öllinger Steig nähern Sie sich Nerenstetten. Im Ort wenden Sie sich nach rechts und gehen in den Forsthausweg

Sie biegen links in die Ortsdurchfahrtstraße ein und erreichen die in der Ballendorfer Straße liegende ✞ Kirche St. Magnus.

Nerenstetten

Gasthof Adler, Hauptstraße 25, 89129 Nerenstetten, 073 45/71 35, info@ghadler.de, www.ghadler.de, 25 Betten, ÜF EZ ab € 44, DZ ab € 63, MBZ ab € 82, Restaurant Mo-Fr 16:00-20:00, Sa Ruhetag, So 11:00-14:00 und 17:00-20:00. Am Samstag ist die Übernachtung nur mit Selbstverpflegung möglich! 250 m

Pilgerstempel im Gasthof Adler und der St.-Magnus-Kirche

Linie 583 zum Bhf. Langenau und von dort Zugverbindungen nach Ulm

Das kleine Dorf wurde urkundlich erstmals 1343 erwähnt. Einige Funde aus der Umgebung belegen jedoch eine frühere Besiedlung. Die frühgotische St.-Magnus-Kirche ist ein einfach ausgestattetes Gotteshaus. Das Gasthaus Adler hat auch Tradition. Es wurde 1680 bereits urkundlich genannt und war früher eine Poststation.

10. Etappe: Nerenstetten – Ulm

24,8 km, 6 Std. 45 Min., ↑ 211 m, ↓ 249 m, ⇧ 466-572 m

0,0 km	⇧ 512 m	Nerenstetten
2,1 km	⇧ 520 m	Autobahnbrücke A7
6,3 km	⇧ 534 m	Osterstetten
8,3 km	⇧ 495 m	Albeck BANK
11,8 km	⇧ 532 m	Naturdenkmal Alte Linde
13,6 km	⇧ 45 m	Oberelchingen Abzw. Ortsrand BANK ⌘
16,9 km	⇧ 468 m	Thalfingen, Abzw. Kirche BANK
19,6 km	⇧ 472 m	Böfinger Halde, Aussichtspunkt
24,8 km	⇧ 477 m	Ulm BANK ⌘

Auf der Etappe nach Ulm gibt es zwar Autobahnberührungen, aber auch viele Waldstücke, die zum geruhsamen Pilgern einladen. Sie streifen den Weiler Osterstetten und treffen danach in Albeck auf die schöne St. Jakobskirche. Durch Kornfelder, über Hügel und Wiesen erreichen Sie Oberelchingen. Hier treffen Sie auf die Wallfahrtskirche St. Peter und Paul, die erhaben auf dem Heiligen Berg thront. Nach Thalfingen wandern Sie über die hügelige Böfinger Halde und dann hinunter ins Donautal. Sie spazieren nun an der Uferpromenade entlang, die sich mit dem Annähern des Stadtzentrums zunehmend belebt. In Ulm treffen Sie auf das hoch herausragende und beeindruckende Münster.

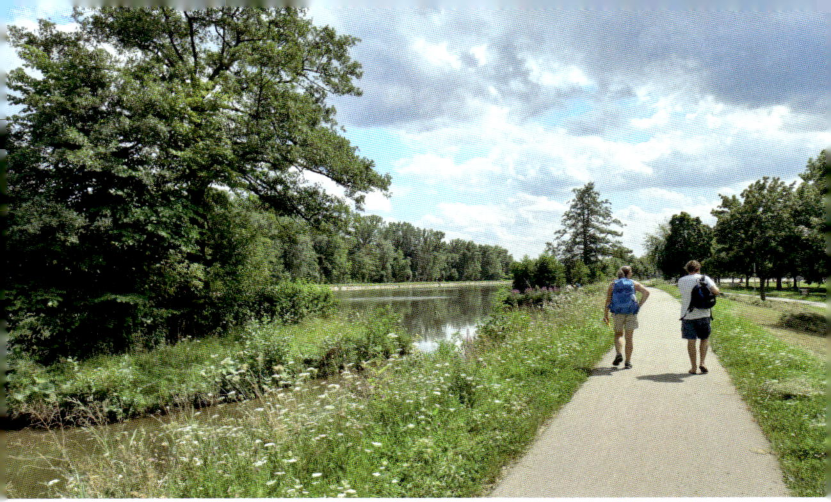

Der Jakobsweg an der Donau in Richtung Ulm

Der Pilgertag beginnt heute in der Schulstraße, die gegenüber von der Kirche liegt. Sie wandern aus dem Ort hinaus und erreichen kurz vor dem Waldrand einen rechtsseitig gelegenen Spielplatz und ⛼ Ruhebänke.

Hier pilgern Sie nach links am Waldrand entlang bis zur Autobahn. Der Weg vollführt einen Linksbogen und Sie laufen für ca. 700 m parallel zur Autobahn. Rechter Hand befindet sich der Autobahnparkplatz St. Jakob, der an eine frühere Jakobskapelle unweit der Autobahn erinnert, die nach der Reformation verfiel.

Sie erreichen ein Teersträßchen, das Sie rechts unter der Autobahn A7 hindurchführt ❶. Den Autobahnlärm hinter sich lassend wandern Sie weiter Richtung Wald. Dort geht es in einem Linksbogen zu einer großen Waldkreuzung, wo Sie keine Markierung finden und sich nach rechts wenden. Bei den zwei folgenden Weggabelungen gehen Sie jeweils nach links. Am zweiten Abzweig weist Sie ein Schilderbaum in Richtung Oberelchingen.

Nun wandern Sie für ca. 1,2 km geruhsam durch den Wald bis zu einer Weggabelung. Hier geht es kurz links und rechts und dann zum Waldrand. Ein Wiesenweg führt Sie geradeaus durch die Felder. Sie wandern an einem rechts liegenden Waldstück vorbei und weiter abwärts bis zur Landstraße im Weiler Osterstetten ❷.

Der Weiler Osterstetten entwickelte sich aus einem Einzelhof, der wahrscheinlich Nachfolger eines römischen Gutshofes war. Die Ruinen liegen nördlich des Ortes und wurden im Jahr 1887 ausgegraben. Dabei wurden ein Herrschaftshaus, eine Scheune, ein Gesindehaus und ein Badehaus entdeckt.

Nach Überquerung der Landstraße geht es auf dem gegenüberliegenden Asphaltweg weiter. Am Ortsrand führt Sie die Straße in einer Linkskurve aus dem Ort hinaus und weiter nach Albeck.

Am Ortsschild von Albeck leitet Sie die Markierung nach rechts und dann halb links in den Wohnort hinein. Sie spazieren ca. 400 m auf der Anliegerstraße bis zu einem links stehenden Baum mit Muschelmarkierung. Hier biegen Sie links in einen gepflasterten, steil abwärtsführenden Fußweg ein. Am Ende folgen Sie der Straße, die in einen Schotterweg übergeht, nach rechts. Nach einer Linkskurve erreichen Sie die Ortsdurchfahrtsstraße und gehen links weiter. Bei der rechts liegenden ✞ Filialkirche St. Jakob ❸ treffen Sie auf einen Brunnen und auf Ruhebänke.

☺ Kurz bevor Sie die Kirche erreichen, befindet sich linker Hand die Metzgerei Schiele (Untere Gasse 16). Hier können Sie den Schlüssel für die zugesperrte Kirche holen. Falls das Geschäft geschlossen hat, erhalten Sie den Schlüssel bei der Mesnerin (☏ 073 45/69 84, 01 78/525 36 65).

Albeck

Gasthof Krone, Robert-Bosch-Straße 13, 89129 Langenau-Albeck, ☏ 073 45/200 90 84, info@hotel-krone-albeck.de, www.hotel-krone-albeck.de, 30 Betten, EZ ab € 52, DZ ab € 72, MBZ ab € 99, Restaurant Mo-Mi 11:30-13:30 und 17:30-21:00, Do durchgehend, Fr. 11:30-13:30 und 17:30-21:00, Sa durchgehend, So 11:00-14:00, gutbürgerliche Küche, ➲ 250 m von der Kirche, weiter dem Jakobsweg aufwärts folgen und dann links in einen Fußweg zum Hotel abbiegen

Konditorei-Bäckerei-Café Oetinger, Osterstetter Straße 14, 89129 Langenau-Albeck, ☏ 073 45/91 93 20, info@oetinger-cafe.de, www.oetinger-cafe.de, Mo Ruhetag, Di-Fr 6:00-12:30 und 14:30-18:00, Sa 6:00-12:00, (So 14:00-16:30 nur außerhalb der Schulferien), ➲ 500 m von der Kirche. Auf der Werdenbergstraße gehen Sie ortseinwärts und dann links in die Osterstetter Straße.

⊙ An der Kirche befindet sich eine Telefonnummer, wo man den Erhalt erfragen kann.

Linie 58 nach Langenau, dort Zugverbindungen nach Ulm

Albeck ist ein ländlich strukturierter Ort, der seit 1972 zu Langenau gehört. In älteren Urkunden erscheint Albeck auch als Alpeck oder Albegge. Der Ortsname rührt von seiner Lage her – an der östlichen Ecke der Alb. In früheren Zeiten gab es hier einen eigenen Grafen und das Schloss besaß ausgedehnte Wehranlagen. Die Befestigungen wurden 1704 zerstört und das Schloss und Albeck selbst stark in Mitleidenschaft gezogen. Später erfolgte ein Umbau des Schlosses in einen Landsitz. Heute ist es in Privathand.

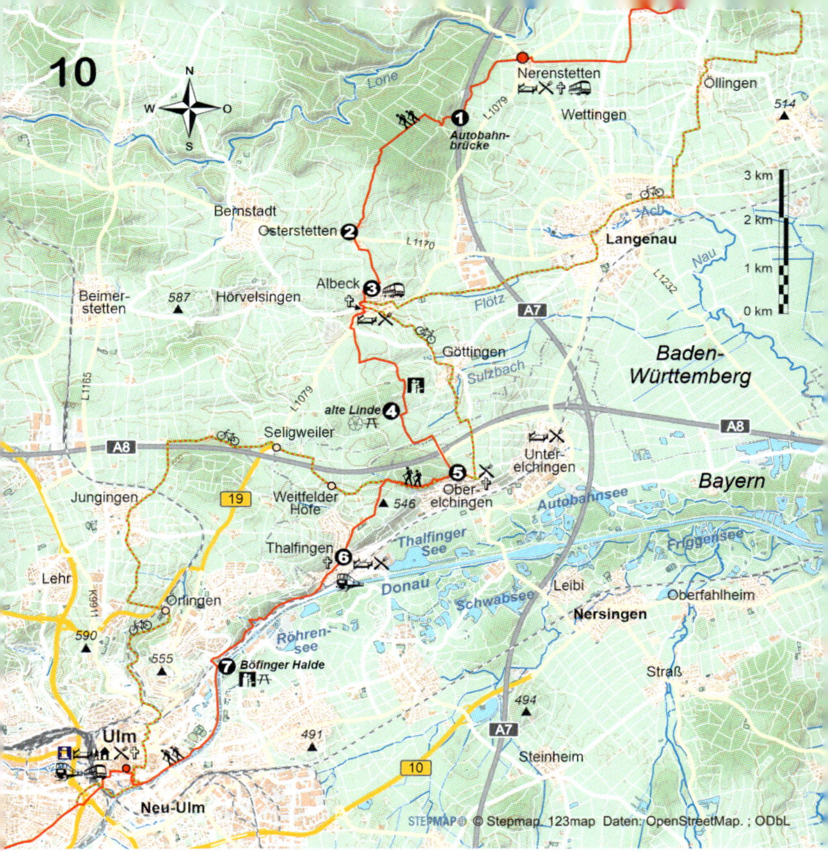

10
N
W
O
S
Lone
Nerenstetten
Öllingen
514
L 1079
Wettingen
Autobahn-
brücke
3 km
2 km
1 km
0 km
Bernstadt
Osterstetten
L 1170
Ach
Langenau
Nau
L 1232
Albeck
Beimer-
stetten
587
Hörvelsingen
Flötz
A7
Göttingen
Baden-
Württemberg
Sulzbach
L 1165
L 1079
alte Linde
A8
Seligweiler
A8
Unter-
elchingen
Jungingen
19
Weitfelder
Höfe
546
Ober-
elchingen
Bayern
Autobahnsee
Thalfingen
Thalfinger
See
Friggensee
Lehr
Donau
Leibi
Orlingen
Schwabsee
Oberfahlheim
K 9911
Nersingen
Röhren-
see
590
555
Böfinger Halde
Straß
494
491
Ulm
A7
10
Steinheim
Neu-Ulm
STEPMAP © Stepmap, 123map Daten: OpenStreetMap, ; ODbL

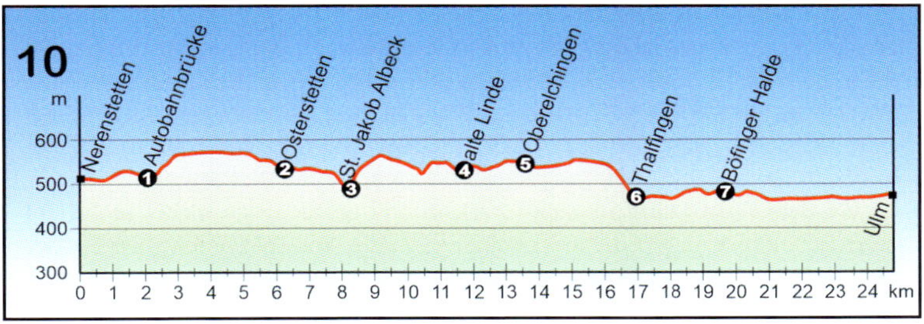

10
m
600
500
400
300
Nerenstetten
Autobahnbrücke
Osterstetten
St. Jakob Albeck
alte Linde
Oberelchingen
Thalfingen
Böfinger Halde
Ulm
0 1 2 3 4 5 6 7 8 9 10 11 12 13 14 15 16 17 18 19 20 21 22 23 24 km

Die evangelische St.-Jakobs-Kirche steht im alten Ortskern auf den Fundamenten einer spätgotischen Halle. Der Turm ist nördlich an das Kirchenschiff angebaut. Sehenswert sind das Kreuzgewölbe im Chor und ein Apostelfries an der Orgelempore sowie der Pilgerpatron St. Jakobus.

Mit dem Robert-Bosch-Weg wird das Leben und herausragende Wirken des Industriellen Robert Bosch und seiner Familie sowie deren Verbindung zu Albeck geehrt. Er wurde am 22.9.1861 im Gasthof Krone geboren und verbrachte die ersten acht Jahre seiner Kindheit in Albeck. Ein zwei Kilometer langer Rundweg bietet gemeinsam mit einer Robert-Bosch-Weg-App multimediale Inhalte, welche das Leben von Albecks Ehrenbürger aufzeigen.

🚲 Radfahrerinnen und Radfahrer fahren in Höhe der Kirche in Albeck weiter geradeaus auf der Werdenbergstraße und dann nach Göttingen. Dort in der Ortsmitte, bei der Kirche, radeln Sie in südlicher Richtung, später die A8 kreuzend, nach Oberelchingen.

Links von der Kirche erklimmen Sie den geteerten Kirchsteig. Es folgt eine Treppe, die Sie hinauf zur Fahrstraße Alte Steige bringt, der Sie nach rechts folgen. In einer Rechtskurve geht es links zum Gasthof Krone und rechts befindet sich das ehemalige ♜ Schloss von Albeck, welches sich in Privatbesitz befindet. Vor dem Ortsende treffen Sie neben einer Landstraße auf einen Gehweg und laufen noch 150 m in bisheriger Gehrichtung weiter. Nach den letzten Häusern überqueren Sie die Landstraße nach links Richtung Göttingen. Gleich danach biegen Sie rechts in eine kleine Teerstraße, die Sie für ca. 700 m durch die Felder führt.

✋ Nach einer Buschreihe zweigt der Weg mit einer am Boden versehenen gelben Pfeilmarkierung nach links in einen Wiesenweg ab.

Sie wandern durch die Kornfelder, bis Sie bei einer Weggabelung für ein kurzes Stück auf einem abwärtsführenden Teersträßchen nach rechts gehen. Sie unterqueren eine Hochspannungsleitung und gehen weiter geradeaus auf einem Wiesenweg Richtung Oberelchingen. Hier gibt es auch eine Ruhebank bei einer schmalen, plätschernden Kaskade. Linker Hand von dem Bach begleitet wandern Sie steil aufwärts.

Vor dem Wald halten Sie sich kurz links und gehen gleich wieder rechts auf einen Schotterweg am Waldrand, dem Südrandweg. Von links unten grüßt Sie der Kirchturm von Göttingen und gleichzeitig genießen Sie einen weiten Blick Richtung Langenau.

Am Waldrandende queren Sie eine Wegkreuzung und pilgern auf einem Teersträßchen in eine Senke hinab. Bei der folgenden Wegkreuzung geht es rechts auf einen Teerweg und kurz danach erreichen Sie eine prachtvolle alte Linde ❹, ein Naturdenkmal mit ⛼ Ruhebank.

Hier wenden Sie sich der Markierung folgend nach links in eine kleine abwärtsführende Teerstraße, die durch Felder verläuft. In der Rechtskurve der Teerstraße gehen Sie zunächst geradeaus und anschließend links auf einen aufsteigenden Schotterweg. Nach gut 400 m geht es rechts über die Autobahnbrücke und weiter geradeaus auf einem breiten Asphaltweg durch den Wald. In einem Linksbogen gelangen Sie zum Ortsrand von Oberelchingen ❺ und treffen auf die Straße mit dem Namen Forstweg. Kurz zuvor biegt der Jakobsweg jedoch nach rechts auf einen schmalen Waldpfad ab.

☺ ➭ Falls Sie eine Pause einlegen möchten, lohnt sich der Abstecher zur Wallfahrtskirche mit den benachbart liegenden Klosterbräustuben. Von dort oben haben Sie wunderbare Blicke auf die Alpenkette. Dafür gehen Sie ca. 550 m nach links auf der Straße Forstweg.

Oberelchingen ✕ BANK ⌘

✕ **Klosterbräustuben**, Klosterhof 1, 89275 Elchingen- Oberelchingen, ☏ 073 08/92 90 75, ✉ info@klosterbraeustuben-oberelchingen.de, 💻 www.klosterbraeustube.de, Mo 11:30-22:00, Di Ruhetag, Mi-So 11:30-22:00, gutbürgerliche schwäbische Küche, ➲ 550 m vom Weg

⊙ Den Pilgerstempel finden Sie in der ehemaligen Klosterkirche im Eingangsbereich

Die Abteikirche wurde 1142 erbaut. Seit 1644 pilgern die Wallfahrer zu der im linken Seitenflügel der Klosterkirche stehenden Gnadenmutter von den sieben Schmerzen. 1807 wurden die Klostergebäude verkauft und bis auf die Kirche, das Martinstor und das Amtshaus sowie einen Teil der Klostermauer abgebrochen. Der heutige Pfarrhof wurde 1844 erbaut. Zur Klosteranlage gehört auch das barocke Martinstor von 1736/37. Seit 2002 können die Besucher der Kirche das maßstabsgerechte Modell der früheren Klosteranlage bewundern, welches die Größe der ehemaligen Reichsabtei bezeugt. Im September 2015 wurde der Prozessionsweg mit Skulpturen im Klostergarten geweiht. Jedes Jahr am 3. Sonntag nach Pfingsten findet auf einem festgelegten weiträumigen Weg um die Klostermauer eine große Prozession statt.

☺ In Oberelchingen bestand zum Zeitpunkt der Recherche (Stand 2022) leider keine Übernachtungsmöglichkeit mehr, sondern erst in dem gut 2 km vom Jakobsweg entfernten Landgasthof Zahn in **Unterelchingen**.

Landgasthof Zahn, Hauptstraße 35, Unterelchingen, ☏ 073 08/30 07, zahn-hotel@gmx.de, www.landgasthof-zahn.de, 28 Zimmer, ÜF EZ ab € 65, DZ ab € 85, MBZ ab € 100, HP wird angeboten, Restaurant Mo-Fr ab 17:00, Sa-So Ruhetag. Der Gasthof verfügt über eine moderne und ansprechende Ausstattung. ➲ von Oberelchingen gut 2 km in östlicher Richtung

Ab Oberelchingen erreichen Radfahrerinnen und Radfahrer abseits des Jakobsweges das Tagesziel Ulm. Vom ehemaligen Kloster in der Straße Forstweg fahren Sie in westlicher Richtung aus dem Ort hinaus. Geradeaus geht es in den Wald hinein, wo Sie zunächst den Jakobsweg kreuzen und dann am Weiler Weitfelder Höfe vorbeifahren. Anschließend queren Sie die A8 und halten sich nach links zum Rasthof Seligweiler. In bisheriger Richtung geht es über den Kreisverkehr hinweg und später biegen Sie links ab, um nach Jungingen zu kommen. In südlicher Richtung fahren Sie aus dem Ort hinaus und erreichen Örlingen. Über den Örlinger Talweg nähern Sie sich der Innenstadt von Ulm und seinem Münster.

Der schmale Weg führt Sie ins Gehölz und verläuft für ca. 1,5 km im Wald, nahe der außerhalb parallel verlaufenden Straße. Unweit der Autobahn biegen Sie dann nach links zur Straße ab und gehen geradeaus auf dem geschotterten Quellenrundweg am Waldrand weiter.

Am Waldrandende angekommen bleiben Sie stets geradeaus auf einem grasigen Weg, bis Sie Pferdekoppeln erreichen. Hier wandern Sie nach rechts, kommen dabei an einem Reitstall vorbei und erreichen die ersten Häuser von Thalfingen.

Thalfingen

Hotel und Restaurant Austüble, Austraße 26, 89275 Elchingen-Thalfingen, ☏ 07 31/26 31 35, austueble@mail.de, www.austueble.de, 6 Zimmer, 10 Betten sowie ein Apartment mit 8 Betten, ÜF EZ ab € 49, DZ ab € 85, 24-Stunden-Check-in, Restaurant Mo 11:00-23:00, Di Ruhetag, Mi-Fr 11:00-23:00, Sa 17:00-23:00, So 11:00-23:00, warme Küche 11:30-13:30 und 17:00-20:00, urschwäbische Küche, Thaigerichte. Pilgerinnen und Pilger sind hier herzlich willkommen. ➲ 250 m vom Weg

Restaurant Jouini, Am Inselweg 31, 89275 Elchingen-Thalfingen, ☏ 07 31/26 40 07 25, www.restaurant-jouini.de, Mo Ruhetag, Di-Fr 17:00-22:00, Sa-So 11:30-14:30 und 17:00-22:00, mediterrane Küche, 450 m vom Weg

von Thalfingen, Ortsmitte Linien 95, 597 nach Ulm

Direktverbindungen nach Ulm

Thalfingen ist ein Ortsteil von Elchingen. Die katholische St.-Laurentius-Kirche war ursprünglich dem heiligen Mammas und später dem heiligen Laurentius geweiht. Eine erste Holzkirche stand hier schon zu merowingischer Zeit. Die verschiedenen Kirchenbauten wurden aber immer wieder zerstört, sodass hier heute die sechste Kirche steht, welche 1751/52 im Inneren grundlegend erneuert und mit wertvollen Fresken versehen wurde. Aufgrund der anwachsenden Gemeinde entstand 1984 die neue katholische Kirche Christus unser Leben.

Weiter geht es abwärts auf dem Kugelbergweg, bis Sie auf den querenden Weiterfelder Weg stoßen und diesem nach links folgen. Die Straße vollführt einen Linksbogen. Hier lohnt ein Abstecher zu der rechts liegenden ✞ Thalfinger St. Laurentius Kirche ❻.

Der Jakobsweg führt allerdings nach links weiter. Kurz danach geht es rechts in die Elchinger Straße, die bald danach in die Ulmer Straße mündet. ☞ Falls Sie in Thalfingen übernachten möchten, folgen Sie der Elchinger Straße ostwärts. Sie biegen dann rechts in die Austraße ab, in der das Hotel Austüble liegt.

Der Jakobsweg führt Sie für ca. 1 km weiter auf der Ulmer Straße, bis diese in einer Sackgasse endet und Sie den Ort verlassen.

Auf einem geschotterten Fuß- und Radweg laufen Sie nun zwischen buschigem Wegrand und der parallel verlaufenden Brenzbahnstrecke. Im leichten Auf und Ab spazieren Sie durch einen lichten Wald, wobei Sie die rechts abzweigenden Wege ignorieren. Sie stoßen an einen kreuzenden Weg, wandern nach links, um bald danach die Brücke über einen Bach ebenfalls nach links zu queren.

In der folgenden Rechtskurve gelangen Sie zu dem Aussichtspunkt Böfinger Halde ❼ mit Ruhebänken und Blick auf das Wasserkraftwerk der Donau. Weiter geht es auf dem Schotterweg und über den Parkplatz der Böfinger Halde. Sie wandern geradeaus an der rechts liegenden Straßenbahnhaltestelle „Eugen-Bolz-Straße" vorbei, von der es auch Verbindungen zum Ulmer Hbf. gibt.

Der Jakobsweg führt Sie weiter auf einem geteerten Weg, bis er an einer Fußgängerbegrenzung endet und Sie vor den Straßenbahngleisen links abbiegen. Sie durchwandern eine Unterführung der Brenzbahn, überqueren die Straße an der Fußgängerampel und wandern auf einem Fußgängerweg an der Donau entlang.

Die **Donau**, die 10 Länder miteinander verbindet, fließt auf 2.850 km Länge ungewöhnlicherweise von Westen nach Osten. Sie ist auch in ihren Fließformen sehr variantenreich, vom fast stehenden Gewässer bis hin zum reißenden Strom hat sie alles zu bieten.

Nach ca. 3,5 km auf dem Donauweg erreichen Sie den Metzgerturm.

Auf Ihrem Weg zum Stadttor kommen Sie an einigen Kunstobjekten, diversen Sport- und Freizeitanlagen, wie z. B. dem Donaustadion, vorbei. Ebenso säumen Parks und Freizeitflächen den Weg. Sie passieren die Gänstorbrücke, dann die Herdbrücke und nähern sich der Stadtmauer von Ulm, die Sie durch den Metzgerturm betreten.

Hier erblicken Sie schon die Spitze vom Ulmer Münster und auch die auffällige Bemalung des Rathauses.

Es geht links am Rathaus vorbei. Über die Brautgasse erreichen Sie das Ulmer Münster und somit den Münsterplatz, wo sich auch die Tourist-Info befindet.

☺ Falls Sie das Stadtzentrum von Ulm nicht besuchen möchten, gehen Sie am Metzgertor geradeaus, um der Donaupromenade weiter zu folgen. Vor der Bahnlinie zweigt rechts ein Weg durch die Grünanlage ab, um bei der Zinglerbrücke wieder auf den beschriebenen Jakobsweg zu treffen.

Ulm

Tourist-Information Ulm/Neu-Ulm, Münsterplatz 50, 89073 Ulm, ☏ 07 31/161 28 11, reservierung@tourismus.ulm.de, www.tourismus.ulm.de, Mo-Sa 9:30-18:00, So und Feiertage 11:00-15:00, ➲ am Weg

☺ Ulm verfügt über eine große Anzahl von Unterkünften in den verschiedensten Preiskategorien. Umfassende Informationen erhalten Sie über die Tourist-Information. Eine Vorausbuchung wird empfohlen. Die nachfolgend aufgelisteten Unterkünfte liegen direkt am Jakobsweg bzw. in der Innenstadt von Ulm oder am Weg der nächsten Tagesetappe außerhalb des Zentrums (Wegbeschreibung 11. Etappe). Wer dem Trubel der Innenstadt entgehen möchte, ist in den Unterkünften der Randbezirke bestimmt gut aufgehoben.

Geschwister Scholl Jugendherberge, Grimmelfinger Weg 45, 89077 Ulm, ☏ 07 31/38 44 55, JH-Ulm@jugendherberge.de, www.jugendherberge.de, 114 Betten, bis 27 Jahre ÜF ab € 30,20, HP ab € 36,60, ab 27 Jahren ÜF ab € 34,20, HP ab € 40,60, bei einer Zimmeralleinnutzung erfolgt ein Aufschlag von € 15. Vegetarische Gerichte sind bei rechtzeitiger Bestellung möglich. ➲ 3,4 km vom Münsterplatz, liegt bereits auf der Etappe nach Oberdischingen

Hotel Reblaus und Hotel am Rathaus, Kronengasse 8-10, 89073 Ulm, ☏ 07 31/968 49-0, info@reblausulm.de, info@rathausulm.de www.reblausulm.de, ÜF EZ ab € 68, DZ ab € 78, MBZ ab € 156, einige Zimmer mit Etagendusche, ➲ 50 m vom Weg, vor dem Rathaus links

Ulmer Münster Hotel, Münsterplatz 14, 89073 Ulm, 07 31/55 21 86 74, info@ulmermuensterhotel.de, www.ulmermuensterhotel.de, EZ ab € 69, DZ ab € 83, MBZ ab € 127, Frühstücksbuffet € 12, 50 m vom Weg, hinter dem Münster

♦ **Hotel Ulmer Stuben**, Adolph-Kolping-Platz 11, 89073 Ulm, 07 31/96 22-0, 01 62/655 88 77, rezeption@ulmerstuben.de, www.ulmerstuben.de, ÜF EZ ab € 71, DZ ab € 96, MBZ ab € 140, 650 m vom Münsterplatz, liegt bereits auf der Etappe nach Oberdischingen

♦ **Hotel Garni am Römerplatz**, Römerstraße 67, 89077 Ulm, 07 31/93 40 60, info@hotel-garni-ulm.de, www.hotelulm.com, ÜF EZ ab € 70, DZ ab € 87, MBZ ab € 106, 1,8 km vom Münsterplatz, liegt bereits auf der Etappe nach Oberdischingen

Den Pilgerstempel erhalten Sie im Münstershop rechts vom Eingang und in der Tourist-Info.

vom ZOB in Ulm verschiedene Busverbindungen in alle Richtungen u. a. Linie 21 nach Oberdischingen

Verbindungen über Donauwörth nach Nürnberg, Direktverbindungen u. a. nach München

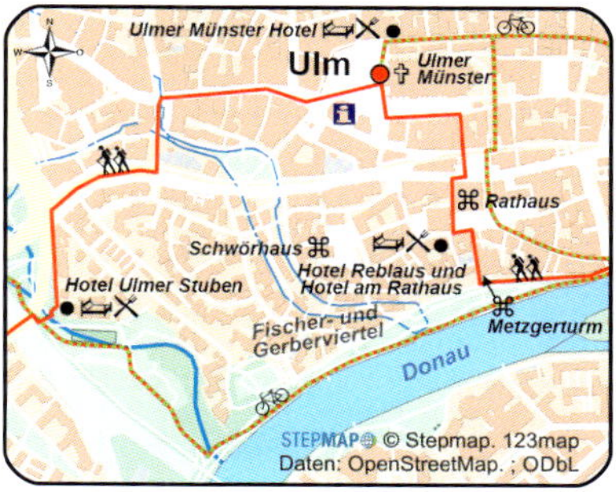

Ulmer Münster. Die Grundsteinlegung erfolgte am 30.6.1377. Finanziert wurde der Bau durch Spenden der 10.000 Einwohnerinnen und Einwohner Ulms. Ausschlaggebend für den Bau war die vor den Mauern der Stadt gelegene Pfarrkirche aus dem 7. Jh. Während kriegerischer Belagerungen war es den Gläubigen nicht mehr möglich, die Kirche wegen ihrer äußerst ungünstigen Lage zu besuchen.

166 Jahre nach Baubeginn, also 1543, wurde der Bau aufgrund von Geldmangel eingestellt. Erst 1844 startete man den Weiterbau. Zunächst wurde mit der Stabilisierung des Kirchenschiffes begonnen, indem man gespannte Strebebögen über die Seitenschiffe baute.

Es folgten die beiden Chortürme und 1890 schließlich der höchste Kirchturm der Welt mit seiner gigantischen Höhe von 161,5 m. Im Dezember 1944 wurde Ulm durch die alliierten Bomber in Schutt und Asche gelegt, nur das Münster blieb fast unbeschädigt.

Das Herausragende an dieser Kirche ist ihre enorme Größe, die im Innern Platz für 20.000 Menschen bietet. Ebenso beeindruckt das eindringende Licht, das in jeden Winkel der Kirche fällt. Nicht zu vergessen ist die enorme Anzahl von 51 Altären, die das Innere schmücken.

Die Besteigung des Turmes ist bis zu einer Höhe von 143 m möglich, zumindest wenn Ihre müden Pilgerfüße es zulassen.

⌘ Der **Metzgerturm**, ein Torturm von 1345, der wegen seiner Neigung auch „Schiefer Turm" genannt wird und früher als Gefängnis diente.

⌘ Das **Rathaus** wurde ursprünglich 1370 als Kaufhaus erbaut. Seit 1419 wird es als Rathaus genutzt und gilt als eines der schönsten Rathausgebäude Süddeutschlands. Die reichhaltigen Wandmalereien zeigen Darstellungen von Tugenden, Lastern und Geboten.

⌘ Das **Schwörhaus** wurde 1613 erbaut und 1785 mit einem Barockgiebel versehen. Traditionell gibt das Stadtoberhaupt jedes Jahr am sogenannten „Schwörmontag" vom Balkon in der ersten Etage seinen Eid auf die Stadtverfassung ab.

⌘ Das **Fischerviertel- und Gerberviertel** wird von zwei Armen der Blau durchflossen, die mit einigen Brücken und Stegen überspannt sind. Heute spiegelt das Viertel den Charme des Mittelalters in moderner Weise wider. Viele liebevoll restaurierte alte Fachwerkhäuser, tropfende Mühlräder und zahlreiche Gastronomiebetriebe säumen die Gassen. Außerdem treffen Sie hier auch auf das Schiefe Haus, das heute als Hotel betrieben wird.

☺ Sehenswert sind sicher auch noch die verschiedenen Museen, die Astronomische Uhr, die Kunsthalle Weishaupt, das Ulmer Theater, die St. Georgskirche und vieles mehr.

Etwa um 854 wurde die Königspfalz Ulm, die von einem Wall und Graben geschützt war, erstmals in einer Urkunde erwähnt. Die Versorgung der Pfalz wurde durch ein paar nahe liegende Bauernhöfe sichergestellt. Die Ansiedlung wuchs zusehends und im Jahr 1077 zog König Heinrich IV. nach seinem Canossagang in Ulm ein, um seine Macht zu demonstrieren. Ulm erblühte unter den Staufern, wurde jedoch durch die erbitterten Kämpfe mit den Welfen 1131-1134 fast restlos zerstört. Die Staufer bauten die Pfalz und die Siedlung wieder tatkräftig auf und 1181 war Ulm bereits eine Stadt, die sowohl Kaufleute als auch Handwerker magisch anzog.

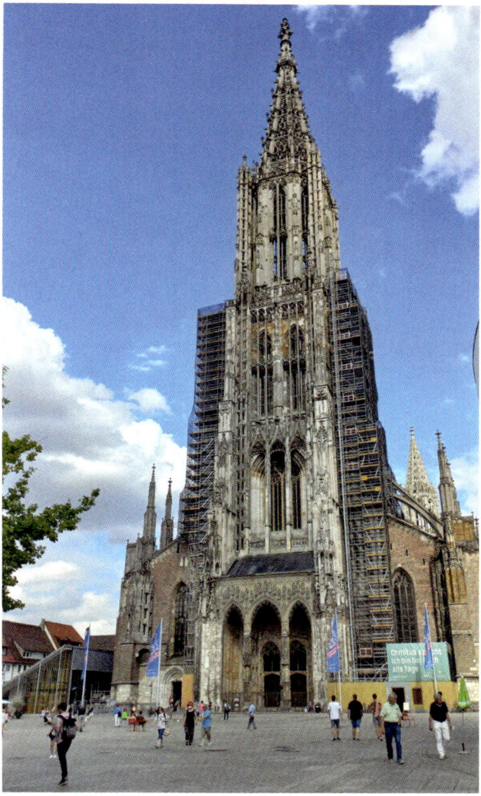

Das Ulmer Münster im Sanierungsmodus

Nach dem Untergang der Staufer im 13. Jh. sowie nach heftigen Thronkämpfen entwickelte sich Ulm zur Freien Reichsstadt. Im 15 Jh. erreichte Ulm den Höhepunkt seiner Macht und seines Reichtums durch intensiven europäischen Handel mit Leinen, Eisen, Wein und Holz. Im 16./17. Jh. wendete sich das Blatt und Ulm wurde durch Glaubenskriege und den damit verbundenen Kriegsentschädigungszahlungen finanziell stark belastet. Hinzu kamen noch die veränderten globalen Handelsstrukturen mit der Entdeckung Amerikas und der neuen Seewege, die den Handel veränderten. Die Pest forderte auch ihren Tribut und kostete 5.000 Ulmerinnen und Ulmern das Leben.

An der Nordseite der Donau gelegen gehört Ulm seit 1810 zu Baden-Württemberg. Es bildet mit dem gegenüberliegenden bayerischen Neu-Ulm ein länderübergreifendes Doppelzentrum mit insgesamt über 190.000 Einwohnerinnen und Einwohnern.

Am Schnittpunkt vieler alter Handelswege gelegen war Ulm auch früher schon eine wichtige Zwischenstation für die mittelalterliche Pilgertradition. Angeblich soll es auch im Stadtteil Söflingen eine nicht mehr bestehende Jakobskirche gegeben haben.

11. Etappe: Ulm – Oberdischingen

19,9 km, 5 Std.30 Min., ↑ 181 m, ↓ 153 m, ⇧ 483-592 m

0,0 km	⇧ 477 m	Ulm
3,9 km	⇧ 592 m	Festungsmuseum Fort Oberer Kuhberg ⌘
6,5 km	⇧ 512 m	Grimmelfingen
9,8 km	⇧ 484 m	Einsingen
11,2 km	⇧ 525 m	Radar-Versuchs- und Testgelände
12,9 km	⇧ 496 m	Erbach, Erlöserkirche
14,0 km	⇧ 518 m	Erbach Schloss
16,3 km	⇧ 512 m	Donaurieden
19,9 km	⇧ 511 m	Oberdischingen, Pilgerherberge

Nach interessanten Eindrücken und Erlebnissen in Ulm führt Sie der Jakobsweg zu dem am Stadtrand liegenden Festungsmuseum Fort am Oberen Kuhberg. Über die aussichtsreiche Hochfläche des Hochsträß gelangen Sie nach Grimmelfingen und Einsingen. Hinter Erbach wandern Sie auf den Schlossberg mit dem im Renaissancestil bestückten Schloss. Sie spazieren am Rand des oberen Donautals, treffen dann auf die idyllisch gelegene Maria-Hilf-Kapelle, von der es nur noch ein Katzensprung bis Donaurieden ist. Die letzten Kilometer wandern Sie durchs Hügelland und freuen sich schon auf die zweite am Jakobsweg gelegene Pilgerherberge in Oberdischingen.

Mit dem Rad fahren Sie vom Ulmer Münster in südlicher Richtung zur Herdbrücke, weiter an der Donau entlang bis kurz vor die Gleisanlagen. Hier geht es nach rechts, bis Sie in die Neue Straße links einbiegen. Sie fahren weiter über die Wagnerstraße und Beyerstraße, bis Sie rechts in die Römer Straße abbiegen und sich wieder auf dem Jakobsweg befinden. Bis zum Schulzentrum Kuhberg verlaufen die Wege parallel.

Vom Hauptportal des Münsters pilgern Sie über den westlichen Münsterplatz an der Tourist-Info vorbei und dann geradeaus in die Hirschstraße. Sie gehen links in die Glöcklerstraße, an deren Ende Sie über die Fußgängerampel und dann rechts in die Neue Straße gelangen. Diese mündet in die Zinglerstraße, der Sie links folgen.

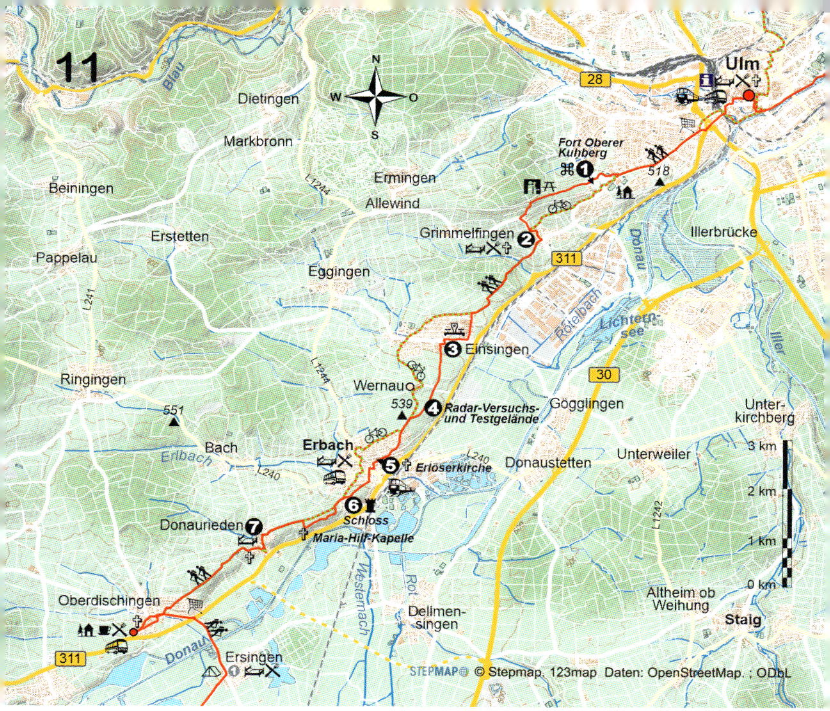

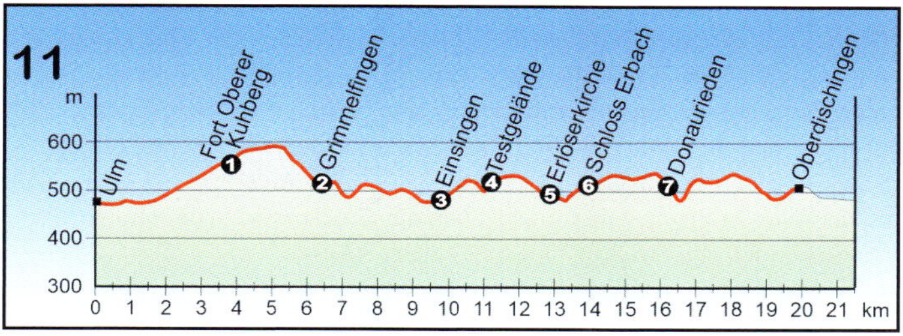

Es geht über den Adolph-Kolping-Platz und mithilfe der Zinglerbrücke über die Gleisanlage hinweg. Sie gehen weiter geradeaus auf der Zinglerstraße, überqueren den Bismarckring und erreichen rechter Hand die ⊙ ✝ Martin-Luther-Kirche.

☺ Wer heute nicht gehfreudig ist oder schnell die Jugendherberge erreichen möchte, hat die Möglichkeit, mit der Trambahn von der Haltestelle „Martin-Luther-Kirche" bis „Gewerbeschulen Königstraße" zu fahren. Sie sparen dadurch ca. 2 km Fußweg durch die Stadt.

Nach der Kirche wandern Sie auf einem Fußweg durch einen kleinen Park und anschließend geht es über eine Fußgängerampel weiter auf der Römerstraße.

☺ Am Römerplatz in der Römerstraße treffen Sie auf einen rechts liegenden Super- und Drogeriemarkt.

Der Römerstraße folgen Sie also für ca. 1,4 km, bis diese bei der Trambahnhaltestelle „Grimmelfinger Weg" in den Egginger Weg übergeht.

Falls Sie in der Jugendherberge übernachten, folgen Sie hier der Beschilderung nach links in den Grimmelfinger Weg.

Ansonsten halten Sie sich nun rechts der Tramgleise auf einem Fuß- und Radweg und kommen am Kuhberger Schulzentrum vorbei.

Am Schulzentrum fahren Sie geradeaus und dann Am Hochsträß südlich am Fort Oberer Kuhberg vorbei. Nach dem Parkplatz des Forts biegen Sie nach links auf den Radweg. In Grimmelfingen treffen Sie wieder auf den Jakobsweg, dem Sie bis Einsingen folgen.

Am Ende der Wendeschleife der Trambahn vollführt der Weg einen Linksbogen und gleich danach zeigt die Jakobswegmarkierung nach rechts. Sie lassen einen Parkplatz links liegen, halten sich dann rechts, um gleich wieder nach links zu gehen und auf dem Fuß- und Radweg zu bleiben. Hier haben Sie das Stadtgebiet verlassen und können noch mal schöne Ausblicke auf Ulm genießen, bis der Weg in einem Linksbogen über die Brücke einer Autostraße führt. Vor Ihnen befindet sich das Fort Oberer Kuhberg ❶.

⌘ Fort Oberer Kuhberg

Das Fort Oberer Kuhberg ist eine eindrucksvolle Festungsanlage der ehemaligen Bundesfestung Ulm. Sie wurde 1848-57 erbaut, insbesondere als Bollwerk gegen Frankreich. Zum direkten Kriegseinsatz kam die Festung von Ulm jedoch nie. Das Fort diente im Laufe der Jahre unterschiedlichen Zwecken u. a. als Kriegsgefangenenlager, Übungsgelände der Reichswehr und von 1933 bis 1935 als ein frühes nationalsozialistisches Konzentrationslager des Landes Württemberg.

Hier waren mehr als 600 Regimegegnerinnen und -gegner inhaftiert, unter ihnen der SPD-Politiker Kurt Schumacher. Die Funktion des Lagers war es, die Häftlinge durch Terror zu brechen und die übrige Bevölkerung einzuschüchtern. Heute befindet sich hier eine KZ-Gedenkstätte, wo Sie u. a. die Häftlingsunterkünfte, Sonderhaftzellen und den KZ-Verwaltungsbereich besichtigen können.

Vor der Festungsanlage geht es rechts auf einem schmalen Schotterweg entlang. Sie wandern ein Stück steil bergauf am Fort entlang in Richtung Funkmast. Vor diesem führt der Weg rechts über die schöne Hochfläche des Hochsträß. An der nächsten Wegkreuzung mit ⩩ Ruhebank ergattern Sie weite Blicke ins Donautal und in das gleichnamige Industriegebiet. Geradeaus geht es über eine Wegkreuzung und Sie erreichen den Aussichtspunkt Römerhof mit Telefonzelle, ⩩ Ruhebank und Infotafel. Bei der folgenden Wegkreuzung biegen Sie links in einen abwärtsführenden Schotterweg. Unmittelbar danach erreichen Sie die ersten Häuser von Grimmelfingen, das zum Gemeindegebiet Ulm gehört.

In einem Linksbogen kommen Sie in die Schultheißenstraße, wo sich auch das Hotel-Gasthof Hirsch befindet. Die Straße führt weiter bergab und geht mit einem Rechtsbogen in die Kirchstraße über, wo das Hotel Adler beheimatet ist. Kurz danach treffen Sie auf die ✞ Jakobuskirche von Grimmelfingen ❷.

Grimmelfingen ✕ ⊙ ✞

✕ **Hotel-Gasthof Hirsch**, Schultheißenstraße 9, 89081 Ulm-Grimmelfingen, ☏ 07 31/937 93-0, kontakt@hirsch-ulm.de, www.hirsch-ulm.de, 25 Zimmer, ÜF EZ ab € 63,50, DZ ab € 85, MBZ ab € 115, Restaurant Mo 17:00- 22:00, Di Ruhetag, Mi-Do 11:30-14:00 und 17:00-22:00, Fr 17:00-22:00, Sa-So 11.30-14:00 und 17:00-22:00, ➲ am Weg

♦ **Hotel-Restaurant Adler**, Kirchstraße 12, 89081 Ulm-Grimmelfingen, ☏ 07 31/93 80 80, info@hotel-adler-ulm.de, www. hotel-adler-ulm.de, 45 Zimmer, ÜF EZ ab € 84, DZ ab € 104, MBZ ab € 129, Restaurant Mo-Di 12:00-14:00 und 17:00-22:00, Mi-Fr 17:00-22:00, Sa Ruhetag, So 12:00-14:00 und 17:00-22:00, ➲ am Weg

⊙ Einen Stempel gibt es im Vorraum der Jakobuskirche.

Dieser ländliche Stadtteil von Ulm wurde im 6. Jh. von Alemannen gegründet. Die hiesige Jakobuskirche hat ihren Ursprung in einer Kapelle, die urkundlich erstmals 1352 erwähnt wurde. 1535 wurde die Kapelle zur evangelischen Kirche erhoben. Die heutige barocke Gestalt entstand 1701. Bei den letzten Renovierungsarbeiten im Jahr 1961 kamen alte Wandmalereien aus dem 15. Jh. zum Vorschein, wie z. B. die Szenen aus der Passion Jesu. Den Pilgerpatron Jakobus finden Sie beim Apostelfries an der Orgelempore.

Die Kirchstraße endet bei einer Straßenkurve. Dort biegen Sie zweimal hintereinander rechts ab, um schließlich durch die Schmiedackergasse ortsauswärts zu wandern. Diese abwärtsführende Straße führt Sie schließlich in den Wald. Auf der rechten Seite befindet sich ein Waldkindergarten und bei der nächsten Weggabelung geht es der Markierung Richtung Oberdischingen folgend nach links. An der Ruhebank am Waldrand wandern Sie in bisheriger Richtung auf einem Teersträßchen abwärts. Sie stoßen auf eine weitere kleine Teerstraße und gehen links. Am Industriegebiet von Einsingen BANK ✞ gehen Sie nach der ersten Gewerbehalle links und weiter geradeaus durch das kleine Industriegebiet.

Die Umgebung von Einsingen ist uraltes Siedlungsgebiet. Urkundlich wurde Einsingen erstmals 1283 erwähnt und während vieler Kriege immer wieder in Mitleidenschaft gezogen.

Seit 1974 gehört es zu Ulm und ist einer der rasch wachsenden Stadtteile. Einsingen war ursprünglich landwirtschaftlich geprägt und ist heute ein Standort von vielen Gewerbebetrieben.

Sie radeln geradeaus am Ortsrand von Einsingen entlang und dann durch den Ort. Es geht weiter zu dem kleinen Ort Wernau und kurz vor Erbach treffen Sie wieder auf den Jakobsweg. Die Streckenführung des Radweges durch Erbach verläuft etwas anders als der fußläufige Jakobsweg. Am Schlossberg treffen die Wege wieder kurz zusammen und ab Donaurieden verlaufen die Wege gemeinsam, bis Sie schließlich Oberdischingen erreichen.

Sie erreichen eine Landstraße, an der Ulm mit dem Stadtteil Einsingen endet, und gehen hier rechts auf den Fuß- und Radweg neben der Landstraße. Der Weg führt Sie an einem rechts liegenden Supermarkt und einer Bäckerei vorbei, bis Sie den links liegenden Verkehrskreisel ❸ erblicken.

Links geht es nun über das Brücklein, dann geradeaus über den Kreisel und weiter auf der Straße Hohe Steige. Bald danach biegen Sie rechts in den Breitenweg ein. Nach knapp 100 m wandern Sie bei einem kleinen Platz nach links, kommen an einem Spielplatz vorbei und verlassen nun endgültig Einsingen.

Nach gut 700 m mündet der Weg bei Wernau in eine kleine Nebenstraße, der Sie links folgen. Gleich darauf verlassen Sie die Straße rechts. Sie wandern steil bergauf auf ein Radar-Versuchs- und Testgelände ❹ zu.

Dieses lassen Sie links liegen und biegen später links in einen Schotterweg ein, der Sie bis Erbach führt. Geradeaus geht es sanft abwärts auf der Ziegeleistraße in den Ort hinein und weiter geradeaus an einen Verkehrskreisel. Bei einem Fußgängerüberweg pilgern Sie rechts in die Jahnstraße zur evangelischen ✞ Erlöserkirche Erbach ❺.

Erbach

Landgasthof Schwabenpfanne, Donaustetter Straße 21, 89155 Erbach, 073 05/244 44, info@schwabenpfanne.com, www.schwabenpfanne.com, 39 Betten, ÜF EZ ab € 42, DZ ab € 70, MBZ ab € 90, Restaurant Mo-Di Ruhetag, Mi-Sa 17:00-22:00, So 11:30-14:00, 300 m vom Weg, beim Abzw. zur Erlöserkirche gehen Sie weiter geradeaus auf der Ziegeleistraße

♦ **Hotel Kögel**, Ehinger Straße 44, 89155 Erbach, 073 05/80 21, hotel.koegel@t-online.de, www.hotel-koegel.de, 26 Betten, ÜF EZ ab € 82, DZ ab € 96, Restaurant Trüffel Mo-Do 18:00-23:00, Fr-Sa 12:00-14:00 und 18:00-23:00, So und Fei geschlossen, 600 m vom Weg, nach dem Verkehrskreisel auf dem Kirchweg bis zum Kreisel und dort rechts

♦ **Hotel-Restaurant zur Linde**, Bahnhofstraße 8, 89155 Erbach, 073 05/93 11 00, info@linde-erbach.de, www.linde-erbach.de, 15 Zimmer, ÜF EZ ab € 62, DZ ab € 98, Restaurant Mo-Fr 11:30-14:00 und 17:00-22:00, Sa 11:30-14:00, So und Fei geschlossen, 350 m vom Weg, nach dem Verkehrskreisel auf dem Kirchweg in östlicher Richtung

⊙ Der Pilgerstempel ist in der Pfarrkirche St. Martinus erhältlich.

Linie 21 nach Oberdischingen

Direktverbindung nach Ulm, Verbindungen von Ulm über Donauwörth nach Nürnberg

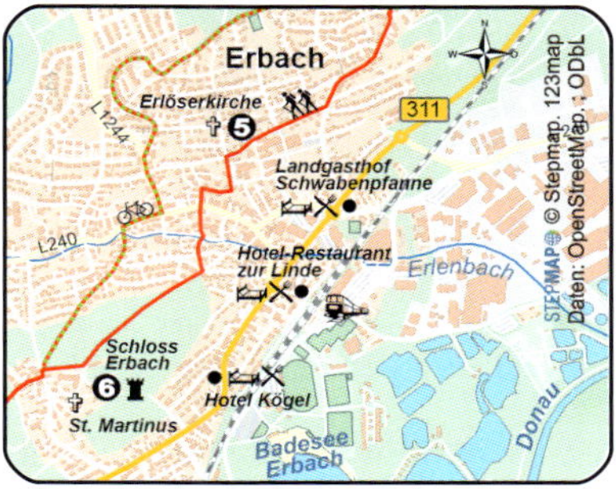

Die Kleinstadt Erbach an der Donau ist eine beliebte Zwischenstation für alle (Rad-)Pilgerinnen und Pilger bedingt durch die Lage am Donauradweg und Donau-Bodensee-Radweg. Sie bietet vielfältige Kultur- und Freizeitangebote und profitiert von der Nähe zu Ulm.

Schon von Weitem ist der Erbacher Schlossberg mit dem Schloss und der Kirche zu sehen. Das im Renaissancestil gehaltene Schloss befindet sich in Privatbesitz und wird heute als Eventlocation genutzt. Einen reizvollen Kontrast bildet dazu die benachbarte Kirche St. Martinus, die nach Abriss eines Vorgängerbaus von 1767/69 neu errichtet wurde. Im Inneren ist sie fast vollständig im Stil des Rokokos gestaltet. Sie finden dort wertvolle Freskomalereien und lebensgroße Figuren am Hochaltar.

Sie gehen an der Kirche vorbei und biegen nach der Musikschule links ab. Am Ende der Straße spazieren Sie durch eine Zaunreihe und folgen rechts einem Fuß- und Radweg. Bald danach gehen Sie links und stoßen auf die kreuzende Erlenbachstraße, die Sie geradeaus queren. Sie gehen weiter in der Straße Auf Der Wühre, überschreiten die rechts liegende kleine Erlenbachbrücke und steigen dann die Treppenstufen hinauf. Bei einer Verkehrsinsel kreuzen Sie eine Anwohnerstraße und wandern halb rechts auf einen Fuß- und Radweg, der Sie zum ♜ Schloss Erbach ❻ führt.

Das Schloss Erbach

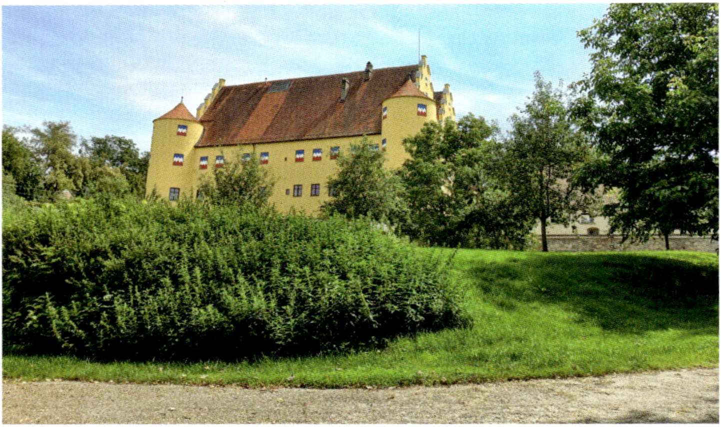

Vor der Schlossmauer biegen Sie rechts auf den Schloßberg ab und gehen an seinem Ende auf der Schloßstraße in Richtung Friedhof.

☺ ↳ Wenn Sie auf der Schloßstraße geradeaus weitergehen, gelangen Sie linker Hand zur ⊙ ✞ Kirche St. Martinus, ➲ 150 m.

Der Jakobsweg führt am Friedhof ♦ sowie am gegenüberliegenden Parkplatz vorbei und Sie folgen der Friedhofsmauer in einem Linksbogen. Am Ende der Mauer treffen Sie auf eine unter einer Linde stehenden ⩚ Ruhebank. Der Weg geht in eine Rechtskurve, dann in einen Schotterweg über und folgt dem oberen Rand des Donautals. Sie erreichen kurze Zeit später nochmals eine ⩚ Bank, von der Sie mit einem schönen Blick ins Donautal und auf den Stausee belohnt werden.

Weiter geht es an dem mit Buschwerk und Feldern gesäumten Hang entlang, bis Sie bei der ✞ Maria-Hilf-Kapelle ankommen. Im Volksmund wird diese auch „Gruabänkle" genannt, da man sich hier einfach mal kurz ausruhen kann, ohne den Rucksack abzuschnallen.

Nach der Kapelle geht es sofort rechts, dann bald links auf einen geteerten Weg in Richtung Oberdischingen. Zuvor erreichen Sie allerdings noch Donaurieden ❼, einen Ortsteil der Stadt Erbach.

Im Ort erreichen Sie die querende Straße mit dem Namen Steig und gehen links abwärts bis zur Ortsverwaltung. Vor dieser wandern Sie rechts auf einen Fußweg und treffen auf die Dorfstraße, der Sie nach rechts folgen. In einem Linksbogen erreichen Sie die Pension Steinle.

Donaurieden

Pension Steinle, Kirchenberg 12, 89155 Erbach-Donaurieden, ☎ 073 05/52 16, info@pension-steinle.de, www.pension-steinle.de, 30 Betten, ÜF EZ, DZ und Apartments, Preis auf Anfrage, ➲ am Weg

Nun gehen Sie aufwärts bis zu einer Straßengabelung. Hier geht es auf dem Jakobsweg rechts zum Ort hinaus und links besteht die Möglichkeit, die ✞ Kirche St. Michael zu besuchen.

In der Kapelle zum heiligen Erzengel Michael wurden schon im Jahre 1466 Gottesdienste abgehalten. 1762/63 wurde die Kapelle zu einer Kirche erweitert und hat im Wesentlichen bis heute ihr Aussehen bewahrt.

Sie streifen die kleine Grundschule und wandern auf einem Schotterweg in die Felder. Bei einer Wegkreuzung mit Flurkreuz sowie einer Bank wandern Sie in bisheriger Gehrichtung leicht aufwärts bis nach Oberdischingen. Am Ortsrand führt Sie der asphaltierte Galgenweg abwärts, beschreibt dann eine Rechts-Links-Kurve und mündet schließlich bei der Sparkasse in die breite Herrengasse ein.

☺ Falls Sie nicht in Oberdischingen übernachten und auch nicht den Wunsch verspüren, den Ort mit der Kirche zu besichtigen, leitet Sie der Jakobsweg weiter links auf der Allee. Hierzu nutzen Sie bitte die Beschreibung von ☞ Etappe 12, S. 138.

Zum alten Ortskern und zur schön am Ortsrand gelegenen Pilgerherberge pilgern Sie nach rechts zum Schlossplatz. Linker Hand befindet sich die ✞ Kirche mit ihrer außergewöhnlichen Architektur und auf der anderen Straßenseite das dreiflügelige Kanzleigebäude, in dem auch das Rathaus residiert.

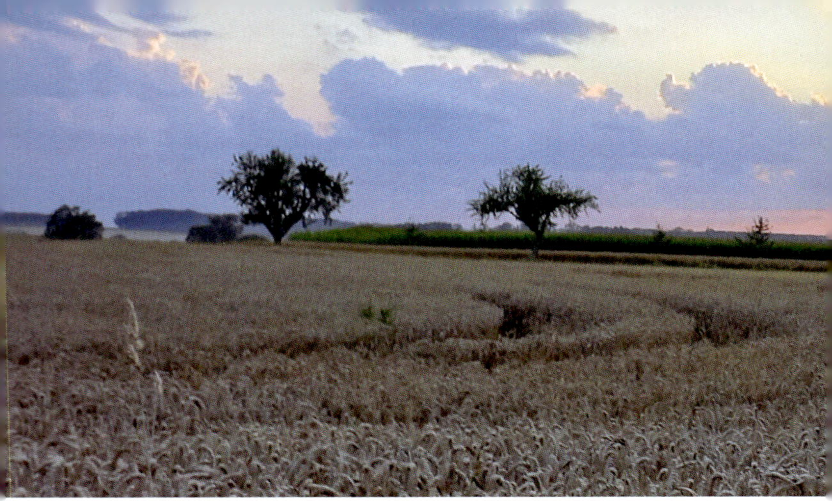

Von der Kirche bis Sie zur Pilgerherberge müssen Sie Ihren Füßen noch 500 m zumuten. Sie wandern noch ein Stück geradeaus und nach dem Gemeindehaus folgen Sie links der Markierung zur Pilgerherberge. Kurz vor dem Ortsende treffen Sie auf das Cursillo-Haus St. Jakobus.

Oberdischingen

Cursillo-Haus St. Jakobus, Kapellenberg 58-60, ☏ 073 05/91 95 75, info@haus-st-jakobus.de, www.haus-st-Jakobus.de, 26 Betten, EZ, DZ und MBZ sind vorhanden, Preise auf Anfrage. Das Cursillo-Haus ist sowohl eine Pilgerherberge als auch ein Bildungshaus. Sie übernachten in dem gepflegten Haus in modernen Zimmern. Die freundlichen, pilgererfahrenen Hospitaleras und Hospitaleros bieten Ihnen einen angenehmen Aufenthalt. Frühstück und Abendessen werden angeboten. Es gibt eine Kapelle im Haus, außerdem einen Garten, der sowohl zum Verweilen als auch zum Campen einlädt. Pilgerausweise sind vor Ort erhältlich.

Café und Bistro Klein und Fein, Schlossplatz 3, ☏ 0176/41063865, info@cafekleinundfein.de, Mi 14:00-20:00, Do 14:00-22:00, Fr 16:00-21:00, Sa 14:00-22:00, So 14:00-20:00, Mo-Di Ruhetag, vor der Kirche

Den Pilgerstempel erhalten Sie im Cursillo-Haus.

Linie 21 zum Bahnhof Erbach, von dort verkehren Züge nach Ulm

Gegenüber dem Cursillo-Haus, das im Stil des Spätbarock 1793/1794 als Franziskaner Paterhaus auf dem Kapellenberg erbaut wurde, liegt die turmlose Dreifaltigkeitskapelle von 1712. Ihre eindrucksvolle Vorderseite erinnert an die

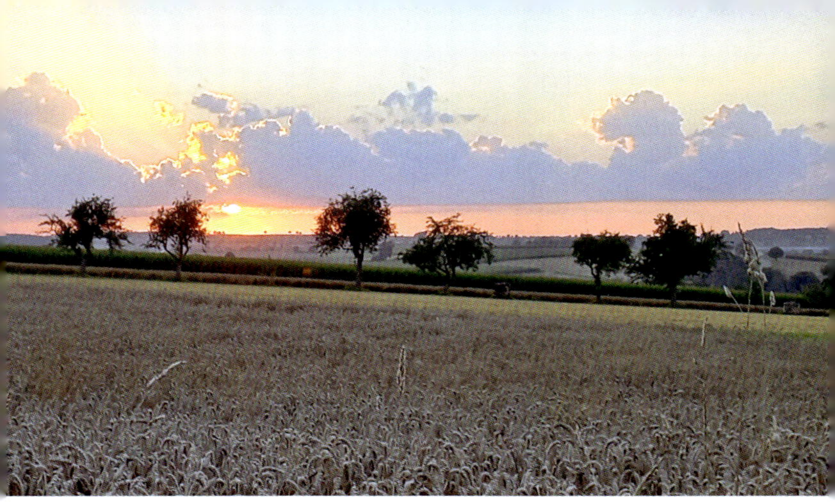

Abendimpressionen im Garten der Pilgerherberge in Oberdischingen

spanische Kolonialzeit. Unterhalb der Kirche, in der Familiengruft der Schenk-Castells, ist auch Franz Ludwig Reichsgraf Schenk von Castell (1736–1821), der sogenannte „Malefizschenk" oder „Henkersgraf", beigesetzt. Der im 18. Jh. durch seine Rolle als Strafverfolger in Oberschwaben und Verwalter des 1788 erbauten Zuchthauses Fronfeste eine zweifelhafte Berühmtheit erlangte. Mit seiner Herrschaftsübernahme baute er Oberdischingen ab 1765 zu einer kleinen Residenz aus. Ein prächtiges gräfliches Schloss wurde um 1770 inmitten eines Parks errichtet, dieses fiel jedoch 1807 einer Brandstiftung zum Opfer.

Oberdischingen erweckt auch heute noch den Eindruck einer Miniaturresidenzstadt, die früher im Volksmund auch „Klein-Paris" genannt wurde. Sowohl die schmucke Häuserzeile in der Herrengasse im französisch-barocken Mansard-Stil als auch das dreiflügelige Kanzleigebäude von 1767 auf der Nordseite des Schlossplatzes erinnern noch an diese Zeit. Auf der Südseite steht die katholische Pfarrkirche Zum heiligsten Namen Jesu, die 1804 erbaut wurde. Dieser Kuppelbau im klassizistischen Stil wurde nach dem Vorbild des Pantheons in Rom errichtet und im Inneren mit wertvollen spätgotischen Steinreliefs von 1501 bestückt. Zunächst besaß die Kirche nur einen etwa 19 m hohen Glockenstuhl. Im Jahr 1892 wurde dann ein mit barocker Haube versehener Kirchturm errichtet, der eine beachtliche Höhe von fast 48 m aufzuweisen hat.

1448 wurde die gotische Vorgängerkirche erbaut und 1510 mit der Marienglocke versehen. Die Glocke blieb in den Kriegen von der Glockenablieferung verschont und Sie können auch heute noch ihr Geläut vernehmen.

12. Etappe: Oberdischingen – Äpfingen

22,2 km, 5 Std. 45 Min., ↑ 100 m, ↓ 78 m, ⇧ 481-541 m

0,0 km	⇧ 511 m	Oberdischingen
2,9 km	⇧ 484 m	Ersingen
6,0 km	⇧ 491 m	Rißtissen
10,6 km	⇧ 501 m	Untersulmetingen, Kirche St. Georg u. St. Sebastian
12,0 km	⇧ 507 m	Untersulmetingen, Oberdorf
13,3 km	⇧ 507 m	Obersulmetingen
17,0 km	⇧ 511 m	Schemmerberg
20,9 km	⇧ 516 m	Großer Stein mit Christuskreuz im Ried
22,2 km	⇧ 529 m	Äpfingen

Heute führt Sie der Jakobsweg von Oberdischingen mal mehr, mal weniger von der Riß entfernt nach Äpfingen. Über Ersingen und Rißtissen wandern Sie nach Untersulmetingen mit seiner geschichtsträchtigen Niederkirch. Im etwas entfernten Ortszentrum dominiert ein Renaissance-Schloss mit einer Rokoko-Kapelle und auch Obersulmetingen kann anschließend mit einem imposanten Schloss aufwarten. In Schemmerberg erwartet Sie die St.-Martins-Kirche mit einem Pilgerrastplatz, bis Sie geruhsam durch das Ried wandern und Äpfingen erreichen.

Für die Etappe nach Äpfingen radeln Sie am Cursillo-Haus auf dem Kapellenberg abwärts, über den Schlossplatz und dann in die Herrengasse. Bis Untersulmetingen verläuft der Jakobsweg parallel mit dem ausgeschilderten Fahrradweg. Kurz vor Untersulmetingen, wo der Jakobsweg vorbei an der Kirche St. Georg und St. Sebastian verläuft, führt der Fahrradweg auf der Straße durch den Ort. Von Obersulmetingen aus radeln Sie östlich von der Riß nach Schemmerberg und von dort auf dem Jakobsweg nach Äpfingen.

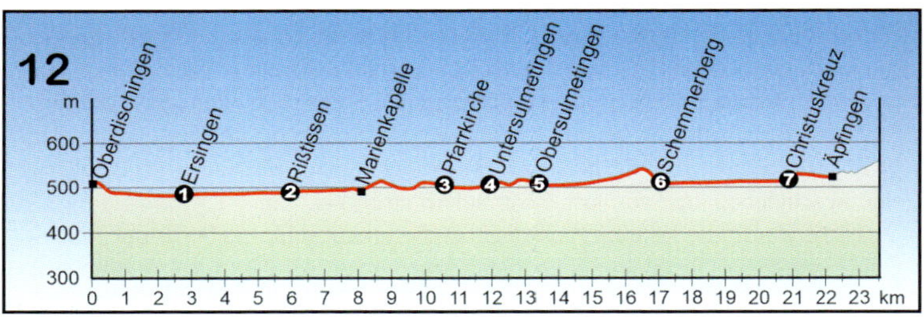

Die Etappe nach Äpfingen beginnt heute am Cursillo-Haus, wo Sie zunächst auf dem Kapellenberg abwärts laufen. Bei der nächsten rechts abzweigenden Straße gehen Sie in die Schenk-Castell-Straße und sofort links in den Parkweg. Auf der Rückseite des Schlossparks berühren Sie erneut die Kirche mit der halbkugelförmigen Kuppel. Kurz danach, am Ende des Parkweges, leitet Sie ein großes Hinweisschild nach links in die Straße Schlossberg. Gleich danach geht es rechts in die Herrengasse, bis Sie bei der Einmündung des Galgenweges auf die geradeaus weiterführende Allee treffen und dieser folgen.

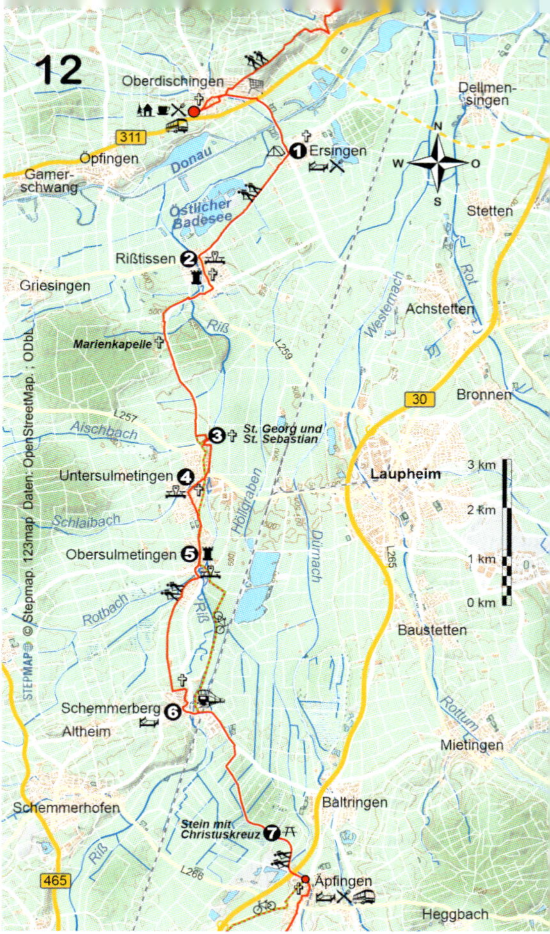

✋ Hier am einmündenden Galgenweg beginnt die Beschreibung des Jakobsweges, wenn Sie nicht im Cursillo-Haus in Oberdischingen übernachtet haben.

Nun folgen Sie der Allee bis zum Ortsausgang, an dem sich linker Hand ein 🛒 Supermarkt und eine Bäckerei befinden. Von dort aus queren Sie die B311 und laufen ortsauswärts auf dem linksseitig verlaufenden Fuß- und Radweg der Ersinger Straße, der Sie über die Donau hinweg bis nach Ersingen ❶ führt.

Ersingen

Gasthaus & Brennerei Hirsch, Rißtisser Str. 4, 89155 Erbach-Ersingen, 073 05/41 60, info@greiff-ersingen.de, www.greiff-ersingen.de, 2 EZ, 5 DZ, sowie eine Ferienwohnung, ÜF EZ ab € 58, DZ ab € 85, z. T. haben die Zimmer eine Kitchenette. Mo-Mi und Fr-Sa 16:00-23:00, So 11:30-23:00, Do Ruhetag. Ein zum Gasthaus gehörender Campingplatz ist in unmittelbarer Nähe. Preis auf Anfrage, April/Mai bis Sep/Okt (witterungsbedingt), 30 m vom Weg

Der Ort wurde erstmals 1194 urkundlich erwähnt. Er liegt in der Donauniederung nahe der Einmündung der Riß in die Donau und gehört zu Erbach. 1704, während des Spanischen Erbfolgekriegs, wurden der Ort und die Kirche erheblich zerstört. Erst 1766 wird die Franziskuskirche in ihrer heutigen barocken Gestalt fertiggestellt. Die spätgotische Darstellung des Apostels Jakobus d. Ä. im Altarretabel ist ein schönes Zeugnis mittelalterlicher Kunst.

In der Rechtskurve führt Sie der Jakobsweg weiter auf der Ortsdurchfahrtsstraße, am Gasthaus Hirsch vorbei und dann aus dem Ort hinaus.

In der Kurve im Ort führt Sie die Mittelstraße nach ca. 350 m zur St.-Franziskus-Kirche.

Auf einem neben der Kreisstraße verlaufenden Fuß- und Radweg geht es Richtung Rißtissen. In Rißtissen ❷ folgen Sie zunächst der Ersinger Straße bis an ihr Ende. Dort am Eck befinden sich eine BANK Bank, eine Bäckerei und eine Metzgerei. Hier biegen Sie links in die Rißstraße ein und gehen für ca. 600 m geradeaus, bis Sie bei der Kirche St. Pankratius und Dorothea ankommen.

Rißtissen

Bäckerei Staib, Rißstraße, 74, 89584 Ehingen-Rißtissen, 073 92/915 40 76, info@baeckerei-staib.de, Mo-Fr 6:00-18:00, Sa 6:00-12:00, So 7:30-10:30, direkt am Weg

♦ **Metzgerei Weinbuch**, Rißstraße 72, 89584 Ehingen-Rißtissen, 073 92/186 88, mail@metzgerei-weinbuch.de, Mo-Fr 8:00-12:30, 15:00-18:00, Sa 8:00-12:00, direkt am Weg

⊙ Pilgerstempel in der Kirche St. Pankratius und Dorothea

838 wurde Rißtissen erstmals erwähnt. Am Jakobsweg liegt die im 15 Jh. entstandene Pfarrkirche St. Pankratius und Dorothea, die 1784 aufgrund ihrer Baufälligkeit neu im barocken Stil renoviert wurde.

Gegenüber steht das Schloss der Freiherren Schenk von Stauffenberg, das im 18. Jh. sein heutiges Aussehen erhielt. Die Brüder Berthold und Claus von Stauffenberg scheiterten bekannterweise am 20.7.1944 mit einem Attentat auf Hitler.

Nach der Kirche vollführt die Straße einen Rechtsbogen. Dort befindet sich auf der rechten Seite das im Privatbesitz befindliche ♜ Schloss der Familie von Stauffenberg. In der nächsten Linkskurve folgen Sie der Markierung geradeaus, bis Sie am Ortsende die Riß überqueren.

Nach der Brücke wandern Sie rechts auf einem Fuß- und Radweg neben der Kreisstraße, der in seinem Verlauf von Büschen und Bäumen gesäumt wird. Sie stoßen auf eine Straßenkurve mit einem dahinterliegenden Golfplatz und halten sich hier links. Sie passieren den Betriebshof und gehen weiter auf dem durch die Felder führenden asphaltierten Rad- und Fußweg. Es geht an einer Marienkapelle vorbei. Nun verbleiben noch ca. 2 km bis zum nächsten Ort.

Kurz vor dem Ortsschild von Untersulmetingen biegen Sie links in Richtung Kirche ab und queren dabei zunächst die Kreisstraße. Auf einem Asphaltweg wandern Sie geradeaus bis rechts ein Schotterweg zu einer Hofstelle führt. Vor dieser wenden Sie sich nach links und umrunden den Hof in einem Rechtsbogen. Sie erreichen das Eingangstor von der ✞ Pfarrkirche St. Georg und St. Sebastian ❸.

✞ St. Georg und St. Sebastian

Die Untersulmetinger Pfarrkirche wird auch Niederkirch genannt. Eine Sage – ähnlich der von Auernheim – berichtet auch hier, dass die Kirche zwischen den beiden Orten errichtet werden sollte, aber die Baumaterialien jede Nacht, trotz Bewachung, wieder verschwanden und auf dem Platz der Niederkirch lagen. Nach drei solchen Nächten wurde das als ein Zeichen gedeutet und das Vorhaben aufgegeben.

Vermutlich wurde hier um 746 die erste Kirche von den Mönchen aus Freising aufgebaut, die das Patronat des heiligen Georg wählten. Auch die Statuen der heiligen Odila und der heiligen Walburga weisen auf den bayerischen Einfluss hin. Um 1500 erhielt die Niederkirch den heiligen Sebastian als zweiten Patron, der sowohl als Nothelfer in Pestzeiten diente als auch seine Hand behütend über die Schützen hielt.

Bis 1813 fungierte sie erstaunlicherweise auch als Pfarrkirche von dem fast 3 km entfernten Obersulmetingen. Nach einigen Renovierungen innerhalb der letzten Jahrhunderte, mit Stilwechseln bis ins Neogotische, wurde die Kirche 1992 letztmalig renoviert. Sie war in vergangenen Zeiten auch eine viel besuchte Wallfahrtskirche.

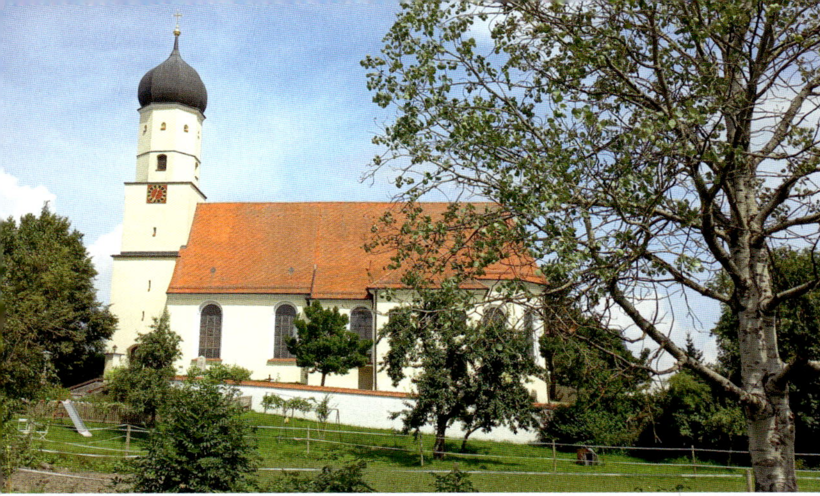

Die Niederkirch in Untersulmetingen

Auf der anderen Kirchenseite steigen Sie die Treppen hinab und gehen noch ein Stück auf dem Weg, bis Sie sich beim querenden Asphaltweg nach links zur Riß wenden. Zwischen Ortsrand und Riß wandern Sie bis zur querenden Ortsdurchfahrtsstraße von Untersulmetingen. Diese überqueren Sie geradeaus in Richtung Obersulmetingen und gehen bei der nächsten Gabelung rechts. Bei der folgenden Querstraße halten Sie sich links auf der Straße Oberdorf. Im Oberdorf von Untersulmetingen ❹ finden Sie BANK Banken und auch eine Bäckerei.

☺ Einen Abstecher lohnt die schöne ✝ Kapelle St. Otmar und St. Hieronymus, die auf dem Kapellenberg liegt.

Untersulmetingen

Bäckerei Mast, Oberdorf 14, 88471 Laupheim-Untersulmetingen, ☏ 073 92/22 93, brezel@baeckerei-mast.de, Di-Fr 6:30-12:30 und 14:30-18:00, Sa 6:30-13:00, So-Mo Ruhetag, ➲ direkt am Weg

⊙ Pilgerstempel in der Kapelle St. Otmar und St. Hieronymus

Untersulmetingen ist heute ein Teil der Stadt Laupheim. Das dreigeschossige Renaissanceschloss im Zentrum befindet sich in Privatbesitz. Die St.-Otmar und St. Hieronymus-Kapelle, ein Juwel des geistlichen Rokokos, ist eine bedeutende Sehenswürdigkeit an der oberschwäbischen Barockstraße. Sie bildet zusammen mit dem benachbarten Schloss, das weithin sichtbare Wahrzeichen von Untersulmetingen.

Die Straße Oberdorf endet bei einem Steinmarterl und Sie wandern links in die Straße Beckenkreuz. In einer beginnenden Rechtskurve verlassen Sie diese und gehen in Ihrer bisherigen Laufrichtung auf einem Fuß- und Radweg ortsauswärts.

Sie kreuzen in gerader Linie die Straße Beim Sportplatz und passieren das rechts liegende Sportzentrum. Nun wandern Sie wieder auf einem Fuß- und Radweg neben der Kreisstraße entlang und erreichen das Ortsschild von Obersulmetingen.

Sie gehen am markantesten Gebäude vom Ort, dem ♜ Schloss von Obersulmetingen ⚖ BANK ⊙ ✞ ♜ ❺ vorbei.

♜ Schloss Obersulmetingen

Das Wahrzeichen von Obersulmetingen ist das über das Rißtal ragende Barockschloss, das von 1725-42 erbaut wurde. Im 10. Jh. stand an dieser Stelle bereits eine Burg, die dem Bischof Ulrich von Augsburg gehörte und nochmals später ein Schloss, das 1652 vom Blitz getroffen und dabei völlig vernichtet wurde.

⊙ Den Pilgerstempel erhalten Sie in der Ortsverwaltung im Schloss am Cölestin-Frener-Platz.

☺ ➭ Falls Sie Proviant benötigen, biegen Sie ca. 250 m nach dem Schloss links in die Bruckgasse ab und erreichen nach ca. 200 m den ⚖ Dorfladen!

⚖ **Dorfladen Pappelau**, Bruckgasse 13, 88471 Obersulmetingen, ☎ 073 92/109 99, ✉ pappelau@t-online.de, 🚪 Mo 8:00-12:00 und 13:30-17:00, Di 8:00-12:00, Mi-Fr 8:00-12:00 und 13:30-17:00, Sa 9:00-12:00, So geschlossen

Nach einer Linkskurve führt Sie der Jakobsweg noch ein Stück geradeaus auf der Mühlstraße über den Rotbach hinweg und dann rechts in die 30er-Zone des Rotbachweges.

Am Siedlungsende, bei einem ⛩ Rastplatz mit Sinnspruchstein, weist Sie die Jakobusmarkierung nach rechts und noch ein Stück am Ortsrand entlang, bis Sie Obersulmetingen verlassen.

Nach dem Ortsende wandern Sie auf dem leicht ansteigenden Schotterweg durch die Felder. Auf der Anhöhe geht der Schotterweg in einen Asphaltweg über und Sie erblicken bereits Schemmerberg mit der Kirche St. Martin. Nach der Biogasanlage geht es geradeaus über ein Teersträßchen. Sie wandern nun auf einem Wiesenweg, der im letzten Abschnitt steil bergauf führt. Am Ortsrand von Schemmerberg ❻ gehen Sie auf der Straße links zur sehenswerten ✞ Kirche St. Martin. Vor der Kirche befinden sich zwei ⛩ Ruhebänke für Jakobspilgerinnen und Jakobspilger.

✝ **St. Martin**

Weithin sichtbar ist die auf einem Hügel stehende katholische Pfarrkirche St. Martin mit ihrem walmdachgedeckten Turm. Die dem heiligen Martin geweihte Kirche zählt zu den im 6. und 7. Jh. gegründeten Urkirchen. Zu dieser Zeit erfolgte die Glaubensunterweisung durch irische und schottische Mönche. Im Inneren birgt die Kirche Kunstschätze aus verschiedenen Zeiten. Besonders sehenswert ist der große Rechteckbau des Ölbergs. Unmittelbar neben der Kirche liegen das Pfarrhaus von 1757 und Reste des Pfleghofes.

Der Jakobsweg führt vor der Kirche abwärts auf der Straße Oberer Kirchberg und bei der nächsten Gabelung geht es links auf den Unteren Kirchberg. Sie gehen an einer kleinen Mariengrotte vorbei und erreichen in der Rechtskurve die Pension zum Hecht. In der Rechtskurve der Sulmatinger Straße biegen Sie links in die Bahnhofstraße. Der Jakobsweg führt über die Brücken des Rißkanals und der Riß und weiter über die Bahngleise mit dem links liegenden Bahnhof. Die Straße wird in einem Rechtsbogen zur Baltringer Straße und Sie gehen links auf einem Fuß- und Radweg neben der Straße aus dem Ort hinaus.

Schemmerberg

Pension zum Hecht, Sulmetinger Str. 1, 88433 Schemmerberg, ☏ 073 56/950 76 40, info@pension-hecht.de, www. pension-zum-hecht.de, Ü EZ ab € 52, DZ ab € 92, Apartment mit 4 Betten ab € 140, F € 8,50 nur Mo-Fr möglich, ➲ direkt am Weg

⊙ Pilgerstempel in der Kirche St. Martin

Linie 318 nach Biberach

Zugverbindung nach Ulm

Linker Hand geht es an einem Sportplatz vorbei und knapp 200 m danach queren Sie die Straße und gehen rechts in Richtung Äpfingen. Sie folgen dem linken Weg am Waldrand entlang. In der Nähe einer Linkskurve erwartet Sie eine Ruhebank. Sie wandern für ca. 1,8 km auf diesem Hauptweg und ignorieren alle abzweigenden Wege. Sie wandern geruhsam durchs Ried, auf dem von Büschen und Bäumen flankierten Weg. Sie erreichen linker Hand einen großen Stein mit Christuskreuz ❼. Hier befindet sich ein Ruheplatz mit 2 Bänken.

Der Weg geht in eine kleine Teerstraße über und führt Sie in freies Gelände. Es geht bergan, Sie durchqueren nochmals ein Waldstück und erreichen eine Anhöhe. Von hier erblicken Sie die ersten Häuser vom heutigen Etappenziel. Sie unterqueren die Brücke der B30 und befinden sich am Ortsrand von Äpfingen.

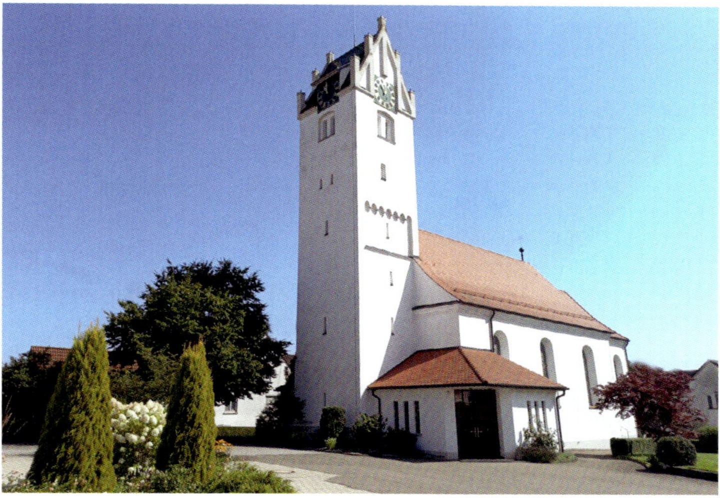

Pfarrkirche St. Blasius in Äpfingen

Geradeaus geht es noch ein Stück durch die Siedlung und bei der Straßenkreuzung treffen Sie direkt auf den Landgasthof zum Adler in Äpfingen.

Äpfingen

🛏 ✕ ⊙ ✝ (🚌)

🛏 ✕ **Landgasthof zum Adler**, Ulmer Straße 3, 88437 Maselheim-Äpfingen, ☏ 073 56/23 03, ✉ info@adler-aepfingen.de, 💻 www.adler-aepfingen.com, 20 Zimmer, EZ ab € 43, DZ ab € 78, MBZ ab € 99, Apartment ab € 105, 🚪 Restaurant Mo-Di geschlossen, Mi-Sa 17:00-22:00, So 11:30-13:30 und 17:00-22:00, ➲ direkt am Weg

⊙ Pilgerstempel im Gasthof Adler und in der Kirche St. Blasius

(🚌) Rufbus nach Biberach, 1 Std. vorher anmelden, ☏ 073 52/920 80, Mo-Fr 8:00-18:00, Sa 8:00-12:00, von dort Zugverbindung nach Ulm

Äpfingen wurde wahrscheinlich durch Alemannen gegründet und ist ein Teil der Gemeinde Maselheim. Die heutige Pfarrkirche St. Blasius wurde 1726 erbaut. Aus dieser Zeit stammen noch der spätgotische Turm mit seinen charakteristischen fünf Zinnen auf jeder Giebelseite sowie der kelchartige Taufstein und eine Blasiusfigur im Inneren.

13. Etappe: Äpfingen – Biberach

13,2 km, 3 Std. 30 Min, ↑ 98 m, ↓ 91 m, ⇧ 522-613 m

0,0 km	⇧ 529 m	Äpfingen
2,2 km	⇧ 564 m	Wegspinne Waldrand
5,3 km	⇧ 560 m	Laupertshausen BANK
6,8 km	⇧ 604 m	Königshofen Hofgut
9,6 km	⇧ 594 m	Mettenberg
11,3 km	⇧ 586 m	Biberach, Geschwister-Rommer-Weg
13,2 km	⇧ 530 m	Biberach, Kirche BANK ⌘

Auf dieser recht kurzen Etappe von Äpfingen nach Biberach führt der Weg durch kleine Orte, Wälder und Wiesen. In Laupertshausen treffen Sie auf die sehenswerte Jakobuskirche. Über den kleinen Ort Mettenberg, mit Einkehr- und Übernachtungsmöglichkeit, erreichen Sie die lebendige Stadt Biberach mit ihrer jahrhundertalten Geschichte.

Auf der ausgeschilderten Radetappe nach Biberach findet keine Berührung mit dem Jakobsweg statt. Vom Gasthof Adler aus leitet sie die Radstrecke über Oberhöfen nach Biberach.

Vom Landgasthof zum Adler wandern Sie auf der Hauptstraße in Richtung Ortsmitte und erreichen die Kirche St. Blasius von Äpfingen. Nach dieser geht es rechts in die Schulstraße und nach ca. 100 m zweigt links ein Fußweg ab, dem Sie bis zur Biberacher Straße folgen. Hier wenden Sie sich kurz nach rechts und biegen sofort danach links in die Straße Am Bahnhof ein, der Sie bis zum Ende folgen. Sie gehen kurz rechts und dann halb links auf der leicht ansteigenden Hauchenstraße, die Sie aus dem Ort hinausleitet. Die Straße setzt sich als Betonplattenweg fort, bis zu einer am Waldrand liegenden Wegspinne ❶, wo sich linker Hand ein paar Bauernhöfe befinden.

Sie wandern halb links auf dem Schotterweg am Waldrand entlang und genießen die schönen Blicke in die Landschaft. Bei einer Waldwegkreuzung mit Hochstand halten Sie sich links und wandern leicht abwärts am Waldrand entlang. Der Weg führt Sie dann rechts in den Wald. Sie erreichen eine Weggabelung mit Bauminsel sowie eine kleine Holzhütte mit moosbewachsenem Dach, vor der Sie links abbiegen. Der ansteigende Weg führt bald zu einer Waldwegkreuzung, bei der Sie rechts weiterpilgern und nach ca. 500 m den Wald verlassen.

Jetzt geht es auf einem Teersträßchen zunächst am Waldrand entlang und weiter bis Laupertshausen ❷.

Nach dem Wirtshaus zum Witzles treffen Sie am Ende des Witzlesweges auf die Brühlstraße, die Sie in Richtung des auffälligen gelben Kirchturms führt. Bald danach stoßen Sie im Zentrum auf die Mettenberger Straße. Dieser folgen Sie kurz rechts bis zur nächsten Gabelung unterhalb der ✞ Kirche St. Jakobus und Pelagius.

☺ Ein Abstecher zu dieser schönen Kirche lohnt sich, allein um die sehenswerten Jakobusfiguren zu bewundern.

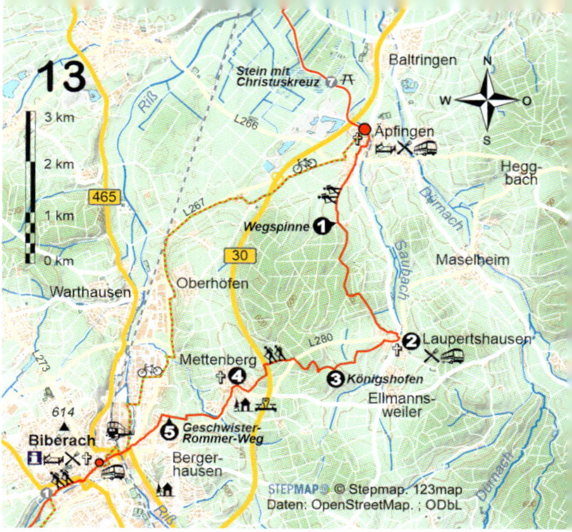

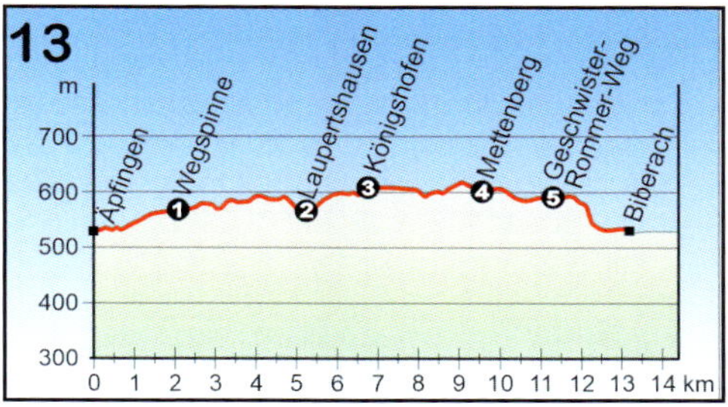

Laupertshausen

✕ BANK ⊙ ✞ 🚌

✕ **Wirtshaus zum Witzles**, Brunnenweg 10, 88437 Maselheim-Laupertshausen, ☏ 073 51/57 59 15, ✉ info@zum-witzles.de, Mo-Di Ruhetag, Mi-So ab 17:00, So 11:00-14:00 Mittagstisch, schwäbische Spezialitäten, ➲ direkt am Weg

⊙ Pilgerstempel in der Kirche St. Jakobus und Pelagius

🚌 Linie 215 nach Biberach, von dort Verbindungen über Ulm o. Stuttgart nach Nürnberg

✞ Die **Kirche St. Jakobus und Pelagius** wurde im Jahr 1714 auf den Fundamenten einer Vorgängerkirche erbaut. 1719 wrude sie vom Weihbischof der Diözese eingeweiht. Der Schutz der Kirche wird den Kirchenpatronen des heiligen Jakobus und Pelagius anvertraut. Die Ausstattung der Kirche stammt aus dem Hochbarock. Sie ist mit vielen Bildern ausgestattet.

Der Jakobsweg führt rechts auf der Mettenberger Straße weiter.

Ein Stück vor dem Ortsende, bei einer Bushaltestelle, wandern Sie links in den leicht ansteigenden Königshofer Weg, der Sie aus dem Ort hinausbegleitet.

Am Ortsende wandern Sie geradeaus auf einem ansteigenden Schotterweg. In einer Rechtskurve des Weges treffen Sie auf eine Ruhebank unter uralten Eschen. Nach einer wohlverdienten Rast erreichen Sie der Markierung folgend das Hofgut Königshofen ❸.

Vor diesem geht es nach rechts an der Hecke des Gutes entlang und weiter durch die Felder. Der Wiesenweg führt Sie in einem Linksbogen zum Wald.

Hier geht es rechts und in einem Rechts-Links-Bogen immer am Waldrand entlang, bis Sie geradeaus in den Wald eintauchen.

Im Mai 2022 lagen hier vor diesem Waldstück noch viele durch einen Sturm entwurzelte Bäume. Der Weg war schlecht auszumachen und die mit der Muschel markierten Bäume umgefallen.

Trotz der möglichen Widrigkeiten sind Sie nun im Wald angekommen und biegen beim ersten abzweigenden Weg links ab. Hier weist Ihnen eine große blaue Jakobswegtafel den Weg.

Nun spazieren Sie gemütlich auf einem Forstweg und gelangen in einem Rechtsbogen des Weges zu einer Landstraße, die Sie überqueren. Gleich nach dem Waldeintritt gehen Sie links und bei der anschließend folgenden Gabelung rechts.

Auf diesem etwas zugewucherten Weg gelangen Sie zu einer großen offenen Wiesenfläche mit einem rechts liegenden Hochstand. Hier wandern Sie auf einem Wiesenweg weiter geradeaus am Waldrand entlang und stoßen vor der B30 auf ein Teersträßchen.

Sie gehen rechts und gleich wieder links durch die Bundesstraßenunterführung. Sofort danach geht es wieder nach links auf einen Wiesenweg am Waldrand entlang, der parallel zur Bundesstraße läuft.

Am nächsten Abzweig wandern Sie rechts in den Wald. Sie stoßen auf einen querenden Schotterweg, dem Sie halb links folgen und passieren die rechts liegende Kleingartensiedlung. Gleichzeitig haben Sie den Ortsanfang von Mettenberg ❹ erreicht.

Bei der querenden Ortsdurchfahrtsstraße spazieren Sie rechts in den Ort. Nach ca. 100 m befinden sich links das Gästehaus und der Hofladen der Familie Weber, wo Sie sehr gut übernachten, einkehren oder auch einkaufen können.

Mettenberg

Gästehaus und Hofladen, Fam. Weber, Althof 10, 88400 Biberach-Mettenberg, 073 51/ 88 96, Biopaula@web.de, www.bioland-hofladen.de, 4 DZ und ein Matratzenlager bis 12 P., 2 Bäder mit Dusche und WC auf der Etage, Ü EZ ab € 25, DZ ab € 45, Matratzenlager mit eigenem Schlafsack ab € 10, wenn Bettzeug im ML gewünscht wird, erfolgt ein Zuschlag von € 5, F € 7,50, Pilgeressen am Abend € 10. Tische und Bänke laden am Weiher des Gartens zum Ausruhen ein. Pilgerinnen und Pilger werden in dem gemütlichen Haus sehr herzlich aufgenommen und rundum versorgt.

Hofladen Fam. Weber Mo 9:00-12:00 und 14:00-18:00, Di 9:00-12:00, Do 14:00-18:00, Fr. 9:00-12:00 und 14:00-18:00, Sa 8:00-12:00, direkt am Weg

Pilgerstempel in der Kirche St. Alban

Mettenberg ist seit 1975 ein Stadtteil von Biberach. Über die Dorfgründung, die vermutlich im 9./10. Jh. erfolgte, als die Höhen des Rißtals besiedelt wurden, ist wenig bekannt. Bis zum Jahr 1819 gehörte Mettenberg zur Herrschaft Warthausen und war dann eine eigenständige Gemeinde im Königreich Württemberg. Die frühgotische Pfarrkirche St. Alban wurde 1749 barockisiert und erhielt 1768 einen Turmaufsatz.

Nach einer Linkskurve der Laupertshauser Straße besteht die Möglichkeit, nach rechts zur ✞ Kirche St. Alban abzubiegen. Der Jakobsweg führt jedoch weiter geradeaus, dann über einen Verkehrskreisel und schließlich verlassen Sie Mettenberg. Auf dem Fuß- und Radweg pilgern Sie bis zu einem Stein mit Jesuskreuz und wandern dort rechts auf einen Feld-/Wiesenweg mit Blick auf Biberach. Nach dem Linksbogen des Weges kreuzen Sie einen anderen Feldweg und erst am Strommast biegen Sie links in den Feldweg ein. Kurz danach geht es am ersten Wiesenweg nach rechts und Sie wandern auf den Ortsrand von Biberach zu. Auf dem geteerten Geschwister-Rommer-Weg ❺ gehen Sie geradeaus bis zu einer Kleingartensiedlung.

Sie halten sich links bis zum Ende der Mozartstraße, dann folgt ein kurzer Links-Rechts-Bogen und Sie laufen weiter durch die Wohnsiedlung. Den nächsten rechts abzweigenden Fußweg ignorieren Sie und treffen dann auf die Talfeldstraße. Hier folgen Sie der Markierung geradeaus. In der Linkskurve der Talfeldstraße führt der Jakobsweg rechts Richtung Hugo-Häring-Haus und leicht abwärts in eine Sackgasse hinein. Der Weg gabelt sich und Sie steigen die Treppenstufen hinunter in Richtung Ortsmitte. Sie gehen direkt auf eine rote Friedhofsmauer zu und biegen vor dieser rechts ab. Schräg gegenüber der Ulmer Straße erblicken Sie das Hotel Zur Riss.

☺ ⮩ Falls Sie in der Jugendherberge übernachten und sich zunächst Ihres Gepäcks entledigen wollen, gehen Sie bei der Friedhofsmauer in die Bergerhauser Straße. Für gut 1 km geht es geradeaus auf einem Fußweg bis zur Herberge. Von dort erreichen Sie die Altstadt nach ca. 2,5 km.

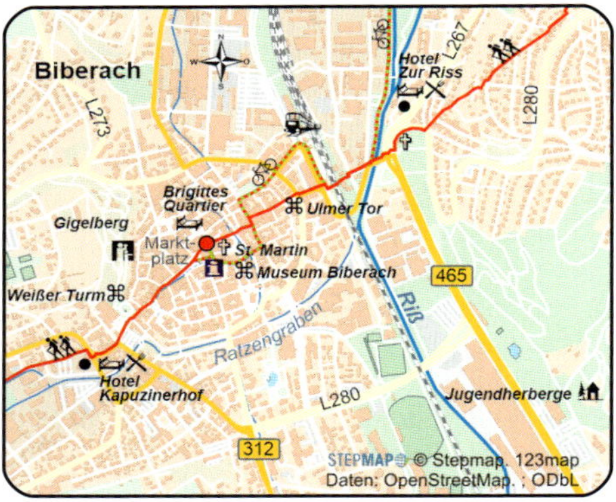

In einem Linksbogen geht es an der Mauer des evangelischen Friedhofs entlang. An der folgenden Fußgängerampel queren Sie die Ulmer Straße nach rechts. Sie spazieren über die Brücke über die Riß, kreuzen die Freiburger Straße und unterqueren anschließend die Bahngleise. Nach der Unterführung treffen Sie auf die Eisenbahnstraße mit dem rechtsliegenden Bahnhof. Sie halten sich jedoch geradeaus auf dem Jakobsweg, schreiten dann durch das Ulmer Tor und richten Ihren Blick auf die ✞ Stadtpfarrkirche St. Martin. Am Ende der Ulmer-Tor-Straße erreichen Sie in einem Links-Rechts-Bogen die imposante Kirche von Biberach.

Der schöne lang gestreckte Marktplatz folgt im Anschluss und wartet sowohl mit prächtigen Bürger- und Patrizierhäusern auf als auch mit Cafés und Geschäften aller Art.

Biberach

Tourist-Information im Rathaus, Marktplatz 7/1, 88400 Biberach, ☏ 073 51/51-165, ✉ tourismus@biberach-riss.de, 💻 www.biberach-tourismus.de, Mo-Di 8:30-12:30 und 14:00-17:00, Mi 8:30-18:00, Do-Fr 8:30-12:30 und 14:00-17:00, Sa 8:30-12:30, ➲ direkt am Weg

Jugendherberge, Heusteige 40, 88400 Biberach, ☏ 073 51/218 85, ✉ JH-Biberach@jugendherberge.de, 💻 www.jugendherberge.de, 123 Betten, überwiegend Vier- und Sechsbettzimmer, ÜF bis 26 Jahre ab € 30,20, HP ab € 36,60, ab 27 Jahre ÜF ab € 34,20, HP € 40,60. Preise sind inkl. Bettwäsche. Die Herberge liegt im Osten der Stadt in einem kleinen Wald über dem Rißtal, ➲ 1 km vom Weg

🛏 ✕ **Hotel Kapuzinerhof**, Kapuzinerstraße 17, 88400 Biberach, ☏ 073 51/506-0, info@hotel-kapuzinerhof.de, www.hotel-kapuzinerhof.de, 110 Betten, ÜF EZ ab € 69, DZ ab € 89. Restaurant Mo-Sa 18:00-21:30, So und Fei Ruhetag. ➲ am Weg der nachfolgenden Etappe nach Steinhausen (Wegbeschreibung ☞ 14. Etappe)

🛏 **Hotel Zur Riss**, Uferstraße 2, 88400 Biberach, ☏ 073 51/50 43-0, info@hotel-zur-riss.de, www.hotel-zur-riss.de, 32 Zimmer, ÜF EZ ab € 80, DZ ab € 120, MBZ ab € 150, ➲ 150 m vom Weg, in der Nähe des evangelischen Friedhofs

♦ **Brigittes Quartier**, Gymnasiumstraße 9, 88400 Biberach, 01 75/204 88 67, bq@brigittesquartier.de, www.brigittesquartier.de, 5 Betten, Ü p. P. ab € 30, ohne Frühstück, aber Geschirr und Kühlschrank sind für die Selbstversorgung vorhanden, stilvoll renovierte Unterkunft in einem schönen denkmalgeschützten Haus, in dem gerne Pilgerinnen und Pilger aufgenommen werden, ➲ 100 m vom Weg

⊙ Der Pilgerstempel ist in der Tourist-Info und im Museum erhältlich.

Linie 270 nach Steinhausen

Zugverbindung über Ulm oder Stuttgart nach Nürnberg

✞ Die **Stadtpfarrkirche St. Martin** wird seit 1548 bis heute von beiden Konfessionen gemeinsam genutzt. Sie ist vermutlich die älteste bestehende Simultankirche weltweit. St. Martin ist eine dreischiffige gotische Basilika, erbaut von 1337-1366. 1584 wurde der Turm nach einem Brand durch Blitzschlag neu aufgebaut.

1746-48 wurde die Kirche im Barockstil erneuert. Hervorzuheben ist das Deckengemälde von Johannes Zick, welches das Leben Christi von der Geburt bis zur Himmelfahrt darstellt.

Das Kircheninnere samt Chor wurde in Rokokoformen mit Gips verkleidet und der Chor reichlich ausgeschmückt und vergoldet.

⌘ Das **Museum Biberach**. Dieses modern gestaltete Museum zeigt mithilfe von interaktiven Modellen, Filmen und Experimentierstationen die Entstehung und Besiedlung von Oberschwaben.

♦ Museumstraße 6, Mo geschlossen, Di-So 10:00-18:00

⌘ Das **Ulmer Tor** von 1365 ist das letzte erhaltene Stadttor von der mittelalterlichen Stadtbefestigung, die 1803 größtenteils abgerissen wurde. 1820 entstand der frei stehende Glockenstuhl, der abendlich zum Gausappel läutete, das Signal, um die Gänse einzutreiben.

⌘ Der **Marktplatz** ist vermutlich im 12. Jh. entstanden und gehört zu den schönsten Marktplätzen in Süddeutschland. Wenn Sie Glück haben, erleben Sie den Wochenmarkt, der am Mittwoch und Samstag stattfindet. Etliche Gebäude stammen aus dem 15. und 16. Jh., dazu gehören der Salzstadel, die ehemalige „Untere Schranne", die als Kornspeicher diente sowie das mächtige Patrizierhaus „Zum Kleeblatt", das als Sitz der Handelsgesellschaft genutzt wurde, und die beiden Rathäuser. Ebenso sehenswert ist die aus dem Jahr 2000 stammende Skulptur des Esels des Bildhauers Peter Lenk. Nicht zu vergessen die Ritterfigur des Marktbrunnens, die in ihrem linken Arm das 1488 entstandene Biberacher Stadtwappen – den goldenen Biber auf blauem Grund – präsentiert.

In der Altstadt von Biberach

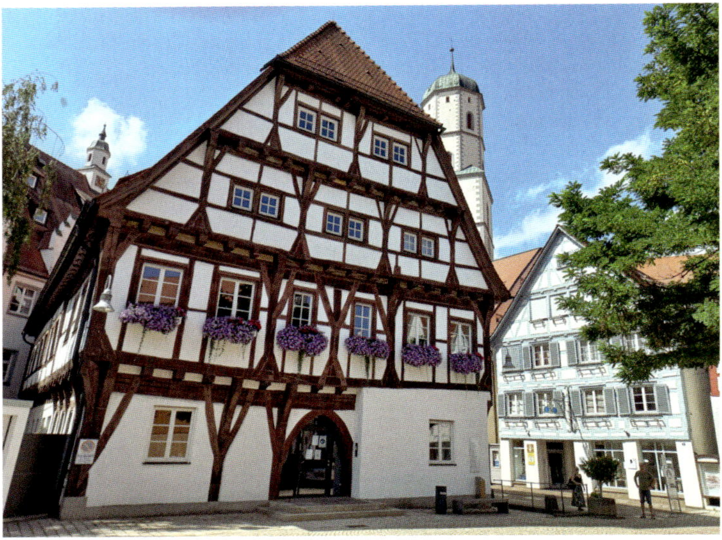

⌘ Der **Weiße Turm** wurde 1484-1492 als Wach- und Wehrturm erbaut, ist 41 m hoch, hat einen Durchmesser von 10 m und besitzt bis zu 2,8 m dicke Mauern. Im 19. Jh. erfüllte er seinen Zweck als Gefängnis. Heute ist er ein Wahrzeichen von Biberach und beherbergt die Vereinsräume der Pfadfinderinnen und Pfadfinder.

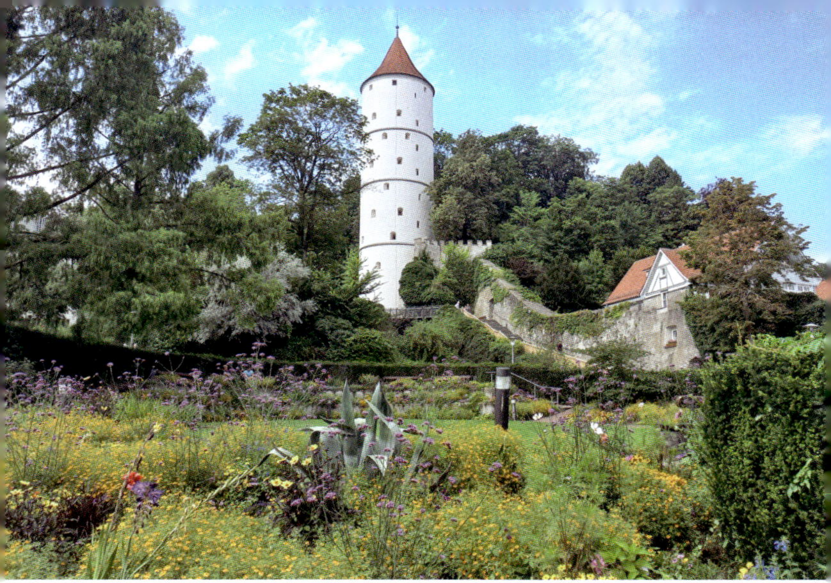

Das Wahrzeichen von Biberach ist der Weiße Turm

⌘ Der **Gigelberg** mit seinem Turm eröffnet Ihnen schöne Ausblicke. Das Parkgelände am Gigelberg dient als Festplatz und Vergnügungspark während des Schützenfestes im Juli. Der Gigelturm ist ein Aussichtsturm, wo früher der Gigelesmann die Sturmglocke läutete, wenn Gefahr in Verzug war.

Biberach an der Riß wurde 1083 erstmals urkundlich erwähnt. Ende des 12. Jh. wurde der Ort durch Friedrich Barbarossa zur Reichsstadt erhoben. Wirtschaftlich erblühte Biberach im Mittelalter durch den Tuchhandel, später im 18. Jh. durch die Gerberei. Während des Dreißigjährigen Krieges, von 1618-1648, wurde Biberach über 20 Jahre durch kaiserliche Truppen der Schweden oder Franzosen besetzt und ab 1635 noch zusätzlich vom Pestausbruch gebeutelt.

Ab 1939 existierte auf dem Gelände der heutigen Bereitschaftspolizei das Kriegsgefangenenlager Lindele, in das sowjetische und auch jüdische Häftlinge eingesperrt wurden. 1945 erfolgte der schwerste Luftangriff auf Biberach, bei dem etliche Menschen starben und Gebäude zerstört wurden.

Heute ist Biberach das wirtschaftliche, kulturelle und auch touristische Zentrum des Rißtals, mit guten Verkehrsanbindungen und 34.500 Einwohnerinnen und Einwohnern.

14. Etappe: Biberach – Steinhausen

➲ 12,6 km, ⧗ 3 Std. 20 Min., ↑ 103 m, ↓ 53 m, ⇧ 530-620 m

0,0 km	⇧ 530 m	Biberach
1,3 km	⇧ 535 m	Brücke Wolfentalbach
4,0 km	⇧ 546 m	Unterreute
5,1 km	⇧ 561 m	Reute, Ortsausgangsschild ⦿ ✞
8,6 km	⇧ 603 m	Grodt
10,9 km	⇧ 569 m	Muttensweiler (✕) ⦿ ✞
12,6 km	⇧ 582 m	Steinhausen ✕ () ⦿ ✞ ⌘

Heute führt Sie diese kurze Etappe nach Steinhausen zur barocken Wallfahrtskirche St. Peter und Paul, die als „schönste Dorfkirche der Welt" bezeichnet wird. Doch zuvor wandern Sie durch die Auen des lieblichen Wolfentals. Sie erreichen eine Jakobskirche in Muttensweiler und folgen dem Federbach nach Steinhausen.

Heute starten Sie am Marktplatz in Biberach, der beim Stadtpark und bei der dort befindlichen Stadthalle nahtlos in die Theaterstraße übergeht. An ihrem Ende befindet sich gegenüberliegend das Hotel Kapuzinerhof. Sie gehen über die querende Straße zum Hotel und halten sich rechts. Gleich danach biegen Sie links in die Kapuzinerstraße und folgen dem Fuß- und Radweg, der von Grünflächen sowie einem Bachlauf begleitet wird. Für knapp 700 m gehen Sie durch das Wohngebiet bis zu einer querenden Fahrstraße. Sie folgen der links weisenden Muschelmarkierung und wandern vor der über den Wolfentalbach führenden Brücke ❶ nach rechts.

Sie fahren über die Brücke über den Wolfentalbach und weiter durchs Wolfental. Kurz nach Wolfentalmühle treffen Sie wieder auf den Jakobsweg und fahren auf diesem bis zum Ortsende von Reute.

Auf diesem Schotterfußweg, der von einem Bach begleitet wird, wandern Sie über ein kleines Teersträßchen. Es geht weiter geradeaus durch das schöne, von kleinen Hügelketten eingerahmte Wolfental. In regelmäßigen Abständen treffen Sie auf Bänke, die zum Verweilen einladen.

Sie wechseln die Bachseite und wandern bis nach **Unterreute** ❷ und weiter auf der Mühlstraße Richtung Reute.

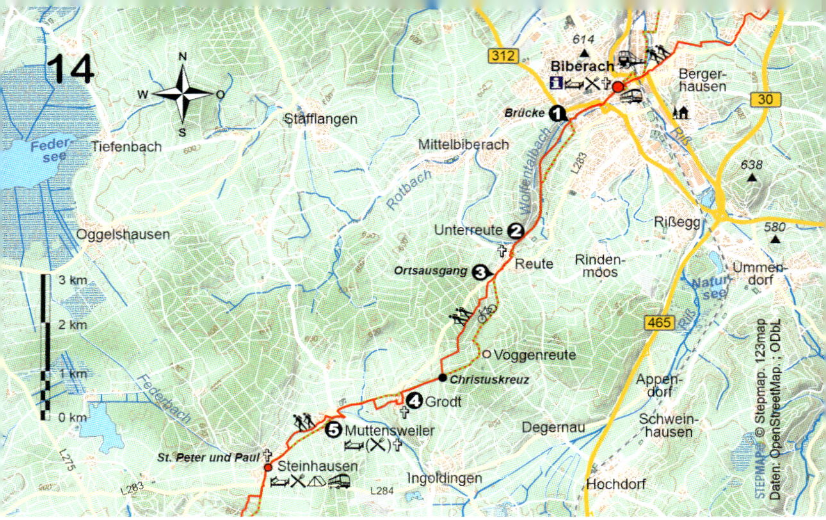

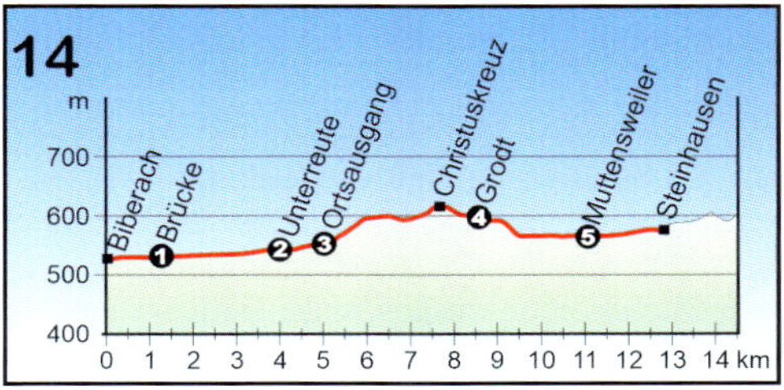

Der kleine Ort gehört zu Mittelbiberach und sein Name erinnert daran, dass hier im Mittelalter Rodungen erfolgten. Die Pfarrkirche wurde 1972/73 erbaut. Ein Vorgängerbau ist für 1504 belegt. Aus diesem sind noch einige spätgotische Gegenstände in der heutigen Kirche zu finden, darunter die Madonna und der Kirchenpatron St. Nikolaus.

Bei den Ruhebänken, ein Stück vor der Kirche in Reute, verlassen Sie die Mühlstraße rechts aufwärts zur ⊙ ✝ Kirche St. Nikolaus. Danach pilgern Sie geradeaus, wenden sich am Ende der Straße nach links und gleich nach rechts in die Blumenstraße. Sie biegen halb rechts in die Saulgauer Straße, erreichen das Ortsausgangsschild von **Reute ❸** und wandern aus dem Ort hinaus.

🚲 Sie biegen am Ortsende links in einen Asphaltweg Richtung Voggenreute ab und etwas südlich vom Weiler Voggenreute halten Sie sich rechts auf einen breiten Waldweg. Am Waldrand oberhalb von Grodt treffen Sie wieder auf den Jakobsweg und fahren weiter nach Muttensweiler. Von dort geht es geradeaus nach Steinhausen.

Nach dem Ortsausgangsschild ignorieren Sie den ersten linken Abzweig und gehen noch für gut 100 m geradeaus. Dann biegen Sie halb links in einen Wiesenpfad ein. Sie wandern leicht bergauf und werden dabei von Feldern und Buschreihen begleitet. An deren Ende erreichen Sie einen querenden Wiesenweg und halten sich rechts Richtung Wald. Dort gehen Sie links auf einen Schotterweg am Waldrand und gelangen nach einem kleinen Rechtsbogen geradeaus in den Wald.

Kurz vor dem Waldende steht ein Hochstand, dort biegen Sie rechts in einen Wiesenweg, der am Waldrand verläuft. Im offenen Gelände nehmen Sie den ersten linken Abzweig und laufen wieder auf ein Waldstück zu. Sie gehen nochmals ein Stück geradeaus am Waldrand entlang, bis Sie eine Wegkreuzung mit Christuskreuz und Ruhebänken erreichen. Hier biegen Sie rechts in ein Teersträßchen, das durch eine Senke führt und Sie mit schönen Ausblicken bis **Grodt** ❹ belohnt.

Am Ende des Stöckachweges gehen Sie halb links zur Kreuzung mit dem Ingoldinger Weg. Auf diesem pilgern Sie zur alten, leicht erhöht liegenden ⊙ ✞ St.-Bartholomäus-Kapelle, die im Dreißigjährigen Krieg abgebrannt und 1702 neu erbaut wurde.

Geradeaus führt Sie der um 200 m kürzere Weg auf der Straße Schloßbühl zur modernen ✞ Christus-Kapelle.

✞ Die **Grodter Christus-Kapelle** wurde 1972-1973 erbaut und besitzt ein auffälliges dreieckig vorspringendes Dach mit einem kegelförmigen Spitzturm. Im Inneren finden Sie eine spätbarocke Muttergottes auf der Mondsichel, Statuetten von Bartholomäus und Jakobus sowie eine Nachahmung des spätbarocken Wiesheilands mit Christus an der Säule und daneben einen spätmittelalterlichen St. Sebastian, der vermutlich aus der ersten Grodter St.-Bartholomäus-Kapelle stammt.

Bei der Christuskapelle können Sie auf den Kapellenweg einbiegen und erreichen nach 90 m den rechts abwärtsführenden Schotterweg und somit wieder den Jakobsweg.

Vor der alten St.-Bartholomäus-Kapelle biegen Sie rechts in den Kapellenweg, der später rechts abbiegt. Am nächsten Abzweig halten Sie sich scharf links und dann geradeaus auf einem abwärtsführenden Schotterweg, der aus Grodt hinausführt.

Sie stoßen auf die Kurve eines Teersträßchens und wandern rechts zu einer Landstraße. Hier geht es links auf einen Fuß- und Radweg und in einem Linksbogen an dem Verkehrskreisel bei Muttensweiler vorbei, bis der Weg endet. Sie überqueren die Landstraße und wandern nach Muttensweiler ❺ hinein.

Muttensweiler

🛏 (✕) ⊙ ✝

🛏 (✕) **Gasthof Löwen**, Hauptstraße 36, 88456 Ingoldingen-Muttensweiler, ☏ 075 83/31 65, 13 Betten, ÜF EZ ab € 40, DZ ab € 72, 🚪 Mo-Sa ab 17:00, So nur nach vorheriger, telefonischer Absprache. Brotzeit und kleine Gerichte werden angeboten.

⊙ Den Pilgerstempel erhalten Sie in der Kirche St. Jakobus.

Der Ortsname erinnert an eine alemannische Siedlung aus dem 9. Jh. Im ebenfalls zu Ingoldingen gehörenden Ort steht die katholische Pfarrkirche St. Jakobus von 1275. Ursprünglich war sie eine romanische Kapelle und wurde später barockisiert. Das große Gemälde im Hochaltar zeigt das Martyrium des Pilgerpatrons.

Hochaltar in der Jakobuskirche in Muttensweiler

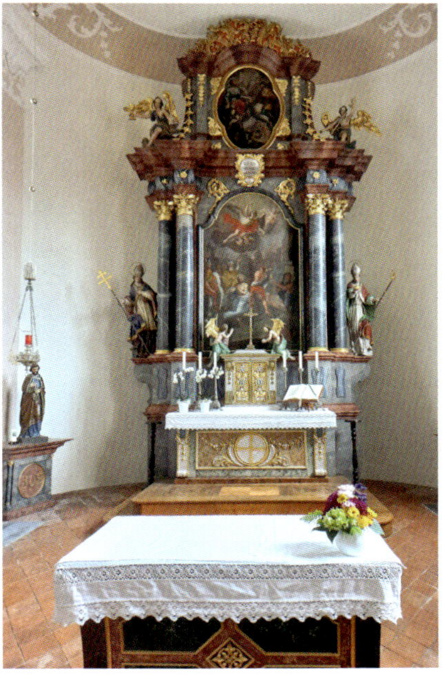

Die ✝ St.-Jakobus-Kirche erwartet Sie am Kirchenplatz mit ⛼ Ruhebänken. Vor der Kirche biegen Sie rechts und gleich danach links in die Hauptstraße. Eine übergroße Muschelmarkierung weist Sie bei der nächsten abzweigenden Straße nach rechts in die Bachstraße, der Sie aus dem Ort hinausfolgen. Geradeaus liegt an der Hauptstraße der Gasthof Löwen, wo Sie einkehren und übernachten können.

Am Ortsende wandern Sie geradeaus auf einem Feldweg neben dem Federbach, wo bereits die Kirche von Steinhausen in Ihr Blickfeld gerät. Sie erreichen eine kleine Brücke, ⛼ Ruhebänke und eine Erklärungstafel über den Jakobusweg. Der Weg endet am Ortsrand von Steinhausen, bei einer querenden Straße mit einem dahinterliegenden Zaun. Sie gehen hier links und biegen dann rechts in die Dorfstraße. Schließlich gelangen Sie zur ✝ Wallfahrtskirche St. Peter und Paul. Nach der Kirche liegen rechts das Wallfahrtsmuseum und kurz danach auf der linken Seite der Landgasthof zur Linde und Rutkas Apartments.

Steinhausen 🛏 ⛺ 🍴 (🥖) ⊙ ✝ ⌘ 🚌

🛏 🍴 **Landgasthof und Hotel zur Linde**, Ingoldinger Straße 2, 88416 Bad Schussenried-Steinhausen, ☎ 075 83/23 81, ✉ info@zur-linde-steinhausen.de, 💻 www.zur-linde-steinhausen.de, 12 Zimmer, ÜF EZ ab € 65, DZ ab € 104, 🚪 Restaurant Mo Ruhetag, Di ab 17:00, warme Küche 17:30-21:00, Mi-So ab 11:00, warme Küche 11:30-14:00 und 17:30- 21:00, ➲ am Weg

🛏 **Rutkas Apartments**, Ingoldinger Straße 3, 88416 Bad Schussenried-Steinhausen, ☎ 075 83/45 00, ferien@rutkas.de, www.rutkas.de, 3 Apartments, ab € 60 bzw. € 70 pro App., inkl. Bettwäsche. Zusätzlich können Pilgerinnen und Pilger zum Selbstkostenpreis einen kleinen Korb vorbestellen, aus dem ein Frühstück und/oder Abendessen selbst zubereitet werden kann. Für Übernachtungsgäste besteht die Möglichkeit, Jin-Shin-Jyutsu-Sitzungen (auch als „Strömen“ bekannt) sowohl am WE als auch abends zu buchen. ➲ 100 m vom Weg

⛺ **Campingplatz Steinhausen**, Dorfstr. 8, 88416 Bad Schussenried-Steinhausen, ☎ 075 83/30 60, ✉ heikeschmid@web.de, 💻 www.camping-steinhausen.de, Zeltplatz ab € 10, p. P. ab € 5, Strom € 3, nur mit eigenem Zelt möglich, ➲ 180 m vom Weg, noch vor der Wallfahrtskirche links einbiegen

(🥖) Bäckerwagen, am Di, Fr, Sa, hält dieser auf dem Platz vor der „Alten Schule“ gegenüber der Kirche, 🚪 ca. 8:00-8:10

⊙ Im Pfarramt, Ingoldinger Str. 5, erhalten Sie einen Pilgerstempel.

🚌 Linie 270 nach Biberach, von dort Verbindungen über Ulm und Stuttgart nach Nürnberg

✝ Steinhausen am Federbach ist bekannt durch seine barocke **Wallfahrtskirche St. Peter und Paul**, die als „schönste Dorfkirche der Welt“ bezeichnet wird und viele Besucher anzieht. 1727-1733 wurde die Kirche von dem berühmten Baumeister Dominikus Zimmermann und seinem Bruder Johann Baptist Zimmermann im barocken Stil erbaut. Beauftragt wurden Sie vom Abt Didacus Ströbele vom Prämonstratenserkloster Schussenried.

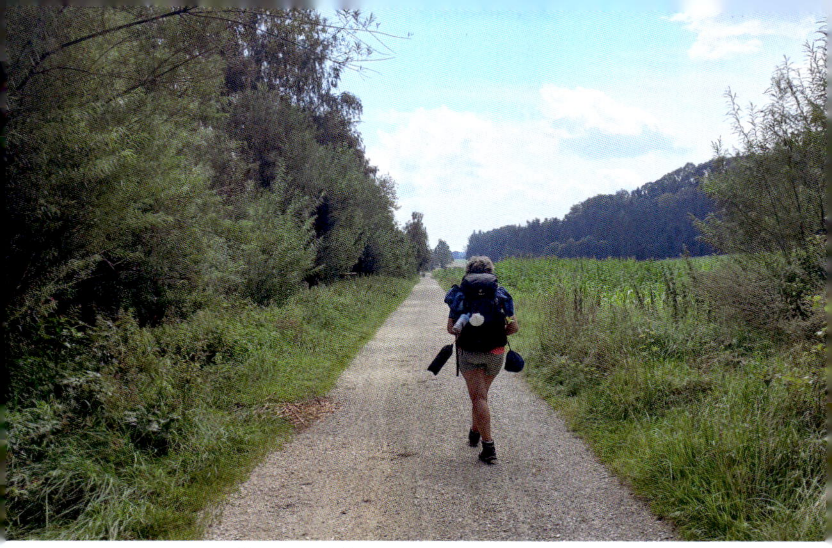

Pilgerin auf dem Weg zum Etappenziel nach Steinhausen

Die Vorgängerkirche, vermutlich im gotischen Stil erbaut, wurde 1549 erstmalig erwähnt. Ursprünglich war die Kirche eine „Notre Dame", eine „Unserer Lieben Frau" geweihte Kirche.

Innen ist die Kirche prächtig mit Stuckverzierungen ausgestattet. Sie ist eingerahmt von zehn Pfeilern, die die flache Kuppel des Innenraums tragen. Auffallend im hinteren Raum ist die Barockorgel und vorne der Hochaltar, welcher von zwei Seitenaltären geschmückt wird, die Maria und Joseph geweiht sind. Das Herzstück jedoch ist das spätgotische Gnadenbild der „Schmerzhaften Mutter Gottes," das sich vorn im Altar befindet. Es gibt zahlreiche wunderbare Motive und Figuren im Deckengemälde, wo Sie z. B. auch den Jünger Jakobus entdecken. Bereits seit dem 15. Jh. ist Steinhausen für Marienwallfahrten bekannt und lockt jährlich viele Tausende Besucherinnen und Besucher auf Pilgerreisen oder Wallfahrten an.

⌘ Neben der Kirche befindet sich die **„Alte Schmiede"**, in deren Obergeschoss heute ein **Wallfahrtsmuseum** mit wechselnden Ausstellungen untergebracht ist.

♦ Dorfstraße 1, am ersten So im Monat 14:00-17:00, Infos unter ☏ 075 83/46 06 oder 0176/22 90 47 34, Eintritt € 2,50, Kinder frei

15. Etappe: Steinhausen – Bad Waldsee

22,6 km, 6 Std. 15 Min., 197 m, 205 m, 554-661 m

0,0 km	582 m	Steinhausen
1,1 km	600 m	Franzosengrab
4,8 km	590 m	Waldende, Teerstraße
6,8 km	560 m	Winterstettenstadt BANK
10,6 km	597 m	Winterstettendorf, Abzw. Wegkreuzung
13,1 km	583 m	Oberessendorf BANK
15,0 km	620 m	Mittishaus
17,9 km	622 m	Mattenhaus
22,6 km	587 m	Bad Waldsee BANK

Von der schönsten Dorfkirche der Welt starten Sie die heutige Etappe in Richtung Bad Waldsee. Unterwegs wandern Sie durch Wälder und an Waldrändern entlang und genießen dabei schöne Ausblicke. Winterstettenstadt beeindruckt mit seinen stattlichen Fachwerkhäusern und seiner alten Burgruine. Vor Oberessendorf gehen Sie aufwärts zur Eligiuskapelle, die an einem herrlichen Aussichtspunkt liegt. Weitere kleine Orte streifend erreichen Sie das Kurstädtchen Bad Waldsee mit seiner historischen Altstadt.

Der Radweg und der Jakobsweg verlaufen von Steinhausen bis Bad Waldsee auf verschieden Routen. Von Steinhausen radeln Sie der Radpilgerbeschilderung folgend zunächst über Lauhaus nach Olzreute und dann nach Bad Schussenried, dessen Stadtbild von der ehemaligen Prämonstratenserabtei geprägt wird.

Nach der Stadtbesichtigung führt Sie der Radweg Richtung Bahnhof und Sie verlassen die Stadt auf der L275, die nach Laimbach führt. Von dort geht es nach Lippertsweiler und weiter über die Orte Michelwinnaden, Lenatweiler nach Bad Waldsee.

Von der Kirche gehen Sie zunächst auf der Dorfstraße und später auf der Barockstraße ortsauswärts. Sie queren die Landstraße bei einem Verkehrskreisel, um dann zunächst geradeaus auf einem betonierten Weg weiterzuwandern. Bei der nächsten Wegkreuzung halten Sie sich rechts und gehen auf einem Wiesenweg Richtung Wald.

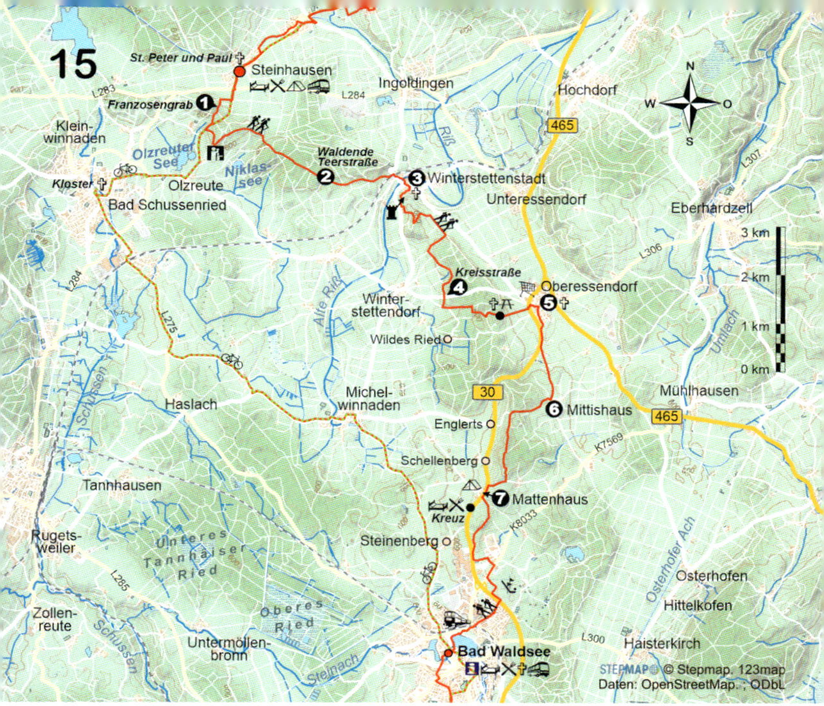

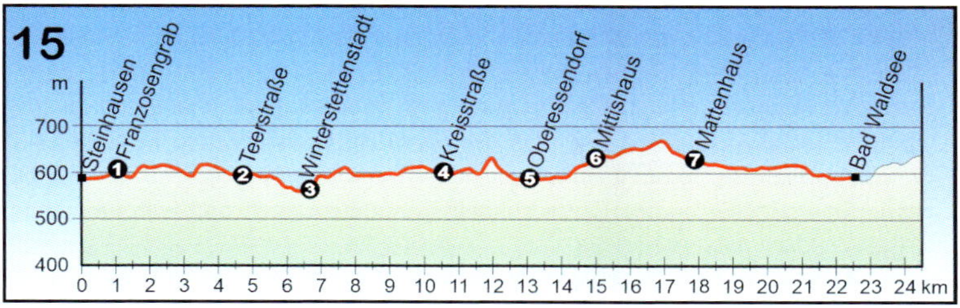

Dort geht es links ebenfalls auf einem Wiesenweg am Waldrand entlang. Hier finden Sie neben einer Ruhebank einen Bildstock mit einer Mariendarstellung. Der Weg steigt leicht an und Sie erreichen das am Waldrand liegende Franzosengrab ❶, das an eine Schlacht zwischen Frankreich und Österreich am 2.10.1796 erinnert. Von hier gibt es nochmals einen wunderbaren Blick auf die Wallfahrtskirche von Steinhausen.

Sie wandern bei der nächsten Gabelung leicht rechts und bei der folgenden leicht links. Nur für ein kurzes Stück verlassen Sie den Waldrand. Vor dem nächsten Waldstück gehen Sie rechts in das Teersträßchen. Westlich erblicken Sie den Ort Dünzenhausen und geradeaus den Olzreuter See. Der Wald endet und Sie folgen der Markierung und dem Wegweiser „Bad Waldsee 23,1 km" nach links.

Kurz danach, noch vor der Rechtskurve, zweigt ein schmaler Pfad nach links in den Wald ab. Die Markierung erblicken Sie erst im Wald.

Sie gelangen zu einem querenden schmalen Waldweg mit einem kleinen Weiher. Rechts geht es laut Hinweisschild zu dem Aussichtspunkt zu Ehren von Blasius Erler, der früher einmal Heimatbücher geschrieben hat.

Sie wandern jedoch links weiter sowohl durch den Wald als auch in der Nähe des Waldrandes. In einem stetigen Auf und Ab erreichen Sie das Waldende. Es geht rechts auf einem Schotterweg am Waldrand entlang und bald danach wieder in den Wald hinein. Hier stoßen Sie auf eine Teerstraße und folgen dieser kurz bis zur nächsten Weggabelung, wo Sie links in den leicht abwärtsführenden Schotterweg abbiegen. Sie ignorieren alle abzweigenden Wege, bis Sie das Waldende bei einer Teerstraße erreichen ❷. In bisheriger Richtung wandern Sie auf dieser wieder am Waldrand entlang.

Am Waldende treffen Sie bei einem links abzweigenden Weg, auf eine Ruhebank. Sie gehen weiter geradeaus auf der bergabführenden Straße und stoßen dann auf die quer verlaufende Bahnstrecke. Dort marschieren Sie links zur Autostraße und laufen durch die Unterführung direkt nach Winterstettenstadt BANK ⊙ ❸.

Der heute zu Ingoldingen gehörende Ort war im Mittelalter ein florierendes Städtchen, das 1243 die Stadtrechte und 1376 die Blutgerichtsbarkeit sowie einen Wochenmarkt erhielt. Daran erinnern noch heute das Rathaus und einige stattliche Fachwerkhäuser. Mit Zerfall der über dem Ort stehenden Burg im 15. Jh. verlor Winterstettenstadt immer mehr die Betriebsamkeit einer Stadt. 1806 wurde Sie endgültig in eine Dorfschultheißerei umgewandelt und vom Oberamt in Bad Waldsee mitverwaltet.

Rechts von Ihnen befindet sich der Friedhof mit einer Kapelle und links führt der Jakobsweg auf der Straße Espach weiter.

An der folgenden Brücke geht es rechts über die Riß in die Mühlgasse bis zu einem „Durchfahrt verboten"-Schild. Hier führt die Markierung links zur Ortsdurchfahrtstraße, die Sie queren, um dann links weiterzugehen. Gleich danach biegen Sie rechts in die Krämergasse und nochmals rechts zur ⊙ ✝ Kirche St. Georg. Die katholische Pfarrkirche St. Georg entstand 1720-25 auf dem Turmuntergeschoss einer mittelalterlichen Kapelle.

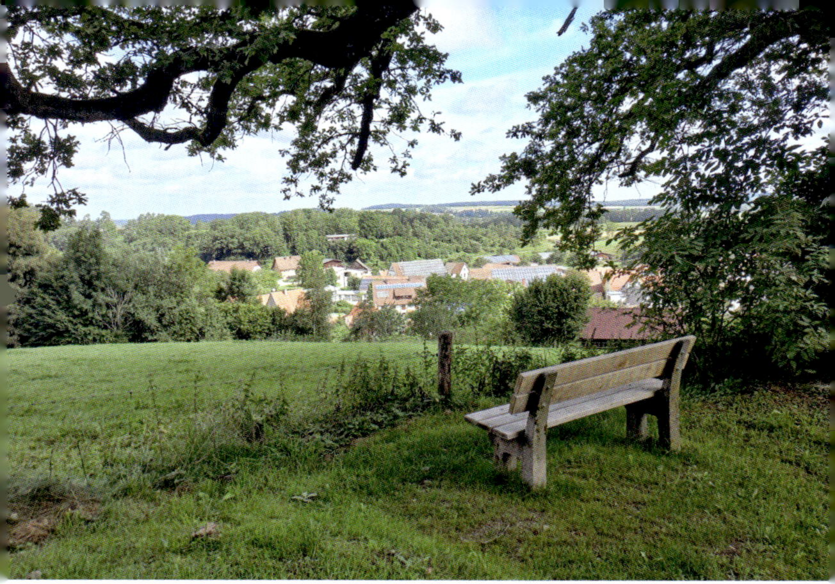

Ruhebank mit schöner Aussicht auf Winterstettenstadt

Vor der Kirche geht es rechts und gleich wieder links in den geteerten Burgweg, der Sie steil bergan führt. Oben werden Sie mit einer unter einer Eiche liegenden ⛼ Ruhebank sowie mit einem Ausblick auf das Umland und Winterstettenstadt belohnt.

Nach dem Gedenkstein gabelt sich der Weg. Der Jakobsweg verläuft leicht rechts und der Weg links führt hinauf zur idyllisch gelegenen Ruine der Schenkenburg. Dort treffen Sie auf eine Grotte der heiligen Bernadette sowie auf im Schatten gelegene ⛼ Ruhebänke.

Sie wandern in einem Linksbogen um den Schlossberg, überqueren eine Weide und biegen vor dem Bauernhof Stadelhof links ab. An einem Strommast halten Sie sich wieder links auf einen leicht aufwärtsführenden Feldweg, der am Waldrand entlang verläuft. Mit schönen Ausblicken wandern Sie auf dem sich rechts biegenden Grasweg in den lichten Wald. Bald danach leiten die Markierung und das Hinweisschild nach links Richtung Bad Waldsee und dann aus dem Wald hinaus. Nach einem Rechtsknick des Wiesenweges erreichen Sie ein Wegekreuz und eine unter einer Birke stehende ⛼ Bank. Hier geht es links weiter. In der folgenden Kurve der Teerstraße wandern Sie rechts, bis Sie einen querenden Schotterweg mit ⛼ Ruhebank erreichen und dort rechts dem Weg am Waldrand folgen.

Am Ende des Waldes verlassen Sie die Asphaltstraße nach links auf einen leicht ansteigenden Wiesenweg. Dieser führt Sie für ca. 1,2 km am kurvigen Waldrand entlang. Schließlich erreichen Sie die Kreisstraße ❹. Der Jakobsweg geht weiter geradeaus und die Straße führt rechts nach Winterstettendorf.

Es folgt eine weitere kleine querende Fahrstraße, an der sich ⛼ Ruhebänke befinden. Sie wandern kurz links und beim folgenden Rechtsbogen des Teersträßchens weiter geradeaus auf einem Schotterweg am Waldrand entlang. Ein kurzes Stück geht es durch den lichten Wald. Sie spazieren an einer Wiesenfläche mit Hochstand und einem kleinen Tümpel vorbei und folgen dem Waldrand in einem Rechts-Links-Bogen. Nun wandern Sie durch diese stille, romantische Landschaft, bis Sie in den Wald eintreten. Unmittelbar danach treffen Sie auf eine originelle Jakobswegmarkierung an einem Baum. Ein gelber Pfeil sowie ein paar alte Wanderschuhe weisen Sie eindeutig auf den links abzweigenden schmalen Weg.

Sie steigen steil zur Höhe hinauf und erhaschen den ersten Blick auf Oberessendorf. Von nun an geht es bergab, bis Sie die schöne, aber schlichte ✞ Eligius-Kapelle erreichen, die im Außenbereich eine ⛼ Ruhebank bietet. Noch gut 500 m auf dem abwärtsführenden Weg, bis Sie vor der Landstraße links abbiegen und dann rechts durch den Fußgängertunnel **Oberessendorf** ❺ erreichen.

☺ ➭ Falls Sie Ihren Proviant im 350 m entfernten 🛒 Supermarkt auffüllen möchten, biegen Sie nicht rechts durch den Fußgängertunnel, sondern halten sich geradeaus und gehen dann rechts ins Industriegebiet.

Sie gehen rechts in den Ort bis zur schönen Kirche mit dem gegenüberliegenden das Rathaus. Vor diesem geht es rechts in die Mittishauser Straße, von der Sie sich durch den Ort und aus diesem hinaus leiten lassen.

Oberessendorf 🛒 BANK ⊙ ✞

🛒 **Edeka Haidorf**, Kalmusstraße 2, 88436 Oberessendorf, ☏ 073 55/917 80 56, Mo-Sa 7:00-20:00, ➲ 350 m vom Weg

✞ Die **Kirche St. Michael** wurde 1904 an der Stelle erbaut, an der zuvor schon eine Kapelle stand. Im Inneren beeindruckt die Kirche durch das Tonnengewölbe und durch den Altarraum mit der blau-goldenen Ornament-Kuppeldecke.

⊙ Den Pilgerstempel finden Sie in der Eligius-Kapelle.

An der Landstraße wandern Sie links auf einem Fuß- und Radweg, bis dieser endet. Hier geht es links auf eine leicht ansteigende Fahrstraße und durch ein kleines Industriegebiet. Sie passieren einen Waldrand und erreichen das Ortsschild vom Weiler Mittishaus ❻. Sie berühren den Ort nur kurz und gehen rechts auf eine kleine Teerstraße. Vor dem Waldstück biegen Sie links ab und wandern weiter auf einer ansteigenden Straße. Auf der Anhöhe zweigt links ein Schotterweg ab und Sie verlassen zunächst den Waldrand.

Sie wandern erneut auf ein Waldstück zu. Zu Beginn geht es am Waldrand entlang und dann leicht aufwärts in den Wald hinein. Wenn der Weg wieder leicht abwärtsführt folgt eine Weggabelung und Sie biegen nach rechts ab. Nach einem Linksbogen des Weges marschieren Sie auf einen Mobilfunkmast zu, der rechts umgangen wird. Ein Schotterweg leitet Sie aus dem Wald bis zu einer kleinen Asphaltstraße, auf der Sie rechts gehen. Vor der querenden B30 wandern Sie links auf einen Fuß- und Radweg, dabei streifen Sie den Ortsrand von Mattenhaus ❼. Vor sich erblicken Sie das auf der rechten Seite liegende Hotel-Landgasthof Kreuz.

Mattenhaus

Hotel-Landgasthof Kreuz, Mattenhaus 3, 88339 Bad Waldsee-Mattenhaus, ☏ 075 24/97 57-0, Info@Hotel-Kreuz.de, www.hotel-kreuz.de, 38 Betten, ÜF EZ ab € 86, DZ ab € 124, Dreibettzimmer ab € 155, Restaurant Mo-Do 17:30-20:30, Fr-Sa Ruhetag, So 11:30-21:30, durchgehend warme Küche, ➲ 300 m vom Weg

Camping- und Stellplatz Bertsch, Mattenhaus 4, 88339 Bad Waldsee-Mattenhaus, ☏ 01 60/375 49 21, www.stellplatz-bertsch-lott.business.site, Mo-So 10:00-20:00, Ü 1 P. € 18, 2 P. € 21, jede weitere P. € 8, Strom/KW 0,50 €, Müll einmalig € 2, ➲ 200 m vom Weg, durch die Unterführung und weiter in nördlicher Richtung

Ca. 300 m vor dem Hotel-Landgasthof Kreuz führt der Jakobsweg links auf einen Schotterweg und von der Straße weg.

☺ Wenn Sie hier geradeaus weitergehen, führt kurz nach dem Abzweig ein Fußgängertunnel auf die andere Seite der B30 und nach 200 m erreichen Sie den Campingplatz Bertsch.

Bei der nächsten Linkskurve wandern Sie rechts, unterqueren eine Hochspannungsleitung und gehen in einen Wald. Der Weg gabelt sich, Sie gehen hier links auf dem schmäleren Pfad weiter. Dieser Pfad schlängelt sich durch Buschwerk und wird zum Teil steinig. Nochmals folgt eine Gabelung und Sie halten sich wieder links der Jakobswegmarkierung folgend.

Sie verlassen den dschungelartigen Wald auf einen Feldweg, der für ein kurzes Stück die parallel verlaufende B30 begleitet. Mit der Linksbiegung des Weges gelangen Sie in die Robert-Bosch-Straße und somit in das Gewerbegebiet von Bad Waldsee. Sie folgen der Straße bis zum Ende, um dann rechts auf der Kreisstraße weiterzugehen. Bei einem rechts liegenden Bauernhof biegen Sie, noch vor der Auffahrt zur B30, links in einen Feldweg ein. In einer Rechts-Links-Kurve wandern Sie am Rand eines Golfplatzes entlang. Bei einer kleinen Senke gehen Sie rechts durch die Unterführung der Bundesstraße.

Nun befinden Sie sich schon in einem Wohngebiet von Bad Waldsee. Sie gehen geradeaus auf der Weidenstraße und später auf dem Rädlesbachweg in Richtung der markanten Kirchtürme von St. Peter.

Sie wandern in bisheriger Richtung in eine Sackgasse, queren einen Zebrastreifen und passieren die Unterführung der Allgäubahn.

☺ ↳ Ca. 50 m vor der Bahnunterführung geht es rechts zu der privaten Pilgerunterkunft von Frau Walther (☞ Bad Waldsee).

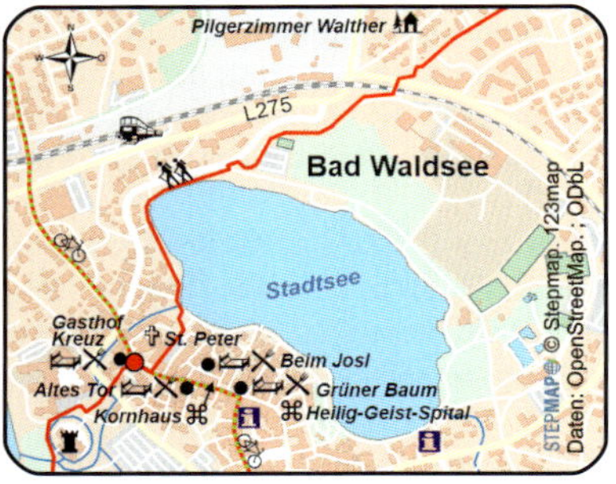

Anschließend geht es nach rechts auf einen Geh- und Radweg der Robert-Koch-Straße und an einem Parkplatz vorbei. Nach einem Rechtsbogen wandern Sie links am Stadtsee entlang in Richtung Innenstadt. Sie kommen an Restaurants vorbei, gehen über eine kleine Brücke und schon erreichen Sie rechts den Klosterhof. Am Brunnen am Gut-Betha-Platz befindet sich gegenüberliegend der Eingang zur ehemaligen ✝ Stiftskirche St. Peter. In östlicher Richtung erreichen Sie auf der Hauptstraße nach ca. 200 m das Ortszentrum, die Tourist-Information und die Hotels.

Bad Waldsee

Kurverwaltung und Tourist-Information, Ravensburger Straße 3, 88339 Bad Waldsee, ☏ 075 24/94 13 42, touristinfo@bad-waldsee.de, www.bad-waldsee.de, Mo 9:00-12:00 und 13:30-17:30, Di-Fr 9:00-12:00 und 13:30-17:00, Mai-Sep Sa 10:00-12:00, 150 m vom Weg in Richtung Stadtmitte

🛈 **Tourist-Information im Haus am Stadtsee**, Wurzacher Straße 53, 88339 Bad Waldsee, ☏ 075 24/99 66 51, Mo 13:30-17:30, Di-Do 13:30-17:00, auch telefonische Beratung unter ☏ 075 24/94 13 42 möglich, ➲ 500 m vom Weg, am Südufer des Stadtsees

Pilgerzimmer Margarita Walther, Schlehenhalde 9, 88339 Bad Waldsee, ☏ 075 24/13 14, 01 51/64 55 93 19, margrit.walther@web.de, bis zu 4 Personen, ÜF p. P. € 22. Frau Walther ist selbst erfahrene Pilgerin und nimmt Sie gerne in ihrem Haus auf. ➲ 80 m vom Weg

Gasthof Kreuz, Gut-Betha-Platz 1, 88339 Bad Waldsee, ☏ 075 24/39 27, info@kreuz-gasthof.de, www.kreuz-gasthof.de, Ü EZ ab € 59, DZ ab € 79, F p. P. € 10, Restaurant Mo-Di Ruhetag, Mi-So 12:00-14:00 und 17:00-23:00, ➲ 20 m vom Weg, bei der Pfarrkirche

♦ **Beim Josl**, Am Kornhaus 3, 88339 Bad Waldsee, ☏ 075 24/35 67, kontakt@beim-josl.de, www.beim-josl.de, 2 Zimmer, Ü EZ ab € 43, DZ ab € 76. Unten im Haus befindet sich eine Kneipe, Mo-Sa ab 16:00, So Ruhetag. Vor vielen Jahren war hier eine Schlafstätte für Handelsleute und Jakobspilgerinnen und Jakobspilger. 2009 fand eine Totalsanierung des Hauses statt. ➲ 100 m vom Weg in Richtung Zentrum

♦ **Stadthotels Grüner Baum und Altes Tor**, Hauptstraße 34, 88339 Bad Waldsee, ☏ 075 24/97 90-0, info@baum-leben.de, www.baum-leben.de, 84 Betten in beiden Häusern zusammen, ÜF EZ ab € 81, DZ ab € 117, Restaurant Mo-Di Ruhetag, Mi-So 11:30-14:00 und 18:00-21:00, kreative einheimische Küche, ➲ 150 m vom Weg, im Zentrum beim Rathaus

⊙ Pilgerstempel gibt es in der Tourist-Info.

Linie 30 nach Weingarten

Zugverbindung nach Aulendorf, von dort nach Ulm

Bad Waldsee ist ein mittelalterliches Städtchen und insbesondere auch als Kneippkurort bekannt. Es liegt in Oberschwaben am Rande des Allgäus.

Urkundlich erstmals erwähnt wurde die Stadt im Jahr 926. Im 12. Jh. wurde ein Augustinerkloster gegründet, das seine Blütezeit im 15. Jh. erreichte. Die Klosterbibliothek besaß eine große Sammlung von Büchern und möglicherweise war sie auch ein Druckort für Bibeln. 1788 wurde das Kloster aufgrund mangelnder Einhaltung der Ordensregeln aufgelöst.

Heutzutage lockt Bad Waldsee mit einem großzügigen Fußgängerbereich, aber auch mit Geschäften, Straßencafés und Gaststätten. Südöstlich des historischen Stadtzentrums liegt das Kurviertel mit Kliniken, Pensionen und dem Maximilianbad, einem Thermalbad.

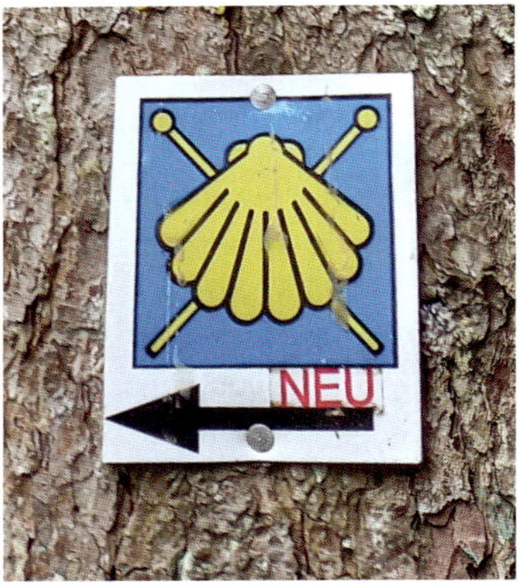

Die Pilgermuschelmarkierung führt nach Bad Waldsee

Als Kurstadt bietet Bad Waldsee natürlich auch ein reichhaltiges Kulturprogramm mit Auftritten internationaler Künstlerinnen und Künstler, dem Altstadt- und Seenachtfest im Sommer und der alemannischen Fastnacht im Februar.

Vom Gut-Betha-Platz aus lohnt sich für Sie ein Bummel durch die lebendige Hauptstraße mit den alten Fachwerkhäusern, dem prächtigen Rathaus, dem ehemaligen Kornhaus und dem Spital.

✝ **Stiftskirche St. Peter**. Die Stadtsilhouette wird geprägt von den Doppeltürmen der Stiftskirche St. Peter. 1765 vergrößerte man die Kirche und sie erhielt sowohl die Doppeltürme als auch ihr jetziges barockes Äußeres von Dominikus Zimmermann. Das Abendmahlfresko in der Sakristei trägt die Handschrift seines Bruders Johann Baptist Zimmermann.

⌘ **Kornhaus**. Hier wurde über Jahrhunderte das Korn der Bürgerinnen und Bürger von Waldsee gelagert. Heute beherbergt es ein Heimatmuseum.

♦ Hauptstr. 40, Fr-So 13:30-17:30

⌘ Das **spätgotische Rathaus** entstand 1426. Die Fassade wurde über die Jahre leicht verändert, die Filialtürmchen und die Fenster mit den Spitzbogen prägen aber von Anbeginn das Aussehen des Rathauses.

⌘ **Heilig-Geist-Spital**. Die auffällige neugotische Fassade mit den Glockentürmchen erhielt das Spital erst 1858. Es war neben der Nutzung als Krankenhaus auch ein Altenheim und Waisenhaus. Die bedeutende Funktion des Spitals zeigte sich damals in der Besoldung des Spitalmeisters, der mehr Pfund erhielt als der Bürgermeister. Es war ein autarkes, selbstversorgendes Unternehmen mit eigener Landwirtschaft, einer Mühle, einem Bäcker, Metzger und Schmied. Auch in Notzeiten half das Spital armen Menschen, so gut es konnte. Zu Zeiten des Dreißigjährigen Krieges und der Pest kam auch das Spital an seine Grenzen. Nicht einmal das notwendige Saatgut war vorhanden, um Ackerbau zu betreiben. Hier unterstützte dann die Stadt das Spital mit dem Verkauf des Silbergeschirrs.

Heute ist das Spital ein Seniorenheim.

Oberschwaben-Allgäu

16. Etappe: Bad Waldsee – Weingarten

19,3 km, 5 Std. 30 Min., ↑ 199 m, ↓ 315 m, ⇧ 470-645 m

0,0 km	⇧ 587 m	Bad Waldsee
4,1 km	⇧ 604 m	Arisheim
5,4 km	⇧ 593 m	Dinnenried
7,2 km	⇧ 592 m	Gwigg
9,1 km	⇧ 586 m	Engenreute
10,9 km	⇧ 596 m	Sprengsteinhütte
13,4 km	⇧ 495 m	Brücke Wolfegger Ach
16,5 km	⇧ 577 m	Köpfingen
19,3 km	⇧ 474 m	Weingarten

Von Bad Waldsee führt der Jakobsweg stadtauswärts an der sehenswerten Frauenbergkapelle vorbei. Sie pilgern gemächlich durch die kleinen Ortschaften Arisheim, Dinnenried und weiter nach Gwigg. Auf ruhigen Waldwegen erreichen Sie Weingarten, das mit seiner imposanten barocken Basilika aufwartet.

Mit dem Rad starten Sie in Bad Waldsee bei der Pfarrkirche St. Peter und treffen bei der Kreuzung Richard-Wagner-Straße/Rotkreuzweg auf den Jakobsweg, der bis kurz vor der Kapelle St. Sebastian in Arisheim gemeinsam verläuft.

Nach Arisheim trifft der Fahrradweg nur noch einmal kurz in Gwigg auf den Jakobsweg.

Von Gwigg führt der Radweg Sie unabhängig vom Jakobsweg nach Weingarten. Die Streckenführung verläuft über Bergatreute und Bainders durch ein lang gezogenes Waldgebiet. Sie fahren über Fuchsenloch, Erbisreute und Butzenberg zur Basilika St. Martin in Weingarten.

Die heutige Etappe startet vom Gut-Betha-Platz. Am Gasthof Kreuz gehen Sie in südwestlicher Richtung durch die Gasse bis zur Bleichstraße. Sie queren die Straße, gehen auf der Brücke über die Steinach und weiter bis zum Wasserschloss, das heute gewerblich genutzt wird.

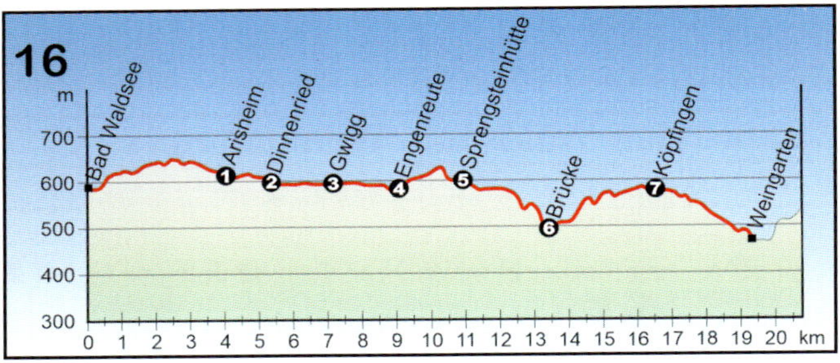

Vor dem Schloss biegen Sie rechts ab und gelangen in einem Linksbogen hinter das Gebäude. Sie queren nochmals eine kleine Brücke und wandern geradeaus auf einem geteerten Fußweg weiter. Bei der Ampel kreuzen Sie die Steinacher Straße und nun geht es über den Kreuzgang zur Frauenbergkapelle hinauf.

✝ Frauenbergkapelle

Die Frauenbergkapelle von 1471 stellt ein Denkmal der Unabhängigkeit dar. Die Waldseer fühlten sich von den damaligen Augustinerherren des Klosters dominiert. Sie erbauten diese Kapelle und bestanden darauf, wenigstens als Kirchengemeinde anerkannt zu werden. Das Kloster versuchte daraufhin, die Kapelle zu annektieren, da die Waldseer eher ihre Kapelle besuchten als die Kirche. Später ging die Kapelle dann doch in den Machtbereich des Klosters über. Sie birgt im Inneren kostbarste Heiligenfiguren der Waldseer Bildhauerfamilie Zürn. Vom Altar begrüßt Sie unübersehbar der heilige Pilgerpatron Jakobus.

Bei der Kapelle wenden Sie sich kurz rechts und gleich nach der Tankstelle gehen Sie links in den Rotkreuzweg. Ca. 900 m folgen Sie der Straße durch das Wohngebiet, bis Sie das Ortsende erreichen.

Sie überqueren die Bundesstraße B30, wandern am Parkplatz des Friedhofs vorbei und geradeaus in den Wald hinein. Auf einem breiten Forstweg nähern Sie sich dem Waldende und nun geht es noch ein Stück am Waldrand entlang. Bei einer Marienfigur, wo Sie auch ⛼ Ruhebänke vorfinden, tauchen Sie wieder in den Wald hinein. Im leichten Auf und Ab wandern Sie durch den Wald bis zu einer Weggabelung mit Bauminsel. Danach gehen Sie rechts und gelangen wieder ins offene Gelände. Schöne Blicke über Felder und Wiesen begleiten Sie auf dem Teersträßchen, das Sie nach **Arisheim ❶** bringt. Dort mündet der Weg links in eine Straße und gleich danach biegen Sie rechts in einen Schotterweg, der an der ⊙ ✝ Kapelle St. Sebastian vorbeiführt.

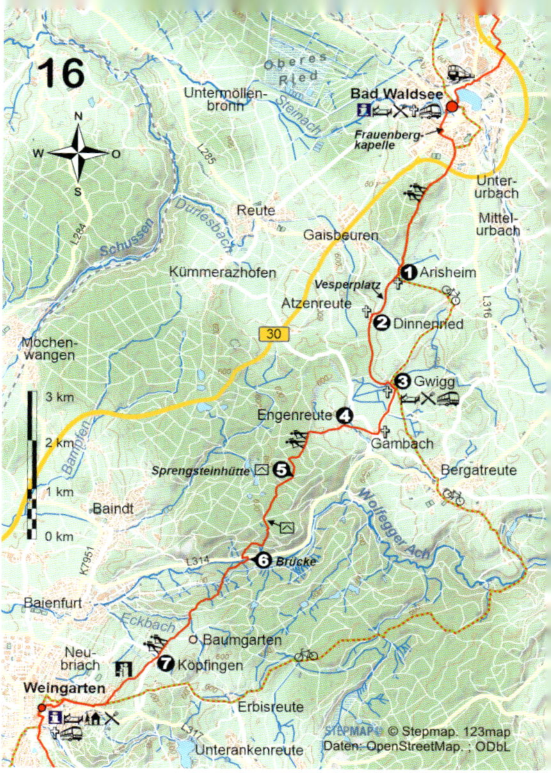

In der folgenden Rechtskurve wandern Sie geradeaus auf den Wiesenweg, der Sie an einem Sumpfweiher mit Schilf vorbeiführt. Sie erreichen einen Vesperplatz mit schwäbischem Wanderspruch und dem Hinweis, dass es noch 2.054 km bis Santiago de Compostela sind. Nach ausgiebiger Rast laufen Sie weiter bis nach **Dinnenried ❷**.

Nach einem Linksbogen erreichen Sie die Kapelle und bei der Hausnummer 7 gehen Sie links. Sie wandern auf der Teerstraße aus dem Ort hinaus, bis Sie nach knapp 2 km in Gwigg ❸ ankommen. Beim ersten Abzweig wenden Sie sich rechts in den Sankt-Georg-Weg zu der gleichnamigen ✝ Kapelle. Dieser Weg führt Sie zur Dorfstraße, auf der Sie rechts aus dem Ort hinauswandern.

Gwigg

Zimmervermietung Familie Gutknecht, Am Venusbach 14, 88368 Bergatreute-Gwigg, ☏ 075 27/92 19 10, 01 51/14 11 48 88, Sugut66@yahoo.de, 2 DZ mit Bad, p. P € 35, F auf Anfrage. Den Proviant sollten Sie selbst mitbringen oder Sie nutzen den Lieferservice der Pizzeria. Ein Aufenthaltsraum und ein Kühlschrank sind vorhanden. Kein Gasthof im Ort, ➲ direkt am Weg

✕ **Can's Pizza & Kebap Haus**, Ravensburger Str. 21, 88368 Bergatreute, ☏ 075 27/184 94 11, 01 76/46 01 65 55, Lieferzeiten Mo-Do 17:00-21:30, Fr-So 12:30-21:30, Pizza, Döner, Burger, Lieferservice: Lieferung ab € 15, ➲ 2,5 km von Gwigg

⦿ Pilgerstempel in der Kapelle St. Georg

🚌 Linie 32 nach Bad Waldsee

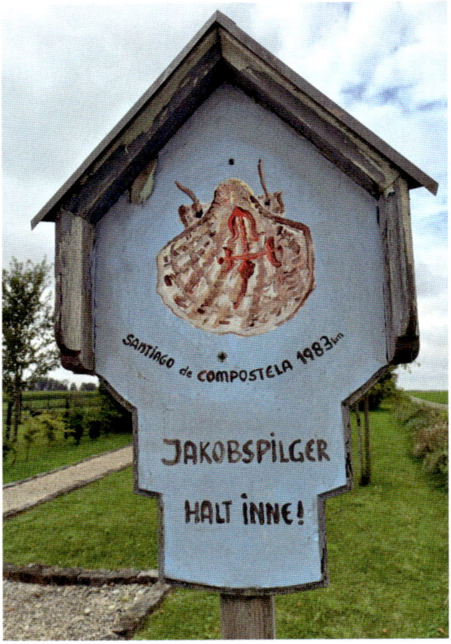

Hinweis für Pilger bei der Kapelle St. Georg in Gwigg

Die kleine Ortschaft Gwigg gehört zu Bergatreute. Erstmals wurde es 802 als „Cawicca" genannt, was so viel wie Wegscheide bedeutet, da sich hier historische Wege kreuzten. Die barocke Kapelle St. Georg wurde bereits im 14. Jh. erwähnt. Heute steht hier jedoch eine Kapelle von 1718, die im Inneren mit Heiligenfiguren der Waldseer Bildhauerfamilie Zürn dekoriert ist.

Auf der wenig befahrenen Dorfstraße laufen Sie durch die Felderlandschaft bis nach **Gambach**. Nach der Kirche, in der Ortsmitte, halten Sie sich rechts Richtung Engenreute. Bei der Gabelung am Ortsende von Gambach wandern Sie weiter geradeaus nach Engenreute.

Leicht aufwärts marschieren Sie durch den kleinen romantischen Ort **Engenreute** ❹ mit seinen alten Fachwerkhäusern und den dekorativen Linden.

Sie gehen in einem Linksbogen aus dem Ort hinaus. Die Straße wird zum Schotterweg, der Sie zum Waldrand mit einer ⩫ Ruhebank führt. Links geht es zunächst am Rand des Bergatreuter Forsts in Richtung Löffelmühle. Im Wald gelangen Sie zu einer Gabelung und wandern rechts weiter. Der Weg wird schmaler, führt leicht bergab und stößt auf einen Schotterweg. Sie gehen rechts und bei der Wegspinne mit Schilderbaum links. Auf dem breiten Schotterweg gelangen Sie zur ⌂ Sprengsteinhütte ❺.

Nach der Hütte zweigen Sie rechts in den Forstweg ab, bis Sie nach ca. 1,1 km eine große Waldwegkreuzung erreichen. Sie gehen geradeaus und kurz danach erblicken Sie einen ⌂ Unterstand.

Knapp 200 m nach dem Unterstand biegen Sie rechts in einen Wiesenweg mit einem dahinter befindlichen Weiher. Den Weiher lassen Sie rechts liegen und folgen dem links abbiegenden Pfad abwärts. Ein Bachlauf begleitet Ihren Weg durch das wildromantische Gelände.

Der Pfad endet bei einem breiten Schotterweg, dem Sie rechts folgen. Nach gut 200 m verlassen Sie den Weg bei einem Schilderbaum nach links. Zunächst geht es steil abwärts bis zu einer querenden Landstraße, auf der Sie auf dem Seitenstreifen kurz links wandern. Dann biegen Sie rechts in ein Teersträßchen, das über die kleine Brücke ❻ über die Wolfegger Ach hinweg führt.

Sofort biegen Sie rechts in den Schotterweg, der durch den Wald und am Waldrand entlangführt. Sie wandern über einen kleinen Kanal und bei einer Wegkreuzung mit Bauminsel wieder geradeaus, in den Wald hinauf. Nach gut 200 m weist die Jakobswegmarkierung rechts auf einen Pfad, der, je nach Jahreszeit, über eine mehr oder weniger mit Gestrüpp und Springkraut bewachsene Lichtung führt. Sie queren einen Forstweg und wandern für ein kurzes Stück steil bergauf. An der folgenden Waldwegkreuzung gehen Sie geradeaus und erreichen abwärtsgehend den Waldrand. Im freien Gelände passieren Sie rechts den Eckbach und wandern auf den Weiler Baumgarten zu, den Sie später links liegen lassen. Sie stoßen auf die kleine Straße, die von Baumgarten kommt und der Sie nun rechts folgen. Sie laufen in **Köpfingen** ❼ bis zur Kurve der Ortsdurchfahrtsstraße, der Sie links durch den Ort folgen. Dabei kommen Sie am ehemaligen Gasthaus Frohe Aussicht vorbei.

Am Ortsende geht es rechts auf einem Schotterweg durch die Wiesen. Auf diesem Weg genießen Sie die schönen Aussichten auf das vor Ihnen liegende Weingarten. Geradeaus queren Sie ein Waldstück und erreichen dann bereits ein Wohngebiet von Weingarten. Hier gehen Sie nach halb links in die Schumannstraße, die dann in ihrem weiteren Verlauf zur Brucknerstraße wird. Sie endet bei der Köpfinger Straße, wo Sie rechts laufen und dann bereits Blicke auf die Turmspitzen der Basilika ergattern. Nach einem Linksbogen der Straße gehen Sie rechts in die Lazarettstraße, der Sie für gut 600 m abwärts folgen.

☺ Das Pilgerzimmer Neidlinger erreichen Sie, indem Sie vor dem Abzweig in die Lazarettstraße geradeaus in südlicher Richtung weitergehen.

Dann biegen Sie links in einen Fußweg Richtung Stadtmitte ab, der über ein paar Treppenstufen führt und Sie geradeaus am Schwanenweiher vorbeileitet. In einem Rechtsbogen erreichen Sie einen Fußgängerüberweg und gehen dann durch einen Torbogen.

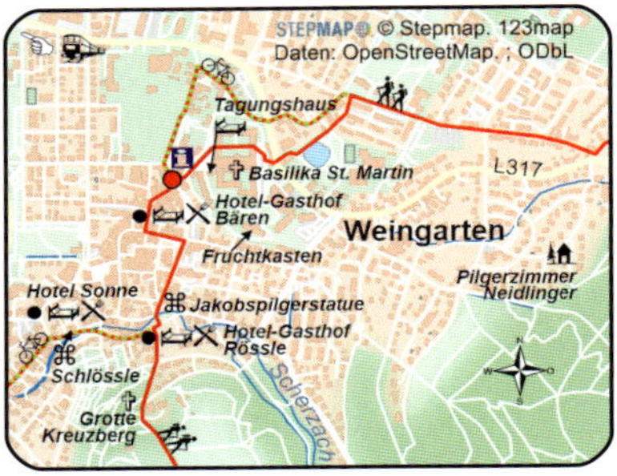

Schließlich erreichen Sie die auf dem Martinsberg liegende ⊙ ✞ Basilika. Sie pilgern durch den inneren Klosterhof und kommen zur Jakobsweghinweistafel, die Ihnen mitteilt, dass es noch 2.400 km bis Santiago sind. Nun geht es nochmals durch einen Torbogen und Sie befinden sich auf dem Vorplatz der imposanten Basilika von Weingarten. Der Jakobsweg führt Sie über Treppenstufen hinab zum St.-Martin-Brunnen, der sich wie auch die Tourist-Information direkt am Münsterplatz befindet.

Weingarten

Tourist-Information, Münsterplatz 1, 88250 Weingarten, ☎ 07 51/40 52 32, ✉ akt@weingarten-online.de, 💻 www.weingarten-online.de. 🚪 Mo 10:00-13:00, Di-Fr 10:00-13:00 und 14:00-16:00, ➲ direkt am Etappenende, unterhalb des Münsters

Pilgerzimmer Familie Neidlinger, Mörikeweg 2, 88250 Weingarten, ☎ 07 51/455 13, ✉ tm.neidlinger@hotmail.de, Zimmer für 2 Pilgerinnen oder Pilger, HP wird angeboten. Die Familie freut sich über Pilgerbesuch. Preis auf Nachfrage, ➲ 250 m vom Weg

Hotel-Gasthof Bären, Kirchstraße 3, 88250 Weingarten, ☎ 07 51/56 12 00, ✉ baeren-weingarten@outlook.de, 💻 www.baeren-weingarten.de, 38 Betten, ÜF EZ ab € 66, DZ ab € 90, MBZ ab € 112, 🚪 Restaurant Mo-Sa 11:00-14:00 und 17:00-23:00, So 11:00-22:00, ➲ 100 m vom Weg, in der Nähe der Tourist-Info

♦ **Hotel-Gasthof Rössle**, Friedhofstraße 3-5, 88250 Weingarten, ☎ 07 51/509 25-0, ✉ info@roessle-weingarten.de, 💻 www.roessle-weingarten.de, 45 Betten, EZ ab € 60, DZ ab € 86, MBZ ab € 115, F € 5, 🚪 Restaurant Mo-Do 16:00-22:00, Fr 16:00-23:00, Sa 11:00-23:00, So 11:00-22:00, ➲ direkt am Jakobsweg, auf der Etappe nach Brochenzell gelegen (Wegbeschreibung ☞ 17. Etappe)

♦ **Hotel Sonne**, Liebfrauenstraße 26, 88250 Weingarten, ☎ 07 51/56 07 90, ✉ info@sonnehotel.de, 💻 www.sonnehotel.de, ÜF EZ ab € 68, DZ ab € 88, MBZ ab € 112, 🚪 Restaurant Mo 11:30-13:30 und 17:00-21:00, Di Ruhetag, Mi-Sa 11:30-13:30 und 17:00-21:00, So und Fei 11:30-20:30, ➲ 350 m westl. des Jakobsweges, in der Nähe des Stadtmuseums im Schlössle (Wegbeschreibung ☞ 17. Etappe)

Akademie Tagungshaus Weingarten, Kirchplatz 7, 88250 Weingarten, ☏ 07 51/568 60, weingarten@akademie-rs.de, www.akademie-rs.de, 30 Zimmer, ÜF EZ ab € 68, DZ p. P ab € 58, ➲ am Weg, auf dem Klostergelände

In der Tourist-Info erhalten Sie einen Pilgerstempel.

Linie 1 zum Bahnhof Ravensburg

Zugverbindung von Weingarten-Berg über Aulendorf nach Augsburg

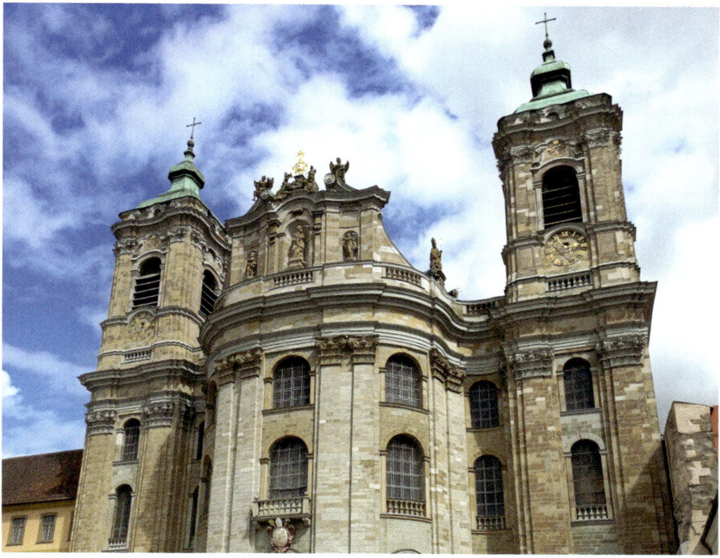

Die Basilika St. Martin in Weingarten

Weingarten liegt im Mittleren Schussental und zählt etwas über 25.000 Einwohnerinnen und Einwohner. Es ist mit dem südlich angrenzenden Ravensburg mittlerweile zusammengewachsen.

Zunächst hieß nur das Kloster Weingarten und die umliegende Ortschaft Altdorf. 1865 wurde aus Altdorf die Stadt Weingarten.

Die erste Ansiedlung war hier bereits im 5. Jh. Die Welfen gründeten 1056 das erste Hauskloster, welches mit Benediktinermönchen besiedelt wurde und rasch zu einem der einflussreichsten Klöster in Süddeutschland aufstieg. Ein kostbarer Kirchenschatz, die Heilig-Blut-Reliquie, bereicherte das Kloster ab 1094 und zog seither viele Wallfahrerinnen und Wallfahrer an.

Um der kostbaren Reliquie gerecht zu werden, wurde 1715-1724 ein neues Gotteshaus, die Basilika St. Martin, nach dem Vorbild des Petersdomes in Rom erbaut. Sie gilt als die größte Barockkirche nördlich der Alpen. Im Zuge der Säkularisation wurde das Kloster 1803 geschlossen und erst wieder 1922 mit Mönchen neu besiedelt.

Papst Pius XII. erhob 1956 das Münster zur Basilica Minor. Dieser besondere Ehrentitel wird nur für bedeutende Kirchengebäude verliehen.

2010 erfolgte der selbstbestimmte Auszug des Konvents und seither dient die Basilika als Pfarr- und Wallfahrtskirche.

Der gewaltige Innenraum der Basilika wird von großen Fresken beherrscht und schafft damit ein beeindruckendes Raumerleben. Im Jahr 1750 wurde nach dreizehnjähriger Arbeit die Westorgel von Joseph Gabler fertiggestellt.

In einem Flügel der Klosteranlage, direkt angrenzend an den nördlichen Portalturm, liegt die modern gestaltete Marienkapelle.

Seit dem 16. Jh. hat sich der Brauch des Blutritts bis heute bewahrt. Statt des Kreuzpartikels wird auf dieser Reiterprozession die Heilig-Blut-Reliquie mitgeführt. Traditionell wird am Abend von Christi Himmelfahrt mit der Festpredigt in der Basilika begonnen und anschließend führt eine Lichterprozession zum Kreuzberg.

Das Klostergelände wird heute von der Pädagogischen Hochschule und der Akademie der Diözese Rottenburg-Stuttgart genutzt.

⌘ **Fruchtkasten**. Der 1688 erbaute und frühere Kornspeicher des Klosters dient heute als Hochschulbibliothek. Die verschiedenen Höfe werden im Rahmen der Klosterfestspiele für Open-Air-Veranstaltungen genutzt.

Unterhalb des Klosterkomplexes liegt der Münsterplatz. Hier steht am Fuß der Basilikatreppe das mächtige Gebäude mit dem Namen Hirschen, das einst Sitz der vorderösterreichischen Landvogtei Schwaben war.

⌘ Der **Rathausplatz** diente früher der Verkündigung von Gerichtsurteilen und öffentlichen Bekanntmachungen.

⌘ Das **Schlössle**, ein Renaissancebau von 1550, beherbergt heute das Stadtmuseum mit seiner interaktiven Ausstellung über die Geschichte Weingartens.

Mi-So 14:00-17:00

⌘ Die **Jakobspilgerstatue**, die direkt auf dem Jakobsweg am Scherzach Ufer zu finden ist, symbolisiert die Pilgertradition in Weingarten, das eine wichtige Pilgerstation war.

17. Etappe: Weingarten – Brochenzell

20,2 km, 5 Std. 30 Min., ↑ 167 m, ↓ 220 m, ⇧ 406-593m

0,0 km	⇧ 474 m	Weingarten
2,9 km	⇧ 583 m	Abzw. Lanzenreuter Weiher
4,7 km	⇧ 546 m	Albertshofen
6,6 km	⇧ 438 m	Ravensburg Bhf.
10,3 km	⇧ 448 m	Unterführung B33
13,0 km	⇧ 442 m	Kreisstraße 7980 bei Oberzell
17,4 km	⇧ 434 m	Hungersberg
18,7 km	⇧ 420 m	Reuter
20,2 km	⇧ 412 m	Brochenzell

Nach dem Stadtspaziergang durch Weingarten geht es hinauf in die schönen Wälder oberhalb des Schussentals. Sie werfen einen Blick auf den in der Senke liegenden Lanzenreuter Weiher, bis Sie der Jakobsweg abwärts nach Ravensburg führt. In Hungersberg und Laufenen treffen Sie auf zwei sehenswerte Pilgerkapellen aus völlig verschiedenen Jahrhunderten. Auf dem letzten Stück der heutigen Etappe werden Sie von der sich schlängelnden Schussen bis nach Brochenzell begleitet.

Für die Radfahrerinnen und Radfahrer gibt es bis Ravensburg keine Berührung mit dem Jakobsweg. Sie folgen der Radbeschilderung aus Weingarten und fahren über Burach und Nordstadt in die Innenstadt zur Ravensburger Liebfrauenkirche.

Pilgerstatue an der Scherzach in Weingarten

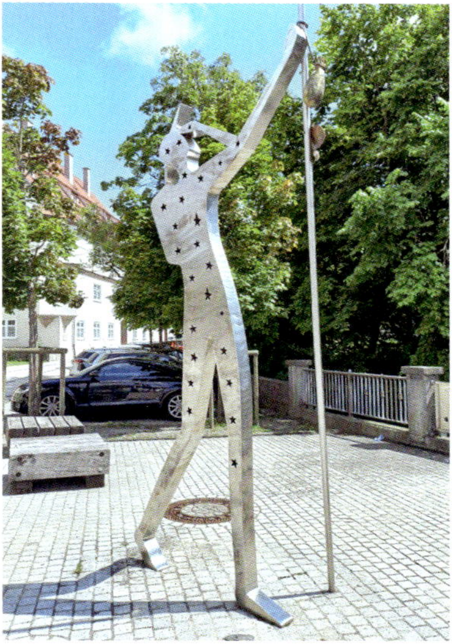

Falls Sie nicht schon im südlichen Teil von Weingarten übernachtet haben, startet die heutige Etappe am Münsterplatz, von dem Sie bis zum Ende der Kirchstraße am Rathaus laufen. Hier gehen Sie links, dann über den Broner Platz und dort biegen Sie rechts in die Ochsengasse ein. Vor der Brücke über die Scherzach treffen Sie auf die moderne Jakobuspilgerstatue des brasilianischen Künstlers Cláudio Pastro.

Hier können Sie auch 💧 Trinkwasser zapfen. Weiter geht es über die Brücke bis zur nächsten querenden Straße. Auf der gegenüberliegenden Straßenseite gehen Sie kurz rechts und vor dem Gasthof Rössle links in die aufwärtsführende Reutebühlstraße.

Vor der Linkskurve der Straße befindet sich rechts ein Parkgelände mit der Grotte am Kreuzberg, außerdem führen Treppenstufen zu einer ✞ Kapelle hinauf. Der Jakobsweg leitet Sie jedoch weiter auf der Reutebühlstraße bis an den Waldrand.

Hier wandern Sie auf dem leicht aufwärtsführenden Schotterweg in den Wald. Bei der folgenden Gabelung halten Sie sich links aufwärts.

Von nun an können Sie sämtliche abzweigenden Wege ignorieren, bis Sie zu der großen Wegkreuzung mit dem dahinter liegenden Lanzenreuter Weiher ❶ gelangen.

✋ Hier biegen Sie noch vor der Wegkreuzung rechts in den aufsteigenden Weg, der mit einem Jakobswegschild markiert ist.

Sie wandern noch ein kurzes Stück durch den schönen und ruhigen Mischwald, bis Sie zu einem rechts liegenden ⌂ Unterstand gelangen, der an einer Wegkreuzung liegt.

Weiter geht es geradeaus über den Bleicherbach und über eine Waldlichtung. Sie treten aus dem Wald hinaus, wenden sich nach links in den Feldweg und genießen die herrliche Aussicht ins Schussental. Nach rechts biegen Sie in einen abwärtsführenden Schotterweg ein, der Sie an Obstplantagen vorbeiführt. Kurz danach erreichen Sie den Weiler Albertshofen ❷ mit den schönen Fachwerkhäusern.

Auf einer kleinen Teerstraße wandern Sie durch den Ort. Bei der nächsten querenden Straße gehen Sie rechts auf die ersten Häuser von Ravensburg zu.

☺ ↳ Wenn Sie bei der querenden Straße links abbiegen, erreichen Sie nach ca. 400 m die Pilgerunterkunft Hemm.

Der Asphaltweg endet bei einer rot-weißen Straßensperre, danach geht es links auf einen Fußweg. Sie laufen links abwärts in die zu Beginn verkehrsberuhigte Zone der Friedhofstraße, die nach knapp 1 km endet. Dort am Eck befindet sich auch das Hotel Storchen.

☺ ↳ Falls Sie in dem Pilgerzimmer bei Böhms übernachten möchten, biegen Sie in der Friedhofstraße vor dem Friedhof rechts ab und erreichen nach ca. 1 km die Unterkunft.

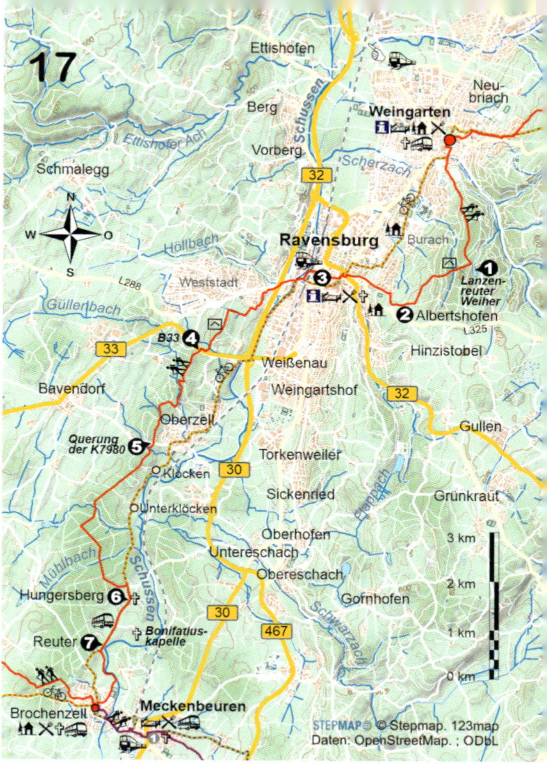

Linker Hand erblicken Sie schon die ✝ Liebfrauenkirche, die Sie über den Fußgängerüberweg der Wilhelmstraße erreichen. Hinter der Kirche und dem Frauentor befindet sich mitten im Zentrum von Ravensburg der Marienplatz mit einigen sehenswerten Patrizierhäusern.

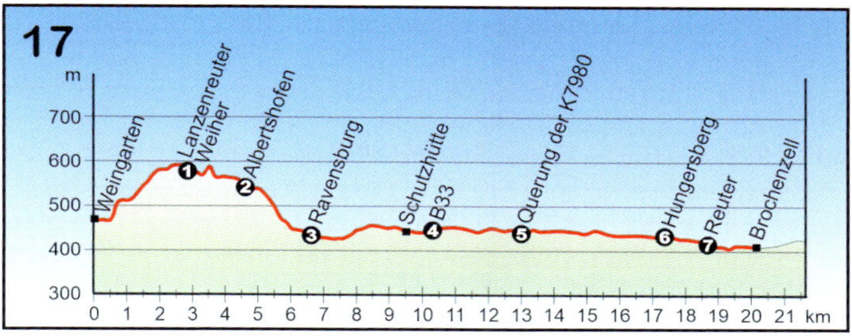

Bei dem modernen Schad-Brunnen gehen Sie rechts in die Eisenbahnstraße. Wie der Name schon andeutet führt Sie diese schnurgerade zum Bahnhof ❸, den Sie leicht nach links versetzt unterqueren.

Auf dem Weg zum Bahnhof liegt die unverputzte dreischiffige ✞ Basilika der St.-Jodok-Kirche, die im 14. Jh. als zweite Pfarrkirche erbaut wurde.

Ravensburg

Tourist-Information, Marienplatz 35, 88212 Ravensburg, ☎ 07 51/82-800, tourist-info@ravensburg.de, www.ravensburg.de, Mo-Fr 9:30-17:30, Sa 9:30-13:00, ➲ 100 m vom Weg

Pilgerzimmer Hemm, Schlierer Str. 63, 88212 Ravensburg, 015 77/888 26 66, wolfgang.hemm@gmx.de, 1 Zimmer mit Bad, für 2 Personen, F wird angeboten, Restaurant in der Nähe, Preis auf Anfrage. Der Gastgeber ist selbst erfahrener Pilger. ➲ 400 m vom Jakobsweg

♦ **Pilgerzimmer Böhm**, Gänshaldestraße 15, 88212 Ravensburg, ☎ 07 51/355 88 91, andreas.thiel-boehm@tws.de, Preis auf Anfrage, ➲ 1 km vom Weg

♦ **Jugendherberge Ravensburg**, Veitsburgstraße 1, 88212 Ravensburg, ☎ 07 51/253 63, jh-Ravensburg@jugendherberge.de, www.jugendherberge.de, 132 Betten in 32 Zimmern, ÜF p. P. bis 26 Jahre ab € 31,70, HP ab € 37,90, ÜF p. P ab 27 Jahre ab € 35,70, HP ab € 31,90. Bei einer Zimmeralleinnutzung erfolgt ein Aufschlag von € 15. Vegetarische Gerichte sind bei rechtzeitiger Bestellung möglich. Die Jugendherberge liegt oberhalb von Ravensburg auf der Veitsburg, ➲ 800 m vom Weg, von der Liebfrauenkirche in südlicher Richtung.

Hotel-Gasthof Storchen, Wilhelmstraße 1, 88212 Ravensburg, ☎ 07 51/189 70 77-0, info@hotel-ravensburg.com, www.storchen-ravensburg.de, 20 Zimmer, ÜF EZ ab € 69, DZ ab € 110, Restaurant täglich 11:00-14:00 und 18:00-22:00, ➲ am Weg

♦ **Gasthof Ochsen**, Burgstraße 1-3, 88212 Ravensburg, ☎ 07 51/254 80, info@ochsen-rv.de, www.ochsen-rv.de, ÜF EZ ab € 85, DZ ab € 130, Restaurant So-Di Ruhetag, Mi-Do 17:00-22:30, Fr-Sa 11:30-14:30 und 17:00-23:00, ➲ 250 m vom Weg in Richtung des „Mehlsacks“, 350 m südlich der Liebfrauenkirche

Hotel Residenz, Herrenstraße 16, 88212 Ravensburg, ☎ 07 51/36 98-0, gast@residenz-ravensburg.de, www.residenz-ravensburg.de, 80 Betten, ÜF EZ ab € 63, DZ ab € 79, ➲ 120 m vom Weg, bei der Liebfrauenkirche gelegen

⊙ Einen Pilgerstempel erhalten Sie in der Tourist-Info, die 100 m von der Kirche entfernt im Stadtzentrum liegt.

Zugverbindung nach Meckenbeuren, Stuttgart, Nürnberg

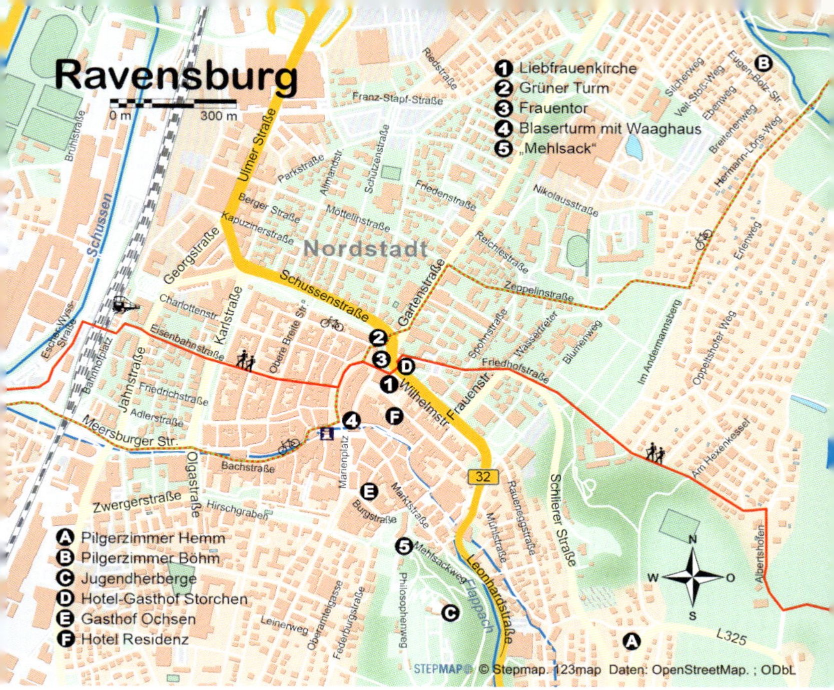

✞ Die **Liebfrauenkirche** wurde zwischen 1279-1360 erbaut und ist die zweitälteste Kirche in Ravensburg. Die Glasfenster im Chorraum entstanden im Jahr 1419 und zählen zu den ältesten erhalten Glasmalereien im süddeutschen Raum.

⌘ Der **grüne Turm** wurde im 15 Jh. erbaut und hat sich seine ursprüngliche Gestalt erhalten. Seinen Namen erhielt er aufgrund der grün glasierten Ziegel. Bis 1943 wurde er als Gefängnis genutzt.

⌘ Das **Frauentor** mit einer Höhe von 35,5 m wurde bis 1892 ebenfalls als Gefängnis geführt.

⌘ Der **Blaserturm** mit dem Waaghaus entstand im 15. Jh. als ein städtisches Kaufhaus. Im Erdgeschoss befanden sich die Stadtwaage, die städtische Münze sowie einzelne Läden. Der gesamte erste Stock wurde für den Tuchhandel genutzt und das Dachgeschoss als Lagerraum.

⌘ Der **„Mehlsack"**, der weiße Rundturm, der im Süden der Stadt liegt, ist das Wahrzeichen von Ravensburg. Mit einer Höhe von 51 m und einen Durchmesser von 10 m bietet er eine grandiose Aussicht über die Stadt und an klaren Tagen bis zum Bodensee und den Schweizer Alpen.

♜ **Burg Ravensburg**. Die ehemalige große Burg wurde um 1050 Stammsitz der schwäbischen Welfen. Sie fiel dann an die Staufer und ging später in Reichsbesitz über.

Mit ca. 51.000 Einwohnerinnen und Einwohnern ist Ravensburg das Zentrum Oberschwabens. Erstmals wurde es 1088 urkundlich erwähnt. Von 1276-1803 war Ravensburg eine freie Reichsstadt. Im späten Mittelalter gewann es in der Bodenseeregion zunehmend an Bedeutung.

Man bezeichnet Ravensburg gerne als Stadt der Türme und Tore. Die meisten Sehenswürdigkeiten liegen in der historischen Altstadt und somit am oder unweit des Jakobsweges.

Neben den oben genannten Sehenswürdigkeiten sind zudem das Rathaus mit seinen historischen Sälen, das Lederhaus und Seelhaus, das als Marktgebäude der Schuhmacher, Sattler und Gerber diente sowie das Kornhaus, wo der Getreidehandel stattfand, äußerst sehenswert.

Jakobusfigur in Hungersberg

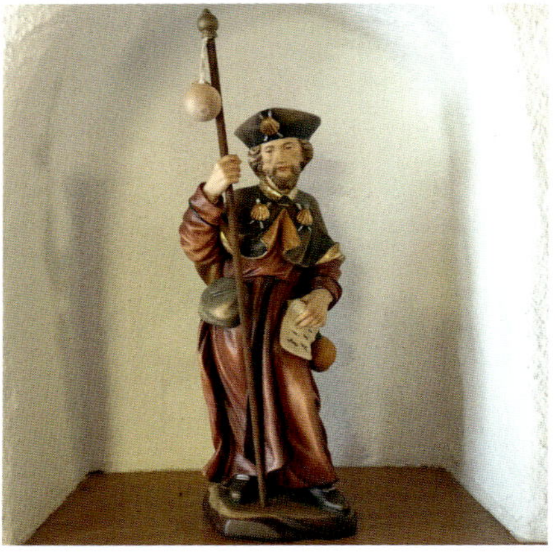

🚲 Sie folgen in Ravensburg der Radbeschilderung und verlassen die Stadt am Ende in Begleitung der Schussen. Nach der Schussentalbrücke fahren Sie rechts über die B30 nach Oberzell. Über Klöcken und Unterklöcken geht es durch die Wälder, bis Sie kurz vor Hungersberg auf den Jakobsweg treffen, den Sie hinter Reuter aber schon wieder verlassen. Sie fahren weiter geradeaus auf der K7732 nach Brochenzell. An der Einmündung der Eugen-Bolz-Straße erreichen Sie wieder den Jakobsweg.

Sie gehen nach dem Bahnhof links in die Escher-Wyss-Straße, bis Sie die Meersburger Straße in der Nähe der Schussenbrücke erreichen. Nach dem Wechseln der Straßenseite wandern Sie über die Brücke und weiter auf dem Fuß- und Radweg durchs Wohngebiet. Knapp 200 m nach einem Wendekreisel biegen Sie links in die Sunthaimstraße. Hier haben Sie nochmals eine schöne Aussicht auf Ravensburg.

Sie wandern leicht bergauf bis zu einer Rechtskurve. Danach geht es links in den Opfenwangweg, der nach dem Rechtsknick dann Gutenbergweg heißt.

Bei der nächsten Rechtskurve führt der Jakobsweg links in einen asphaltierten Fuß- und Radweg, der von einer Busch- und Baumreihe begleitet wird. Sie verlassen den westlichen Stadtteil und gehen in die Felder- und Wiesenlandschaft. Bei einer am Zaun gelegenen Ruhebank biegen Sie rechts in einen Schotterweg. Über eine kleine Holzbrücke wandern Sie geradewegs in den Wald. Bei der Kurve eines Teersträßchens gehen Sie links in einen befestigten breiten Weg.

Sie treffen bei der nächsten Weggabelung auf einen Unterstand und marschieren geradeaus bis zur Linkskurve. Hier biegen Sie nach rechts in einen schmaleren Weg ab. In einem S-Bogen verlassen Sie den Wald auf einen schmalen Schotterweg, der nach einer Rechtskurve in einen Asphaltweg übergeht. Rechts erblicken Sie zwei Häuser und dort unterqueren Sie links die Bundesstraße B33 ❹.

Sie wandern geradeaus in den Wald und nach ca. 800 m folgt eine Linkskurve, wo Sie rechts in einen abwärtsführenden Wanderweg abschwenken. Kurz danach erreichen Sie eine Gabelung mit Schilderbaum und wandern links auf einem romantischen Weg, der oberhalb eines Bachs verläuft. Sie spazieren über die kleine Brücke über den Graben und erklimmen mithilfe von einigen Steinstufen den Hang.

Es geht geradeaus an einem Schilderbaum mit Jakobuswegmarkierung vorbei und Sie wandern auf einem sich schlängelnden Pfad bis zum Waldrand. Hier werden Sie mit einem schönem Ausblick auf Oberzell belohnt. Sie wenden sich nach rechts in den breiten Schotterweg und gehen in den Wald hinein. Gleich zu Beginn taucht linker Hand ein Picknickplatz auf. Bei der folgenden Weggabelung mit Bauminsel halten Sie sich zweimal links und wandern weiter auf einem leicht aufwärtsführenden Weg. Der nächste rechts abzweigende Weg wird von Ihnen ignoriert. Sie durchwandern eine Senke, passieren eine Wegkreuzung und erreichen hinter Oberzell die querende Kreisstraße K 7980 ❺.

In bisheriger Gehrichtung führt der Jakobsweg auf einen Forstweg. Nun wandern Sie für knapp 2,5 km auf diesem Hauptweg durch den Wald und ignorieren alle abzweigenden Wege. Schließlich erreichen Sie eine große Wegkreuzung, an der Sie die Muschelmarkierung nach links führt. Außerdem finden Sie hier die Markierung des Staatswaldes Ravensburg „5711/11, Unteres Höllholz".

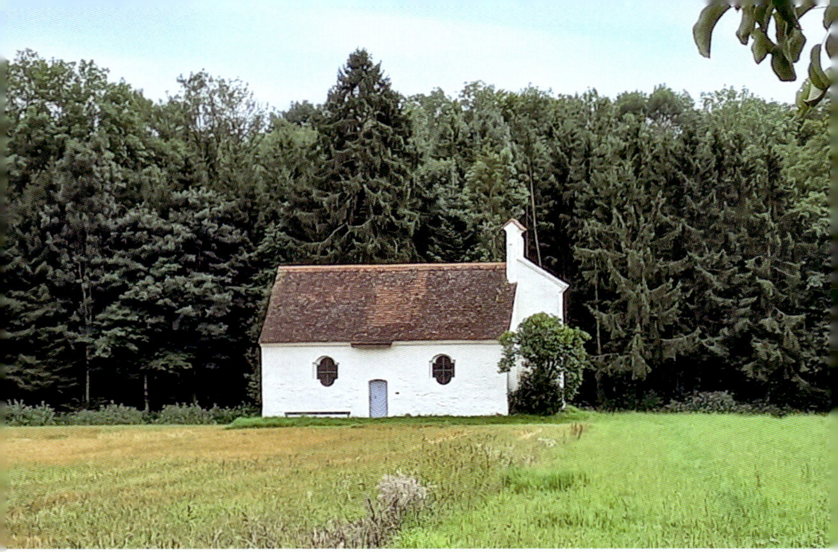

Bonifatiuskapelle bei Laufen

Sie wandern weiter durch den Wald, bis Sie die Senke mit dem Mühlbach queren. Danach gehen Sie aufwärts und über eine Kreuzung hinweg. Bei der nächsten Weggabelung folgen Sie dem Hauptweg links bis zum Waldende. Dort biegen Sie rechts in die Kreisstraße nach **Hungersberg ❻**, die Sie durch den Ort und zur ✞ Hof- und Pilgerkapelle am Ortsende führt.

Sie marschieren weiter auf der Kreisstraße bis zur 🚌 Bushaltestelle „Laufenen".

↳ Hier haben Sie die Möglichkeit für einen Abstecher zur ✞ Bonifatiuskapelle, ➲ 600 m.

✞ Die **Bonifatiuskapelle** wurde erstmals im 13. Jh. erwähnt und steht auf der Wiese südlich von Laufenen im Schussental. Der heutige Bau stammt aus spätgotischer Zeit und wurde im 18. Jh. im barocken Stil umgestaltet. An den Wänden finden Sie mehrere Rötelinschriften, zum Teil mit Wappenskizzen, Hausmarken oder Jahreszahlen. Ihre Bedeutung ist noch nicht erforscht, aber es gibt Hinweise, dass sie vermutlich auch von Pilgerinnen und Pilgern hinterlassen wurden. Diese sogenannten „Pilgerkritzeleien" wurden bei der Renovierung der Kapelle nicht übermalt.

Der Jakobsweg verläuft weiter auf der Straße bis zum Weiler Reuter ❼.

Sie laufen noch ein Stück geradeaus und biegen dann vor dem letzten Haus links in einen Feldweg.

Bevor der Weg einen Rechtsbogen beschreibt, pilgern Sie geradeaus auf einem schmalen Wiesenpfad. Ihr Weg wird von der Schussen und zeitweise von Büschen und Bäumen begleitet. Nach einem Linksbogen biegt der Wiesenpfad bald rechts ab und führt an einem Sportplatz vorbei. Sie gehen geradeaus nach Brochenzell und nach der kleinen Brücke über den Guntenbach befindet sich linker Hand das Gemeindehaus St. Jakobus. Vor diesem pilgern Sie links zur ✞ St.-Jakobus-Kirche.

Unterhalb des Kircheneingangs, bei den Treppenstufen leicht links, finden Sie die Wegweiser der Jakobswege nach Meersburg bzw. Nonnenhorn. Hier können Sie wählen zwischen den Wegen Meersburg-Konstanz und Nonnenhorn-Konstanz. Der Weg nach Nonnenhorn führt in Richtung Lindau und die Beschreibung finden Sie bei der ☞ Variante 18. Etappe. (Die Etappe von Nonnenhorn nach Lindau wird in diesem Buch nicht beschrieben.)

Brochenzell

☺ Private Unterkünfte für Jakobuspilgerinnen und -pilger in Brochenzell, www.kathkirche-meckenbeuren.de. In Brochenzell vermieten die vorhandenen Gasthöfe keine Gästezimmer. Es gibt jedoch pilgerfreundliche Privatunterkünfte für einzelne Personen oder kleine Gruppen. Um rechtzeitige Voranmeldung wird gebeten.

Pilgerzimmer Zeilmeir, Palmstraße 16, 88074 Meckenbeuren-Brochenzell, ☏ 075 42/26 47, max. 5 Gäste, ÜF ab € 25. Die Gastgeberin nimmt seit Jahren sehr gerne Pilgerinnen und Pilger auf. ➲ 50 m vom Weg, zu Beginn der Etappe nach Nonnenhorn

Gaststätte zur Waldschänke, Andreas-Hofer-Straße 37, 88074 Meckenbeuren-Brochenzell, ☏ 075 42/212 03, Mo Ruhetag, Di-So 10:30-01:00, ➲ 40 m vom Weg, vor dem Abzweig zur Kirche

♦ **Restaurant Schloss Brochenzell**, Humpisstraße 3, 88074 Meckenbeuren-Brochenzell, ☏ 075 42/407 44 78, info@schlossbrochenzell.de, www.schloss-brochenzell.de, Mo geschlossen, Di-Sa 17:00-23:00, So 11:30-21:30, ➲ 70 m vom Weg, am Etappenende

Bäckerei-Café Ulmer, Andreas-Hofer-Straße 13, 88074 Meckenbeuren-Brochenzell, Mo-Fr 6:00-18:00, Sa 6:00-12:00, So 7:30-10:30. Es werden auch kleine Snacks angeboten. ➲ 150 m vom Weg, am Etappenende

⊙ Den Pilgerstempel gibt es in der Kirche St. Jakobus Maior.

Linie 238 nach Meckenbeuren, in Meckenbeuren Zuganschluss nach Ulm

☺ 🛏 Falls es einen Engpass an Übernachtungsmöglichkeiten in Brochenzell geben sollte, könnten Sie auf das gut 3 km entfernte Hotel Krone in Ettenkirch ausweichen, das auf der Strecke nach Meersburg liegt. Die andere Alternative befindet sich auf der Etappe nach Nonnenhorn in dem 1,5 km entfernten Meckenbeuren. In der Nähe des Bahnhofs befindet sich das Haus am Geissbock.

Die Wegbeschreibungen zu den Unterkünften finden Sie bei den jeweiligen Etappen.

✞ Die **Pfarrkirche St. Jakobus Maior** geht bis auf 861 zurück. Der heutige Bau erfuhr eine Erneuerung durch die Herren von Humpis im Jahr 1624 und 1734 durch eine Umgestaltung im barocken Stil. 1971 wurde die Kirche durch einen Anbau ergänzt, wobei das ehemalige Kirchenschiff zum neuen Chorraum umfunktioniert wurde. Der aus dem Kloster Löwental stammende Rosenkranzaltar ist besonders sehenswert. In der linken Chorwand finden Sie eine schlichte gotische Jakobsfigur.

✞ Die **Heilig-Kreuz-Kapelle** befindet sich neben der Kirche und wurde im Jahr 1622, während des Dreißigjährigen Krieges, gebaut. In der Altarnische befindet sich eine Kreuzigungsgruppe aus Holz, die aus dem 17. Jh. stammt. Unter dem verzierten Ziegeldach schmücken der heilige Jakobus und der heilige Sebastian den Giebel.

Außerdem ist die Kapelle auch Gedenkstätte für die Opfer der beiden Weltkriege.

⌘ **Museum im Humpisschloss**. Leben und Handel im Mittelalter ist das Thema der Ausstellungen.

♦ Humpisstraße 3, ☏ 075 42/40 32 38, 💻 www.museum-im-humpisschloss.de, 🚪 Mi-Fr 17:00-19:00, Sa 16:00-19:00, So 11:00-14:30 und 16:30-19:00, Mo-Di geschlossen, Eintritt Erw. € 3, Kinder € 1,50, Gruppen ab 10 P. € 2,50 p. P., nur nach Voranmeldung

Nach vielen Besitzwechseln kauften 1447 die Herren von Humpis die Herrschaft Brochenzell von Graf Hugo X. von Montfort. In der Mitte des 16. Jh. bauten sie an Stelle der früheren Burg ein kleines Schloss. 1721 erwarb das Kloster Weingarten Brochenzell. Im 19. Jh. befand sich für einige Jahre die Schultheißerei in dem Gebäude.

Heute finden Sie dort ein Restaurant und das Museum.

18. Etappe: Brochenzell – Meersburg

➲ 27,3 km, ⧗ 7 Std. 15 Min., ↑ 191 m, ↓ 170 m, ⇧ 411-490 m

0,0 km	⇧ 412 m	Brochenzell
3,0 km	⇧ 465 m	Furatweiler (Abzw. Ettenkirch, ➲ 500 m)
5,9 km	⇧ 450 m	Blankenried
8,2 km	⇧ 436 m	Unterteuringen
13,0 km	⇧ 445 m	Leimbach
15,6 km	⇧ 437 m	Markdorf
18,7 km	⇧ 448 m	Riedern
23,0 km	⇧ 472 m	Stehlinsweiler
27,3 km	⇧ 437 m	Meersburg, Marktplatz

Wenn Sie sich für die Etappe nach Meersburg entscheiden, führt Sie der Jakobsweg durch eine hügelige Landschaft, die mit Obstplantagen und Hopfenfeldern gespickt ist. Vor Markdorf erhaschen Sie schon zeitweilig die ersten Blicke auf den Bodensee und die Alpen. Nach Stehlinsweiler erreichen Sie nach einem kurzen Abstecher die Dreifaltigkeitskapelle Braitenbach, die früher schon eine Zwischenstation auf dem Jakobsweg war. Noch ein kurzer Aufschwung in den Wald hinauf, bis Sie gemütlich nach Meersburg hinunterwandern und dort die Altstadt mit seiner Schloss- und Burgkulisse genießen können.

Sie verlassen Brochenzell in westlicher Richtung über die Humpisstraße, Andreas-Hofer-Straße und Ettenkircher Straße, bis diese im Wald in die Brochenzeller Straße übergeht. Nach Wattenweiler fahren Sie auf dem Fahrradweg neben der L329 und streifen in Blankenried kurz den Jakobsweg. Auf der Strecke zwischen Oberteuringen und Markdorf erfolgen nochmals Jakobswegberührungen in Unterteuringen, Hepbach und Leimbach, bis Sie schließlich Markdorf erreichen.

Unterhalb der Kirche folgen Sie der Jakobswegmarkierung in Richtung Unterteuringen und Markdorf. Bei der querenden Andreas-Hofer-Straße, wo auch die Gaststätte Zur Waldschänke liegt, biegen Sie kurz links und sofort rechts in die Ferdinand-von-Schill-Straße. Sie gehen auf einem Fuß- und Radweg durch ein Wohngebiet.

Bei einem Linksbogen des Weges biegen Sie links in einen kleinen Schotterweg. Sie passieren einen Spielplatz und verlassen den Ort. Sie wandern an Obstbäumen und Wiesen vorbei, bis Sie bei einer ⛼ Ruhebank links in den Wald wandern. Dort kreuzen Sie einen breiten Fahrweg und nach 150 m pilgern Sie links in einen grasbewachsenen Wiesenweg.

Sie gehen über eine Waldwegkreuzung und beim nächsten Querweg rechts. Nach dem Linksbogen schlängelt sich der Weg aus dem Brochenzeller Wald hinaus. Nun wandern Sie geradeaus durch Obstplantagen, Wiesen und Felder, bis Sie kurz vor dem nächsten Ort auf die Straße treffen, die links von Ettenkirch kommt.

↳ Falls Sie in Brochenzell oder in Meckenbeuren keine Unterkunft gefunden haben, oder vielleicht auch nur einkehren wollen, besteht hier die Möglichkeit, zum Hotel & Wirtshaus Krone nach links abzubiegen.

Ettenkirch

Hotel & Wirtshaus Krone, Ettenkircher Straße 28, 88048 Friedrichshafen-Ettenkirch, ☏ 075 46/92 32-0, ✉ hotel@krone-ettenkirch.de, 💻 www.wirtshaus-krone-ettenkirch.de, 25 Zimmer, EZ ab € 52, DZ ab € 75, Restaurant Mo Ruhetag, Di-Sa 15:30-23:30, So und Fei 10:00-23:30, schwäbische Spezialitäten, ➲ 500 m

Rechts geht es weiter auf dem Jakobsweg in Richtung Unterteuringen. An der folgenden Gabelung wandern Sie links in den kleinen Ort **Furatweiler** ❶ hinauf.

Sie passieren einen Obsthof und gehen dann links auf einem Teersträßchen in Richtung Oberteuringen. Nach ca. 120 m zweigt der Jakobsweg rechts in eine kleine landwirtschaftliche Straße ab, die an Obstplantagen vorbeiführt. An einer kleinen Teerstraße gehen Sie links, queren leicht links versetzt die folgende Kreisstraße und wandern geradeaus durch Obst- und Hopfenanbaugebiete. Hier treffen Sie zuvor auf einen kleinen automatisierten Hofladen.

Hofladen Müller, hinter Furatweiler an der K7729, mit Milchautomat und Regiomat, 24 Std. Es werden nur regionale Produkte verkauft, u. a. Getränke, Wurstwaren, Käse, Honig, Kekse, Eis und Obst der Saison.

An der folgenden Gabelung wandern Sie rechts hinauf zum Weiler Zillisbach mit seinem Fachwerkbauernhaus. Von der Höhe führt die kleine Teerstraße hinunter und durch Krehenberg. Sie stoßen auf eine Landstraße, vor der Sie rechts nach **Blankenried** ❷ wandern.

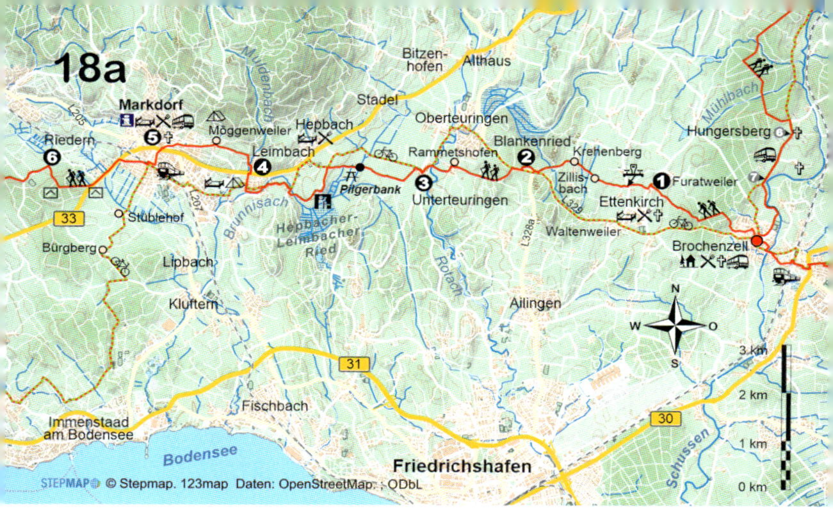

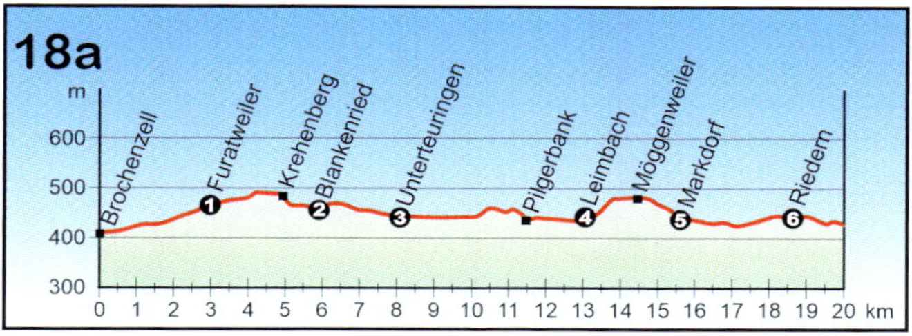

Nach dem Weiler erreichen Sie die Landstraße, queren diese und gehen rechts in einen Fuß- und Radweg. Schon nach 200 m biegen Sie links in die Probsteistraße in Richtung Wald und erreichen Rammetshofen. Am Ende der Straße gehen Sie links in die Buchhornstraße. Nach dem Dorfende führt Sie die Straße bis zur Rotachbrücke am Ortsrand von Unterteuringen. Die Alemannenstraße leitet Sie mit einem Linksbogen nach Unterteuringen ❸.

An der Ortsdurchfahrtsstraße halten Sie sich kurz rechts. An der Rechtskurve der Raiffeisenstraße gehen Sie links über den Fußgängerüberweg in eine kleine Teerstraße. Schon nach ca. 100 m wandern Sie nochmals links in ein Teersträßchen und zum Ort hinaus. Wieder geht es durch die unzähligen Obstplantagen, bis Sie einen schattigen ⛬ Picknickplatz unter Bäumen erreichen. Hier führt der Jakobsweg rechts und geht bald in einen Schotterweg über, der ein Stück danach einen Modellflugplatz passiert.

Am Entengraben lädt Sie eine Pilgerbank zur Rast ein und dort informieren Sie Hinweistafeln über den Jakobsweg. Sie gehen nun in einem Links-Rechts-Bogen auf dem Schotterweg weiter, bis dieser in eine Asphaltstraße übergeht. Sie streifen einen rechts liegenden Bauernhof und bei der folgenden Wegkreuzung wandern Sie nach links in einen Schotterweg.

☺ Falls Sie im Gasthof Linde übernachten, halten Sie sich bei der Wegkreuzung geradeaus und Sie erreichen nach ca. 750 m den Gasthof an der B33.

Hepbach

Landgasthof Linde, Fürstenbergstraße 1, 88677 Markdorf-Hepbach, ☎ 075 44/45 29, Linde-Hepbach@gmx.de, www.linde-hepbach.de, ÜF EZ ab € 47, DZ ab € 76, MBZ ab € 120, Restaurant Mo-Mi 17:00-21:00, Do Ruhetag, Fr-So 17:00-21:00, 750 m nördlich des Jakobsweges

Bald danach geht es nochmals nach links auf einen schmäleren mit Buschreihen gesäumten Weg zum Ausblick Hutwiesen. Hier haben Sie wunderbare Blicke hinab in das Feuchtgebiet Hepbacher-Leimbacher Ried, das von einer Hügellandschaft eingerahmt wird. Sie wandern geradeaus bis zum nächsten markierten Abzweig, der Sie nach rechts leitet und dann wieder auf den Schotterweg zurückkehrt, den Sie zuvor verlassen haben.

Nach links geht es auf dem Schotterweg durch die endlosen Obstplantagen und Maisfelder. In der Rechtskurve liegt rechts oberhalb des Weges nochmals eine Pilgerbank mit einem Wegkreuz, von der Sie eine schöne Aussicht genießen. Sie wandern nun aufwärts, durch einen Bauernhof hindurch und in einem Rechts-Links-Bogen der Teerstraße durch die Häuserreihen von Oberleimbach. Anschließend pilgern Sie auf der Straße durch Unterleimbach bis zu ihrem Ende, wo Sie rechts die Brücke über die Brunnisach queren.

Sofort zweigt der Jakobsweg in der Nähe eines Brunnens nach links in ein Teersträßchen ab. Am Rechtsbogen der Brunnisach mit der dahinterliegenden Kapelle biegen Sie rechts in einen schmalen Fuß- und Radweg ein, wo Sie zwischen Brunnisach und Ortsrand dahinwandern. Auf dem idyllischen Weg treffen Sie nochmals auf einen einladenden Pilgerrastplatz mit einer vor Ort geschnitzten Jakobsskulptur und Infotafeln über den Jakobsweg. Mit einem schwungvollen Rechtsbogen gelangen Sie auf dem Erlenweg nach Leimbach ❹ hinein und gehen weiter bis zur B33. Die Markierung zeigt nach rechts und gleich wieder nach links, um die B33 auf dem Fußgängerüberweg zu überqueren.

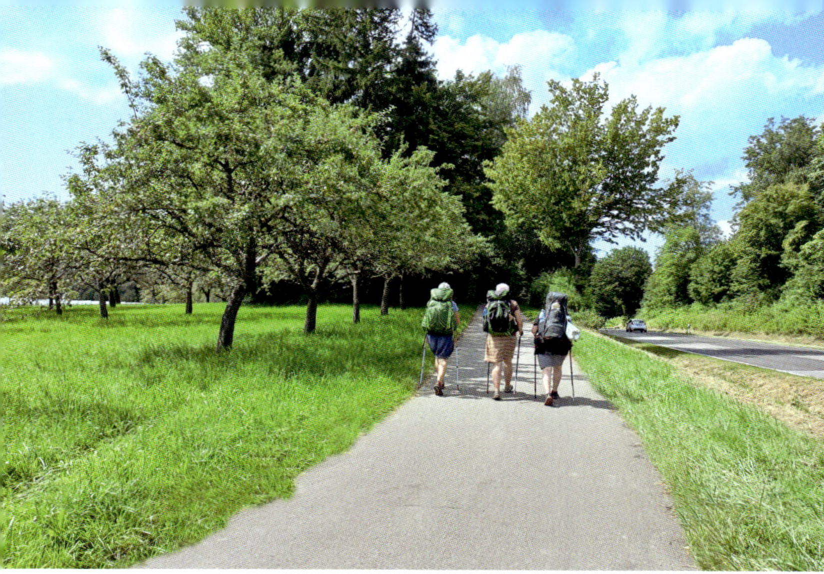

Pilgerinnen auf dem Weg nach Leimbach

➯ Wenn Sie in Leimbach übernachten möchten, gehen Sie vor der Bundesstraße nach links und nochmals nach links zum Hotel und Campingplatz Wirthshof.

Leimbach

Camping und Hotel Wirthshof, Steibensteg 10, 88677 Markdorf-Leimbach, ☏ 075 44/96 27-0, info@wirthshof.de, www.wirthshof.de, Preise für Übernachtung gibt es im Hotel auf Anfrage. Campingwiese Ü p. P. ab € 20, 2 P. ab € 30, F im Hotel ab € 19,50, ➲ 300 m vom Weg

Leimbach liegt 2 km östlich von Markdorf an der B33. Südlich des Ortes liegt das Leimbacher Ried, Teil eines ehemals großen Niedermoorgebiets. Leimbach ist seit 1972 nach Markdorf eingemeindet.

Sie wandern auf der Straße Hinterer Birken wieder ins Wohngebiet hinein. In der Rechtskurve der Straße geht der Jakobsweg nach links ab. Sie spazieren über den Muldenbach hinweg und aus Leimbach hinaus. Auf einem Wiesenpfad geht es nun rechts aufwärts in die Felder hinein.

Der erste Linksabzweig wird von Ihnen ignoriert und Sie steigen noch ein Stück steil aufwärts bis zu einer Ruhebank. Nachdem Sie die wunderbaren Ausblicke bis zum Bodensee genossen haben, geht es vor der Bank links und leicht abwärts auf einem geflickten Teerweg weiter.

In Möggenweiler folgen Sie, an der Wegkreuzung leicht nach links versetzt, weiter geradeaus der Möggenweiler Straße.

☺ Wenn Sie in Möggenweiler auf dem Naturcampingplatz in Tipis oder Zelten übernachten möchten, gehen Sie bei der Wegkreuzung rechts aufwärts in die Hochwaldstraße und geradeaus aus dem Ort hinaus.

Möggenweiler

Naturzeltplatz Markdorf am Gehrenberg, 88677 Markdorf-Möggenweiler, 01 60/98 48 83 42, info@survival-scout-bodensee.de, www.wildnis-club.de. Die folgenden Preise gibt es nur für Pilgerinnen und Pilger mit Pilgerausweis! Ü mit eigenem Zelt ab € 2,50, gestelltes Zelt ab € 7,50, im Holztipi ab € 7,50, im Heustadel ab € 7,50, im gemieteten Familienzelt ab € 15, Übernachten im Zelt oder Holztipi, incl. WC und uriger Dusche. Isomatte oder Feldbett, Decke oder Hüttenschlafsack können gegen einen Aufpreis von € 2,50 gebucht werden. Grillplatz, 400 m vom Weg

⊙ Pilgerstempel am Naturzeltplatz

Sie passieren rechter Hand den Friedhof, dann folgen in der Pestalozzistraße der Stadtpark mit Weiher und die unscheinbare ✞ Mauritiuskapelle mit dem alten Spital. In einem Linksbogen geht es weiter bis zum Ende der Pestalozzistraße und dann durch das Obertor hinab zum Marktplatz, wo Sie auf die ✞ Kirche St. Nikolaus treffen.

In unmittelbarer Nähe befinden sich auch die Tourist-Information und das Rathaus von Markdorf ❺.

Markdorf

Tourismusgemeinschaft Gehrenberg-Bodensee, Marktstraße 1, 88677 Markdorf, 075 44/50 02 90, info@gehrenberg-bodensee.de, www.gehrenberg-bodensee.de, Okt-Mai Mo-Fr 9:00-12:00 und nach Vereinbarung, Juni-Sep Mo-Fr 9:00-12:00 und 14:00-17:00, Sa 10:00-13:00, direkt am Weg

Hotel & Gasthof Krone, Hauptstr.2, 88677 Markdorf, 075 44/954 25 51, info@krone-markdorf.de, www.krone-markdorf.de, ÜF EZ, DZ, MBZ p. P. ab € 45, Restaurant Mo-So 10:00-23:30, 200 m vom Weg

🛏 ✕ **Restaurant-Zimmer-Biergarten** Bürgerstuben, Bahnhofstr. 21, 88677 Markdorf, ☏ 075 44/96 45 46, 💻 restaurant-buergerstuben@t-online.de, 💻 www.restaurant-buergerstuben.de, ÜF p. P. ab € 44, 🚪 Restaurant Mo-Di Ruhetag, Mi-Fr 11:00-14:00 und ab 17:00, Sa ab 17:00, So 11:00-14:00 und ab 17:00, ➲ direkt am Weg

⊙ Pilgerstempel in der Mauritiuskapelle und in der Kirche St. Nikolaus am Schriftenstand

🚌 Linie 7537 nach Meersburg

🚆 von Markdorf nach Friedrichshafen, von dort Zugverbindungen nach Ulm

✝ Die katholische **Pfarrkirche St. Nikolaus** ist eine gotische Langhaus Kirche von 1370 mit einer Schutzmantelkapelle aus dem Jahr 1660 und einem Hochaltar von 1871. Unter dem Mittelschiff des jetzigen Gotteshauses liegen Fundamente einer einfachen Saalkirche aus der karolingischen Zeit.

Einen 💧 Trinkwasserspender, der in die Stützmauer eingelassen ist, entdecken Sie an der Außenseite der Kirche.

⌘ ✝ Das ehemalige **Heiliggeisthospital** mit der Mauritiuskapelle in der Pestalozzistraße entstand um 1360 und war einst Pilgerstation am Jakobsweg. Das bronzene Wegkreuz bei der Kapelle zeigt die symbolische Jakobsmuschel und die oberschwäbische Pilgerroute. In der Mauritiuskapelle weisen einfache Rötelskizzen und die Jakobsmuschel auf eine Herbergsstelle des Jakobsweges hin. Offensichtlich gab es einst eine kleine Empore, die auch als Schlafplatz diente, wo sich die Pilgerinnen und Pilger an der Wand mit Skizzen verewigten. Sehr wahrscheinlich wurde die Pilgerschar aus der daneben liegenden Küche des Spitals und Altersheimes versorgt.

⌘ Das **Obertor** von 1534 besitzt einen spitzbogigen Torbogen und einem Fachwerkanbau aus dem 18. Jh., der einen Teil der ehemaligen Stadtbefestigung darstellte. Heute befindet sich hier der Sitz der Narrenzunft mit Fastnachtsmuseum.

⌘ Das **Untertor** begrenzt die Marktstraße im Westen und ist das älteste Bauwerk der Stadt mit einem romanischen Torbogen und einem gotischen Staffelgiebel.

⌘ Der **Hexenturm** im Schlossweg, aus dem 13. Jh., war ein Eckpfeiler der Stadtbefestigung und diente auch als Gefängnis. Heute kann man auf zwei Etagen die früheren Gefängniszellen und eine Ausstellung über altes Handwerk besichtigen.

Markdorf ist am Fuß des Gehrenbergs gelegen, besitzt einen kleinen mittelalterlichen Altstadtkern, der vom Bischofsschloss dominiert und vom Kirchturm überragt wird. 817 wurde Markdorf erstmals urkundlich erwähnt und erhielt 1250 die Stadtrechte. Das ehemalige Bischofsschloss dient heute als Rathaus.

Aus Markdorf heraus folgen Sie dem markierten Radweg, bis Sie erst Stüblehof, dann Bürgberg erreichen und nach dem Ort links abbiegen. Bei der folgenden querenden Straße fahren Sie rechts, nach 400 m links auf den Fahrradweg und weiter in Richtung Abenteuerpark Immenstaad. Weiter geht es in südwestlicher Richtung durch die Obstplantagen bis zu einer Infotafel mit Wanderkarte, dort biegen Sie rechts ab und fahren weiter nach Kippenhausen und Frenkenbach. Einige Weinberge passierend erreichen Sie Stetten, wo Sie in die rechts abzweigende K7747 einbiegen und dann links in die Straße nach Roggele radeln, die Sie nach Meersburg führt.

Der Jakobsweg führt vor dem mit Blumen bewachsenen Brunnen bei der Tourist-Information nach links und die Treppenstufen hinab. Sie passieren den Hexenturm mit seinem Museum sowie die ehemalige Kaplanei und biegen links in die Kleine Steig ein. Die Ravensburger Straße wird von Ihnen überquert und Sie laufen geradeaus auf der Bahnhofstraße, bis diese am Bahnhof endet. Hier befinden sich auch die Bürgerstuben, in denen Sie übernachten und einkehren können.

Vor dem Bahnhofsgebäude wenden Sie sich nach rechts in die Eisenbahnstraße, bis diese bei der Gutenbergstraße endet und Sie dort links über die Bahngleise gehen. Gleich danach biegen Sie rechts in die Bernhardstraße ein, die Sie zur querenden B33 führt.

Nach Überquerung der Bundesstraße laufen Sie ca. 750 m links auf dem parallel verlaufenden Fuß- und Radweg und dann aus Markdorf heraus. Endlich dürfen Sie nach rechts in den Wald abbiegen zu einem Wanderparkplatz mit überdachtem Picknickplatz, wo Sie weiter geradeaus auf dem mittleren Weg wandern.

Alle abzweigenden Wege werden ignoriert, bis Sie zu einer Wegkreuzung mit einem Unterstand kommen. Vor diesem geht es rechts abwärts auf dem Gemarkungsweg bis zum Waldrand. Bald darauf erreichen Sie **Riedern ❻**.

Am Ortsrand stoßen Sie auf eine kleine Teerstraße, der Sie links leicht aufwärtsgehend folgen. Dabei passieren Sie sowohl die Einöde Im Sack als auch eine Windhundrennbahn. Sie gelangen zu einer querenden Straße, überqueren diese und halten sich leicht nach links versetzt geradeaus am Waldrand entlang. In einem Linksbogen geht es in den lichten Wald hinein, wobei die folgenden abzweigenden Wege ignoriert werden. Sie erreichen einen querenden Weg, in den Sie nach rechts einbiegen.

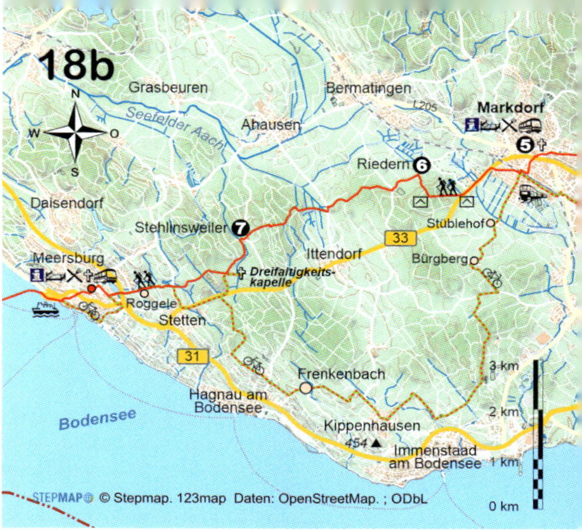

Am Waldende bei der Kreisstraße laufen Sie kurz links und gleich wieder rechts auf einem Fuß- und Radweg durch Felder, Wiesen und Obstplantagen. Nochmals streifen Sie dabei einen Modellflugplatz. Es geht für Sie zunächst am Waldrand entlang, dann in den Wald hinein und sofort nach rechts bis zur nächsten Weggabelung. Hier pilgern Sie nach links in einen Forstweg, der linker Hand von einem Bach bis zur nächsten Wegspinne begleitet wird.

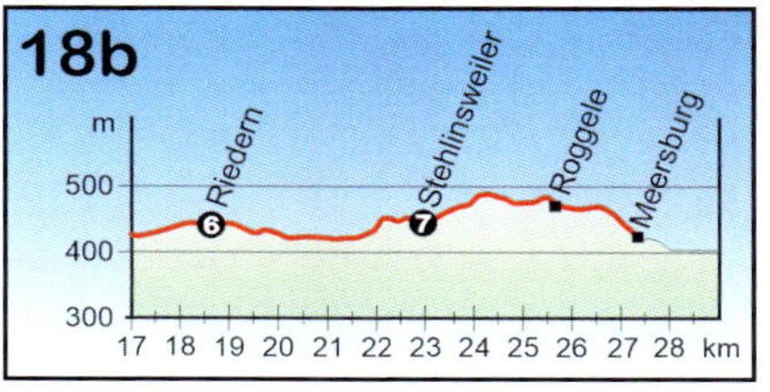

Dort geht es halb rechts aufwärts auf einem schmalen Waldpfad. Dann nehmen Sie bei einer Pfadgabelung den leicht nach rechts weiterführen Pfad. Sie queren einen Forstweg und der eingewachsene Pfad schlängelt sich weiter bis zum nächsten Querweg, auf dem Sie kurz nach rechts laufen. Bald danach biegen Sie links in einen etwas breiteren Waldpfad, der Sie aus dem Wald hinausgeleitet. Jetzt geht es wieder durch Wiesengelände und Obstplantagen, bis Sie nach **Stehlinsweiler ❼** kommen.

In Stehlinsweiler wandern Sie beim Fahrweg kurz rechts, dann gleich wieder links und aus dem Weiler hinaus. In einer Linkskurve führt das Fahrsträßchen am Waldrand entlang, vollführt einen großen Rechtsbogen, um sich dann vom Wald zu entfernen. Sie unterqueren eine Stromleitung und bei der nächsten Wegkreuzung biegt der Jakobsweg rechts ab.

↳ Wenn Sie bei dieser Kreuzung nach links spazieren, kommen Sie zur schlichten, aber beeindruckenden Dreifaltigkeitskapelle Braitenbach.

⊙ ✝ Die **Dreifaltigkeitskapelle** mit dem romanischen Kern war wahrscheinlich schon früher Zwischenstation auf dem Jakobsweg, denn im Inneren befinden sich Rötelmalereien, darunter auch eine typische Jakobsmuschel, ➲ 250 m.

Dreifaltigkeitskapelle in Braitenbach

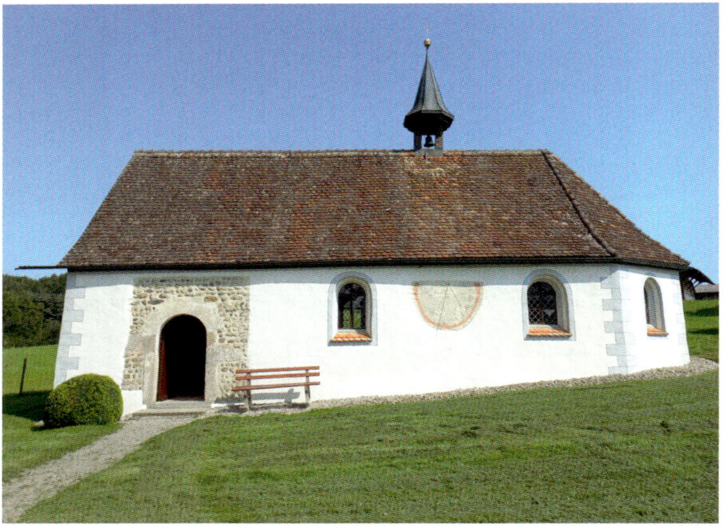

Sie wandern auf dem Schotterweg aufwärts und dann in den Wald hinein in Richtung Funkmast. Auf der Anhöhe, bei einer Lichtung, bleiben Sie weiter geradeaus auf dem nun abwärtsführenden Weg, der Sie aus dem Wald hinausführt. Obstplantagen säumen wieder den Weg und Sie gehen weiter geradeaus, über eine Kreisstraße hinweg und durch den Weiler Roggele.

Bergabgehend erreichen Sie das Ortsschild von Meersburg. Auf der Straße Am Weiher unterqueren Sie die Bundesstraße, danach befindet sich rechter Hand der Siechenweiher. Sie spazieren am Weiher entlang bis zum Ende der Straße und biegen rechts in die Kronenstraße, um bei der Kirche nach links auf der Mesmerstraße weiterzugehen. Sie pilgern am Friedhof vorbei und hinab zum Bodensee. Sie unterqueren die Stettener Straße und laufen nun durch das Obertor in die Altstadt und nach 50 m erreichen Sie den kleinen Marktplatz, wo die heutige Etappe endet.

☺ Hier geht es rechts zur Tourist-Information und kurz dahinter befindet sich die ✞ Kirche Mariä Heimsuchung.

☺ Am Ende der Steiggasse befindet sich linker Hand die Unterstadtstraße, wo sich (bis auf das JUFA Hotel) die im Folgenden aufgeführten Hotels befinden.

Meersburg

Meersburg Gästeinformation, Kirchstraße 4, 88709 Meersburg, ☏ 075 32/440-400, info@meersburg.de, www.meersburg.de, Gästeservice Mo 10:00-12:00 und 14:00-16:00, Di-Mi 10:00-12:00, Do 10:00-12:00 und 14:00-16:00, Fr 10:00-12:00, ➲ 50 m vom Weg

☺ Meersburg ist ein äußerst beliebtes Reiseziel, daher ist es empfehlenswert, im Voraus zu reservieren.

Restaurant-Gästehaus am Hafen, Spitalgasse 4, 88709 Meersburg, ☏ 075 32/70 69, amhafen@freenet.de, www.amhafen.eu, 14 Betten, Ü EZ ab € 60, DZ ab € 80, MBZ ab € 130, Restaurant Mo 11:30-14:30 und 18:00-21:00, Di Ruhetag, Mi-So 11:30-14:30 und 18:00-21:00, ➲ 300 m vom Marktplatz abwärts, an der Uferpromenade gelegen

JUFA Hotel Meersburg, Vorburggasse 1-3, 88709 Meersburg, ☏ 075 32/44 58-092, meersburg@jufahotels.com, www.jufahotels.com, 50 Zimmer, ÜF EZ ab € 67,80, DZ ab € 85,60, MBZ ab € 110,40, ➲ 100 m vom Weg, südlich des Obertors

♦ **Mittelalterhotel-Gästehaus Rauchfang**, Unterstadtstr. 27, 88709 Meersburg, ☏ 75 32/808 17 33, reservieren@hotel-rauchfang-bodensee.de, www.hotel-rauchfang-bodensee.de, ÜF EZ ab € 115, DZ ab 124, MBZ ab € 209, ➲ 300 m vom Marktplatz abwärts, an der Uferpromenade gelegen

♦ **Pension Ins Fischernetz**, Unterstadtstraße 32, 88709 Meersburg, ☏ 075 32/58 45, Ins-fischernetz@gmx.de, www.ins-fischernetz.de, 7 Betten, ÜF EZ ab € 65, DZ ab € 85, ➲ 300 m vom Marktplatz abwärts, an der Uferpromenade gelegen

♦ **Gästehaus Schwabenstube**, Unterstadtstraße 29, 88709 Meersburg, ☏ 075 32/51 77, info@schwabenstube-meersburg.de, www.schwabenstube-meersburg.de, 7 Betten, ÜF EZ ab € 38, DZ ab € 68, ➲ 300 m vom Marktplatz abwärts, an der Uferpromenade gelegen

♦ **Hotel und Gästehaus Seehof**, Unterstadtstraße 36, 88709 Meersburg, ☏ 075 32/ 808 17 33, reservieren@meersburg-seehof.de, www.meersburg-seehof.de, ÜF EZ ab € 90, DZ ab € 104, MBZ ab € 176, ➲ 330 m vom Marktplatz abwärts, an der Uferpromenade gelegen

⊙ Den Pilgerstempel erhalten Sie in der Tourist-Info.

Linie 7395 nach Friedrichshafen Stadtbahnhof, von dort Zugverbindungen nach Ulm und Nürnberg

Die **Stadtpfarrkirche Mariä Heimsuchung** wurde 1833 fertiggestellt. Der alte Glockenturm, der möglicherweise schon im 13. Jh. entstanden ist, wurde in den Neubau integriert. Die Kirche wurde im klassizistisch-schlichten Weinbrenner-Stil erbaut.

Die **Meersburg** befindet sich seit dem 19. Jh. in Privatbesitz und ist die älteste noch bewohnte Burg in Deutschland. Sie ist das Wahrzeichen der Stadt Meersburg. Vermutlich geht ihre Entstehung bis ins 7. Jh. zurück. Ab 1211 wurde die Burg von verschiedenen Fürsten bewohnt und gehörte bis ins 18. Jh. zum Besitz des Bistums Konstanz. Die Burg ist noch vollständig erhalten, da sie nie zerstört wurde. Im 19. Jh. befand sie sich im Besitz von Angehörigen der berühmten Dichterin und Komponistin Annette von Droste-Hülshoff. Die Dichterin verstarb auf der Meersburg am 24.05.1848. Die Räume, in denen die Dichterin lebte, können besichtigt werden.

Das **Neue Schloss Meersburg** thront erhaben über dem Bodensee. 1710 wurde mit dem Bau begonnen und erst ab 1740 begann der Ausbau zu einer prachtvollen barocken Residenz. Sowohl faszinierende Statuen, prächtige Deckengemälde und Stuckaturen als auch Exponate zur Jagd, Musik und Festkultur sowie ein Naturalienkabinett beeindrucken bei einem Rundgang durch das Schloss. Nicht zu vergessen die Terrasse mit der barocken Gartenanlage und dem eleganten Teehäuschen, von wo aus Sie das Panorama über den Bodensee bis hin zu den Schweizer Alpen bewundern können.

Der Pilgerstempel von Meersburg

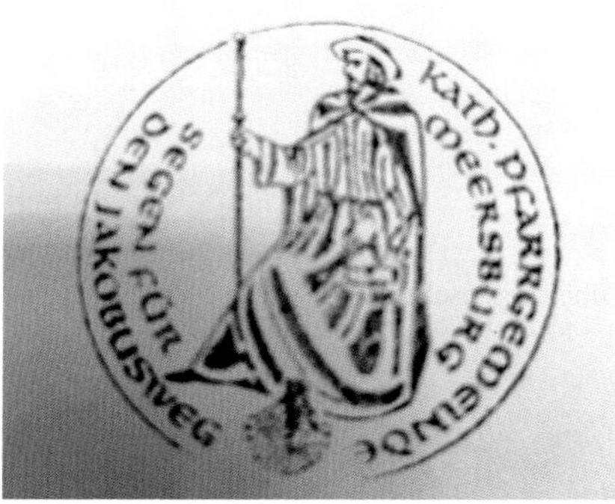

Meersburg liegt in reizvoller Lage am Nordufer des Bodensees und ist von Obstplantagen und Weinanbauflächen umgeben. Wahrzeichen der Stadt ist die weithin sichtbare Meersburg, die erstmals 988 erwähnt wurde. Schon 1233 mit dem Marktrecht ausgestattet, ist Meersburg seit 1299 Stadt. Im 16. Jh. wählten die Konstanzer Fürstbischöfe Meersburg als Residenz und gaben der historischen Altstadt in weiten Teilen ihr heutiges Aussehen.

Neben den berühmten Sehenswürdigkeiten in Meersburg lohnt sich natürlich auch ein Spaziergang auf der Seepromenade sowie die Besichtigung der schönen Altstadt mit ihren engen Gassen, dem Unterstadttor und dem Obertor, durch das Sie schon die Altstadt betreten haben.

Variante 18. Etappe: Brochenzell – Nonnenhorn

21,5 km, 5 Std. 45 Min., ↑ 140 m, ↓ 150 m, ⇧ 396-493m

0,0 km	⇧ 412 m	Brochenzell
3,0 km	⇧ 442 m	Abzw. Fahrstraße Obermeckenbeuren
6,1 km	⇧ 461 m	Tettnang, Herberge BANK
8,4 km	⇧ 465 m	Tettnang, Unterführung B467
11,5 km	⇧ 426 m	Gießenbrücke
13,1 km	⇧ 445 m	Abzw. Heiligenhof
16,9 km	⇧ 472 m	Gattnau
18,9 km	⇧ 446 m	Hattnau
21,5 km	⇧ 397 m	Nonnenhorn BANK

Die Etappe nach Nonnenhorn führt Sie von Brochenzell über Meckenbeuren durch Obst- und Hopfenanbaugebiete nach Tettnang. Hier haben Sie die Möglichkeit, in einer modernen Pilgerunterkunft zu übernachten, die in der Sakristei der St.-Georgs-Kapelle liegt. Von der sehenswerten kleinen Altstadt in Tettnang wandern Sie weiter durch schöne Mischwälder, am Schloss Gießen vorbei sowie durch kleine verschlafene Weiler und Orte. Bei der auf einer Aussichtskanzel gelegenen Antoniuskapelle genießen Sie fantastische Ausblicke auf die Bodenseelandschaft. Der Jakobsweg leitet Sie nun abwärts bis Nonnenhorn, wo Sie auf die St.-Jakobus-Kapelle stoßen und schließlich durch den Ort bis zum See hinabwandern.

Von Brochenzell fahren Sie über die Inselstraße geradeaus nach Meckenbeuren hinein. Sie queren die Bahngleise und halten sich sofort rechts, wo Sie auf den Jakobsweg treffen, der bis zur Schulstraße führt. Sie radeln auf der Schulstraße aus dem Ort hinaus, gelangen nach Obermeckenbeuren und überqueren die B467. Im Wald bei Höll biegen Sie links durch die Unterführung Richtung Kaltenberg bzw. Irrmannsberg ab und erreichen anschließend Tettnang.

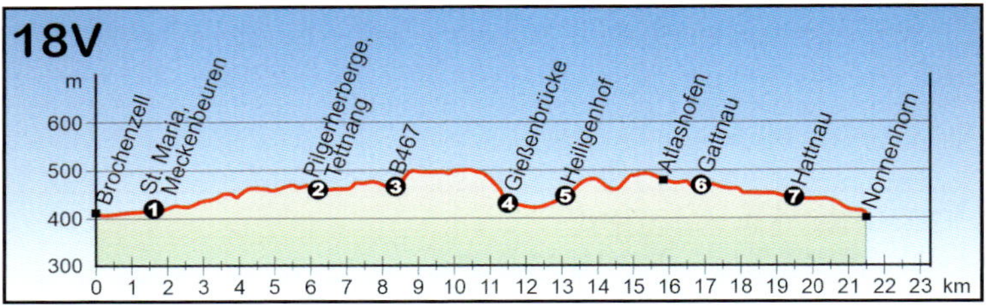

Wenn Sie sich für diese ebenfalls schöne Route nach Nonnenhorn entschieden haben, dann beginnt Ihr Weg bei der St.-Jakob-Kirche in Brochenzell. Am Kircheneingang führen Stufen hinab und Sie erblicken das Hinweisschild des Jakobsweges über Tettnang nach Nonnenhorn.

Von dort geht es nach links an einer Bushaltestelle vorbei und über eine kleine Holzbrücke. Die Humpisstraße vollführt zwei Rechtskurven durch die Wohnsiedlung und Sie gelangen zur Ortsdurchfahrtsstraße, die Sie queren. Danach gehen Sie links weiter. Nach Überschreitung der Schussenbrücke befinden Sie sich schon in Meckenbeuren.

Bald danach biegen Sie rechts in die Säntisstraße und sofort links in die Neuhaldenstraße ab und gehen nun durch ein ruhiges Wohngebiet. Bei der folgenden Gabelung wandern Sie halb rechts in die Pfänderstraße, bis diese auf den Bahnhof stößt. Dort gehen Sie links und gleich wieder nach rechts, um den Bahnhof zu unterqueren.

☺ Um den Bahnhof herum befinden sich einige Geschäfte und Supermärkte.

Meckenbeuren

Haus am Geissbock, Bahnhofstraße 6, 88074 Meckenbeuren, Familie Boos, ☎ 075 42/219 36, info@haus-am-geissbock.de, www.haus-am-geissbock.de, 5 Zimmer, Ü EZ ab € 45, DZ ab € 65, MBZ ab € 75, ➲ 250 m vom Weg

Linie 229 nach Tettnang

Zugverbindungen über Ulm oder Stuttgart nach Nürnberg

Danach laufen Sie kurz rechts und gleich wieder links in die Ernst-Lehmann-Straße. Sie kommen an der ✝ evangelischen Pauluskirche vorbei. Am Ende der Straße geht es kurz rechts in die Berblinger Straße und gleich wieder nach links.

Hier erblicken Sie schon die große ✝ Kirche St. Maria ❶. Am Ende der Langenbacher Straße geht es noch ein Stück auf einem Fußweg weiter und dann halten Sie sich schräg links zur Kirche.

Nach der Kirche geht es rechts auf der Schulstraße weiter, die Sie beim zweiten Abzweig nach rechts in die Ludwig-Richter-Straße verlassen. Sofort geht es wieder links in die Arnold-Böcklin-Straße, wo sich am Eck ein Kinderspielplatz mit Picknickplatz befindet.

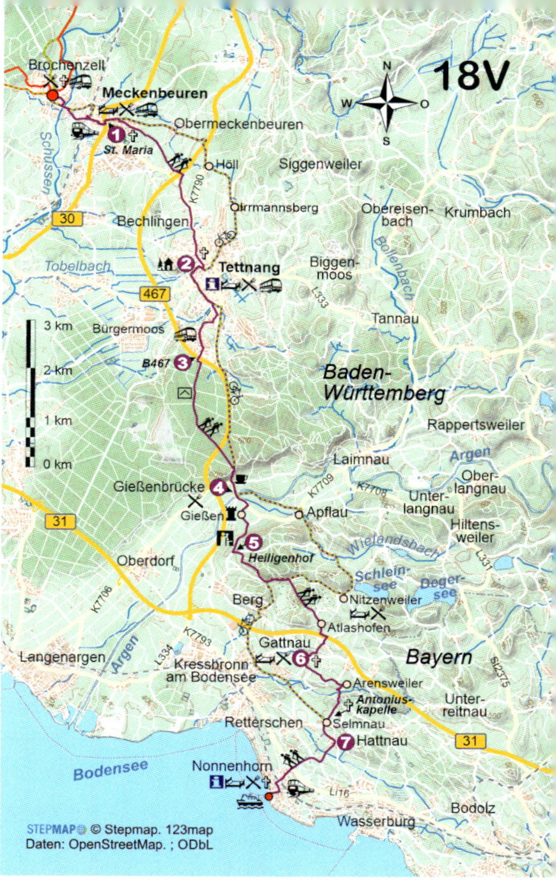

Die Straße endet in einer Sackgasse und Sie folgen nun geradeaus einem Fußweg. Sie überqueren eine Anwohnerstraße und verlassen den Ort.

Nun folgt für Sie ein längeres Stück auf einem Feldweg, der durch ein Obst- und Hopfenanbaugebiet führt. Auf diesem Weg ergattern Sie immer wieder wunderbare Blicke in die Alpenkette. Sie erreichen eine kleine querende Fahrstraße bei einer Hängebirke mit Ruhebank und Christuskreuz und gehen geradeaus. Links führt dieses Sträßchen nach Obermeckenbeuren.

Letztlich schwenkt der Weg in einem Links-Rechts-Bogen zur Bundesstraße 467, die Sie über eine Brücke queren. Danach wandern Sie rechts und gehen auf einem Teersträßchen durch ein Obstanbaugebiet. Sie stoßen auf eine Landstraße, der Sie links auf einem Fuß- und Radweg neben der Landstraße folgen. Sie marschieren an der Bushaltestelle „Fünfehrlen" vorbei bis zum Verkehrskreisel bei Bechlingen.

Dort halten Sie sich rechts und kurz danach wandern Sie am Ortsschild von Tettnang vorbei in den Ortsteil Bechlingen hinein. Es folgt der nächste Verkehrskreisel, wo Sie nach rechts in Richtung Stadtmitte weiter auf der Ravensburger Straße laufen. Sie kommen an einer Bäckerei und Konditorei vorbei, die an einer Straßenkreuzung liegt. Dort geht es weiter geradeaus in die Kirchstraße. Linker Hand befindet sich die mächtige ✞ St.-Gallus-Kirche.

Sie gehen weiter geradeaus.

> Dort, wo die Tobelstraße rechts abbiegt, führt kurz danach ein Fußweg mit Treppenstufen in die Montfortstraße zur Altstadt hinauf. Das wäre auch der direkte Weg zur Pilgerherberge.

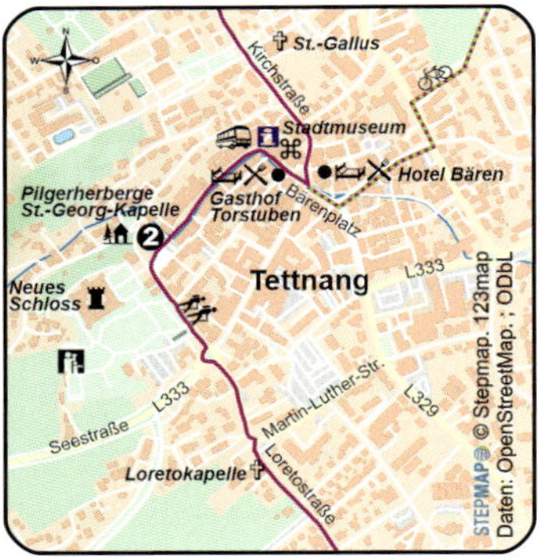

Der offizielle Jakobsweg geht allerdings geradeaus bis zum Bärenplatz, wo sich einige Hotels befinden. Vor dem Gasthof Krone geht es scharf rechts durch das Stadttor mit der dahinterliegenden Tourist-Information.

Kurz danach trifft der zuvor genannte Stufenweg auf die Montfortstraße, der Sie nun an den Geschäften und Cafés vorbei folgen. Sie erreichen die St.-Georgs-Kapelle mit der darin befindlichen Pilgerherberge ❷. Dahinter liegt das Neue Schloss Tettnang mit der Parkanlage, von der Sie grandiose Blicke in die Alpenlandschaft genießen können.

Tettnang

Tourist-Information, Montfortstr. 41, 88097 Tettnang, ☏ 075 42/510-500, tourist-info@tettnang.de, www.tettnang.de, April-Ende Sep Mo-Fr 9:00-12:00 und 13:00-17:00, Okt-Ende März 9:00-12:00 und 14:00-16:00, Fr nur vorm., ➲ am Weg, beim Stadttor

Pilgerherberge St.-Georg-Kapelle, Montfortplatz 2, 88097 Tettnang, 015 20/829 96 17, Pilgerherberge-st-georg@web.de. Die in einer Kapelle gelegene, beheizbare Herberge verfügt über 4 Betten, komplett ausgestattete Küche, Dusche und Toilette, frischbezogene Matratzen, Fleecedecken und Handtücher sind vorhanden. Die Herberge läuft auf Spendenbasis und ist nur mit Pilgerausweis nutzbar! Um rechtzeitige Voranmeldung wird gebeten. Die kleine außergewöhnliche Herberge in der St.-Georg-Kapelle wurde 2018 eröffnet und pilgergerecht ausgestattet. ➲ am Weg, kurz vor dem Schloss

Gasthof Torstuben, Bärenplatz 8, 88097 Tettnang, ☏ 075 42/938 60, hotel@torstuben-tettnang.de, www.torstuben.de, 33 Betten, ÜF EZ ab € 75, DZ ab € 130, MBZ ab € 150, Restaurant Mo-Di 10:00-14:00 und 16:45-23:00, Mi-Do Ruhetag, Fr 10:00-14:00 und 16:45-23:00, Sa 10:00-23:00, So 10:00-14:00 und 16:45-22:00, am Weg, beim Stadttor

Hotel Bären, Bärenplatz 1, 88097 Tettnang, ☏ 075 42/69 45, info@baeren-tettnang.de, www.baeren-tettnang.de, 45 Betten, Ü EZ ab € 50, DZ ab € 80, am Weg

Der Pilgerstempel ist in der Pilgerherberge und in der Tourist-Information erhältlich.

Vom Bärenplatz in Tettnang verkehren einige Busse wie die Linie 229 nach Meckenbeuren, von dort gibt es Zugverbindungen nach Ulm und Nürnberg.

Die **St.-Gallus-Kirche**. Ca. um 1400 wurde mit dem Bau der gotischen Kirche begonnen, 1410 waren der Chor und 1450 dann der Turm fertiggestellt. 1702 wurde der spitze Kirchturm durch einen Blitzschlag zerstört und 1705 durch eine barocke Zwiebelhaube ersetzt. Im 18. Jh. erfolgte die stückweise Barockisierung der Inneneinrichtung und zum Abschluss entstanden die Fresken des in Kressbronn geborenen Malers Andreas Brugger.

Das **Stadtmuseum** bringt seinen Besuchern den Alltag im alten Oberschwaben näher. Von Dorf, Burg und Stadt, von Wein bis Hopfen. Das Museum bietet eine Dauerausstellung, die sowohl das Alltagsleben im alten Oberschwaben aufzeigt als auch Interessantes über das Haus Montfort zu bieten hat.

♦ Montfortstraße 43, ☏ 075 42/510-180, archiv@tettnang.de, www.tettnang.de, Di-So 14:00-18:00, letzter Einlass 17:30. Führungen für Kleingruppen sind nach Anmeldung möglich.

Das **Neue Schloss Tettnang** wurde von den Grafen von Montfort im 18. Jh. erbaut. Die besten Künstler wurden für die Ausstattung des Schlosses engagiert. Besonders die gräflichen Appartements, der Bacchussaal und das Fürstenzimmer zeigen den fürstlichen Luxus dieser Zeit. Besonders zu erwähnen ist die prächtige Schlosskapelle. Sie wird von Stuckfiguren geziert sowie von der Orgel in der rechten Seitenwand der Empore.

♦ Montfortplatz 1, Mo-So 11:00-16:00 gibt es stündliche Führungen zur vollen Stunde. Eintritt Erw. € 7, erm. € 3,50. Außerdem finden noch Themenführungen statt.

Tettnang liegt auf einem Hügelrücken über dem Schussental. Im Jahr 882 wurde Tettnang erstmals als „Tetinanc" urkundlich genannt.

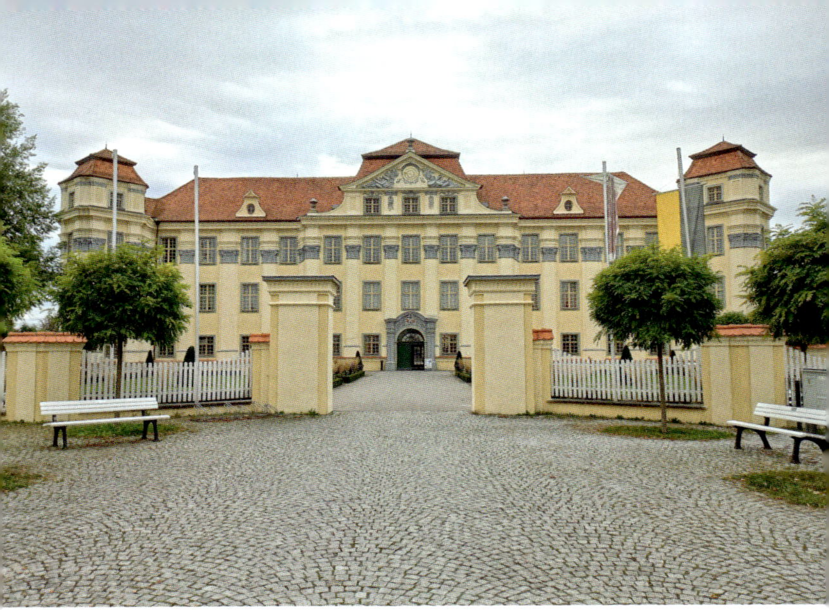

Das Neue Schloss von Tettnang

In der ersten Hälfte des 12. Jh. bauten die Grafen von Bregenz eine Burg an die Stelle des heutigen Neuen Schlosses. 1268 fiel Tettnang an Graf Hugo III. aus dem Hause Montfort. Er betrieb die Gründung und den Ausbau der Stadt und am 1. Dezember 1297 erwirkte Hugo III. für Tettnang die Stadtrechte.

Der Bau des Neuen Schlosses erfolgte 1712-1720. Nach dem verheerenden Brand von 1753 trieb die Instandsetzung des Schlosses die Grafen in den Ruin. Im Jahr 1780 übernahm dann das Haus Habsburg die Grafschaft Montfort zusammen mit der Stadt Tettnang.

1805 musste Österreich sowohl Tettnang als auch andere Gebiete an Bayern abtreten. Durch den Pariser Vertrag von 1810 kam die Stadt an das Königreich Württemberg.

Der Jakobsweg führt vor dem Schloss links weiter und trifft auf einen Verkehrskreisel, an dem Sie geradeaus in die Loretostraße gehen. An einer links abzweigenden Straße gehen Sie weiter geradeaus. Es folgen die Loretokapelle sowie ein italienisches Restaurant, bis Sie schließlich vor einer rechts liegenden Grünfläche mit Brunnen und ⩩ Bänken nach rechts abbiegen.

🚲 Sie durchfahren die Loretostraße bis zum Ende. Hier biegen Sie rechts in den Fahrradweg der Lindauer Straße und folgen dieser bis vor die B467, wo Sie links in eine Nebenstraße einbiegen. Diese bringt Sie bis zum Örtchen Gießenbrücke, wo Sie kurz auf den Jakobsweg treffen.

Sie biegen nach der Brücke links auf einen Feldweg und erreichen Apflau. In südlicher Richtung radeln Sie auf der Unterwolfertsweiler Straße aus Apflau hinaus und in den Wald hinein.

Durch Unterwolfertsweiler geht es hindurch, bis Sie vor dem Schleinsee die K7777 erreichen und auf diese rechts einbiegen. Nun radeln Sie durch Nitzenweiler und landen etwas später, allerdings gegenläufig, wieder kurz auf dem Jakobsweg. In einer Linkskurve radeln Sie durch Berg und Kressbronn und stoßen in Selmnau auf den Jakobsweg, der Sie nach Nonnenhorn leitet.

Am Wohnmobilstellplatz vorbei gehen Sie durch das Wohngebiet Richtung St.-Anna-Kapelle. Nach dem Rechtsbogen der Loretostraße schließt die St.-Anna-Straße an und Sie erreichen die Kapelle. Sie laufen weiter auf dem Kaplaneiweg bis zur nächsten querenden Straße, der Sie nach rechts weiter abwärts folgen.

Bald danach biegen Sie links in die Domänenstraße und bei der nächsten Weggabelung, an einer 🚌 Bushaltestelle, geht es weiter geradeaus. Sie kommen an der rechts abbiegenden Hofkammerstraße vorbei, um dann kurz danach auf einen Fußweg nach rechts abzubiegen. Dieser führt Sie durch ein kleines Gewerbegebiet bis ans Ortsende von Tettnang. In einer Straßenkurve halten Sie, weiter in bisheriger Gehrichtung, auf eine kleine Straße zu, die Sie zur Unterführung der B467 ❸ führt.

Nach Unterquerung der Bundesstraße geht es geradeaus in den Wald. In einer Links-Rechts-Kurve wandern Sie für ein längeres Wegstück auf dem leicht ansteigenden Schotterweg durch den herrlichen Mischwald. Sie passieren einen Waldspielplatz und erreichen auf der Höhe eine Wegkreuzung mit einer rechter Hand liegenden überdachten ⌂ Schutzhütte.

Sie gehen weiter geradeaus, über eine größere Wegkreuzung bis zu einer Weggabelung mit Bauminsel, wo Sie links weiterwandern. Schließlich unterqueren Sie erneut die B467 und gehen geradeaus weiter, bis der Weg später in einen anderen Forstweg einmündet. Kurz danach wandern Sie rechts auf einen schmalen geteerten Weg, der Sie in einem Rechtsbogen in eine Straße führt. Hier geht es rechts weiter auf dem Grünstreifen neben der ruhigen Landstraße, bis Sie auf eine Kreisstraße stoßen und links auf dem Fuß- und Radweg nach Gießenbrücke ❹ weiterwandern.

In der Rechtskurve befindet sich Sabines Kuchenparadies, welches allerdings nur am Wochenende geöffnet hat und Sie dann mit leckerem Kuchen verwöhnt. Es geht weiter über die Brücke über die Argen, vor der sich auch der Gasthof Zum Alten Zollhaus befindet.

Gießenbrücke

Gasthof Zum Alten Zollhaus, Gießenbrücke 1, 88079 Kressbronn-Gießenbrücke, ☏ 075 43/87 45, Mo-Mi 12:30-20:00, Do Ruhetag, Fr-So 12:30-20:00, am Weg

Sabines Kuchenparadies, Gießenbrücke 2, 88079 Kressbronn-Gießenbrücke, ☏ 075 43/907 99 69, nur Sa 10:00-17:00 und So 13:30-17:00, 50 m vom Weg

Die Straße vollführt nach der Brücke einen Linksbogen und führt in den Weiler Gießen. Für knapp 300 m marschieren Sie neben der Landstraße, bis Sie bei einer großen Scheune nach rechts in ein Anliegersträßchen zum Schloss Gießen abbiegen.

Schloss Gießen

Das Schloss Gießen mit seinen Stufengiebeln ist eine Wasserburg, die von einer Ringmauer umgeben ist. Die ersten Besitzer entstammten dem Edelgeschlecht von Wolfurt, das seit dem 13. Jh. im Bodenseeraum ansässig war. Das Lindauer Heilig-Geist-Spital kaufte 1405 die Burg Gießen. Seit 1974 ist das heutige gotische Wasserschloss in Privatbesitz.

Sie lassen das Schloss rechts liegen und pilgern bei der nächsten Gabelung nach links und auf einem Feldweg durch Obstplantagen in Richtung einer bewaldeten Anhöhe. Auf eine kleine Asphaltstraße treffend wandern Sie nach rechts, steil bergauf in den Wald hinein. Auf der Höhe verlassen Sie das Waldstück und bleiben weiterhin auf der Straße, von wo aus Sie wunderbare Ausblicke in die Alpenkette haben.

Nach dem Bauernhof Heiligenhof ❺ führt die Muschelmarkierung Sie nach links in ein Teersträßchen und bei der gleich folgenden Gabelung rechts aufwärts zum Wald. Wieder im offenen Gelände erreichen Sie in einer Linkskurve und ein Stück dahinter Ruhebänke, von wo aus Sie eine gigantische Sicht über den Bodensee und ins Gebirge genießen können. Geradeaus wandern Sie an Obstbäumen und Weinhängen vorbei und dann in den Wald hinein. Kurz danach treffen Sie auf einen Weg, dem Sie rechts abwärts folgen. An dem folgenden kreuzenden Waldweg gehen Sie links und erreichen eine Teerstraße, der Sie ebenfalls nach links folgen.

Sie treffen gleich danach, bei einem kleinen Wanderparkplatz, auf die Kurve einer Kreisstraße, wo es eine irritierende Muschelmarkierung gibt. Eine ältere, aber richtige Markierung zeigt am Schilderbaum nach links und eine neuere Kennzeichnung auf dem Schild nach rechts. Der Jakobsweg geht hier links weiter und führt Sie durch eine schöne Wald- und Felderlandschaft.

Für ein kurzes Stück laufen Sie auf der Kreisstraße, bis Sie vor dem Waldrand nach rechts auf einem Schotterweg in den Wald hinaufsteigen. Alle abzweigenden Wege werden ignoriert, bis Sie den Wald schließlich verlassen und auf einer Anhöhe ankommen. Der Feldweg endet an einer Teerstraße, der Sie rechts zum Weiler **Atlashofen** folgen.

☺ ↳ Wenn Sie hier vor Atlashofen nach links abbiegen, kommen Sie nach Nitzenweiler und zu einer Übernachtungsmöglichkeit.

Nitzenweiler

Gasthaus Seerose, Nitzenweiler 12, 88079 Kressbronn-Nitzenweiler, ☎ 075 43/64 89, info@gasthaus-seerose.de, www.gasthaus-seerose.de, ÜF p. P. ab € 55,50, Restaurant Mo-Di Ruhetag, Mi-Fr ab 17:00, Sa ab 12:00, So ab 10:00. Das Gasthaus Seerose liegt im idyllischen Hinterland, fernab des Trubels. 1,2 km

Der Jakobsweg führt geradeaus durch Atlashofen und vor der B31 bzw. E 54 wenden Sie sich nach links, um kurz danach rechts unter der Bundesstraße hindurchzulaufen. In einem Linksbogen wandern Sie nach Hüttmannsberg hinein.

Nach dem ersten Haus geht es sofort rechts aufwärts in eine kleine Teerstraße und schon verlassen Sie den Ort wieder. Auf einem Schotterweg wandern Sie nun durch die unzähligen Obstplantagen. Bei der folgenden Rechtskurve gibt es wiederum geniale Ausblicke ins Land.

Außerdem erblicken Sie die Kirche St. Gallus in Gattnau mit ihrem grün bedachten Kirchturm. Hier geht es geradeaus auf einem schmalen gepflasterten Fußweg und mit einigen Treppenstufen hinab auf einen Wiesenweg. Dieser führt Sie in einem Rechts-Links-Bogen zu einer querenden Anwohnerstraße, die Sie rechts nach Gattnau ❻ bringt.

An der Ortsdurchfahrtsstraße geht es links zur Kirche und zum Landgasthof Rössle. Der Jakobsweg biegt jedoch gleich wieder nach rechts in die Straße Wiesenweg ein, die Sie am Gasthof zum Forst vorbeiführt.

Gattnau

🛏 ✕ ✝

🛏 ✕ **Landgasthof Rössle**, St.-Gallus-Straße 47, 88079 Kressbronn-Gattnau, ☏ 075 43/50 08 87, ✉ info@roessle-gattnau.de 💻 www.roessle-gattnau.de, Ü EZ ab € 60, DZ ab € 76, Restaurant Mo ab 17:00, Di Ruhetag, Mi-So ab 17:00, Nov-April Di-Mi Ruhetag, Einschließmöglichkeit für Fahrräder, ➲ 50 m vom Weg

♦ **Gasthof & Brennerei zum Forst**, Wiesenweg 6, 88079 Kressbronn-Gattnau, ☏ 075 43/961 50, ✉ info@gasthaus-forst.de, 💻 www.gasthaus-forst.de, 22 Zimmer, ÜF EZ ab € 76, DZ p. P. ab € 53,50, MBZ auf Anfrage, Restaurant Mo-Fr 17:00-21:00, Sa-So Ruhetag. Der Gasthof liegt in ruhiger Ortsrandlage, ➲ am Weg.

In einem Linksbogen führt Sie die kleine Straße Wiesenweg aus Gattnau hinaus. Diese bringt Sie in einigen Bögen an Obstplantagen vorbeikommend in das ca. 850 m entfernte Arensweiler. Im Ort stoßen Sie auf einen Obsthof und gehen rechts auf einem abwärtsführenden Teerweg Richtung Wald. Der Teerweg endet kurz vor dem Wald und Sie wandern in einem Linksbogen an der Obstplantage entlang. Kurz danach geht es rechts, über die kleine Metallbrücke über den Nonnenbach und in den Wald hinein. Nun steigen Sie auf einem wurzligen Weg steil aufwärts bis zu einem querenden Waldweg, dem Sie rechts folgen.

Hinter dem Waldrand pilgern Sie, der Muschelmarkierung folgend, sofort nach rechts. Zwischen Waldrand und Obstanbaugebiet wandern Sie geradeaus, auf der Grenzlinie von Bayern und Württemberg. Sie erklimmen die Anhöhe und linker Hand befindet sich die schön gelegene Antoniuskapelle. Dieser kurze Abstecher zu dem kleinen Gotteshaus belohnt Sie mit wunderbaren Aussichten und Ruhebänken.

✝ Antoniuskapelle

Die Aussichtskanzel, auf der die Antoniuskapelle thront, ist wohl vor etwa 20.000 Jahren durch die Eismassen des Rheingletschers entstanden. Der Bau der schmucken Kapelle fällt in die Zeit der Wasserburger Fuggerherrschaft im 17. Jh. Aus dieser Zeit stammen auch die Figuren der Vierzehn Nothelfer, wie auch die Patronatsheiligen St. Antonius der Einsiedler und Antonius von Padua. Aus der Zeit um 1500 ist sowohl eine wunderschöne Muttergottesstatue erhalten als auch das alte mit eingegossenen Medaillons verzierte Glöcklein.

Der Jakobusweg führt Sie weiter geradeaus, über eine Straßenkreuzung im Ort Selmnau hinweg, durch den Ort Hattnau ❼. Nach dem Verlassen von Hattnau vollführt die Straße einen Rechts-Links-Bogen und bringt Sie schließlich in den idyllischen Weinort Nonnenhorn.

Sie gehen über die Gleise und treffen kurz danach am Kapellenplatz vor der Gaststätte Fürst links auf die ⊙ ✞ St.-Jakobus-Kapelle.

Bei der Kapelle gehen Sie in bisheriger Richtung weiter, bis Sie an der St.-Jakobus-Apotheke und der gegenüberliegenden Kirche St. Christophorus rechts abbiegen.

☺ ↳ Wenn Sie geradeaus weitergehen gelangen Sie zum Weintorkel und erreichen zuvor linker Hand das Gästehaus Schäffelmayer.

☺ ↳ Falls Sie im Haus Höpfl übernachten, gehen Sie vor der Kirche links, vor den Gleisen rechts und parallel zu diesen bis zur Straße Am Lerchentorkel. Dort links bis zum Haus Höpfl.

An dem auf der linken Seite liegenden Dorfmuseum schlendern Sie vorbei und erreichen letztendlich den Anlegesteg von Nonnenhorn.

Die wunderschön gelegene Antoniuskapelle bietet wunderbare Aussichten

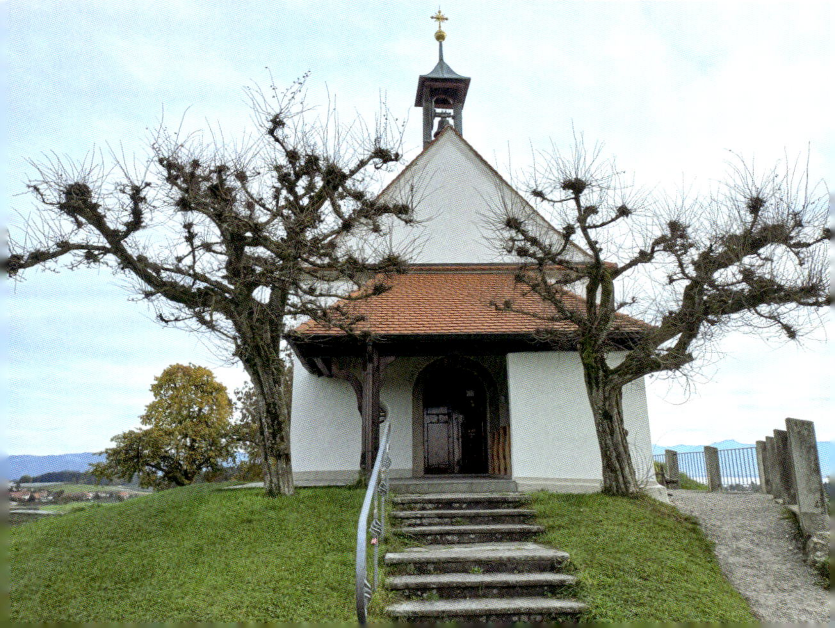

Von der Schiffsanlegestelle Nonnenhorn haben Sie Anschluss an die Linien Bregenz – Konstanz und zurück sowie Lindau – Rorschach und zurück.

Die Linie nach Konstanz verkehrt je nach Jahreszeit 4- bis 7-mal täglich. Die Überfahrt dauert je nach Wahl der Route zwischen 2-3 Std und kostet ca. € 17. Nähere Informationen erhalten Sie in der Tourist-Info oder auf der Internetseite der Bodensee Schifffahrtsbetriebe. In der Regel kann man die Tickets auch an Bord kaufen.

♦ Bodensee-Schiffsbetriebe GmbH, ☏ 075 31/36 40-0, www.bsb.de

Nonnenhorn

Tourist-Information Nonnenhorn, Seehalde 2, 88149 Nonnenhorn, ☏ 083 82/82 50, tourist-info@nonnenhorn.eu, www.nonnenhorn.de, Mo-Fr 8:00-12:00 und 14:00-17:00, Sa 9:00-12:00, im Winterhalbjahr ist nur vormittags von 9:00-12:00 geöffnet, ➲ am Weg

Hotel-Gasthof Zur Kapelle, Kapellenplatz 3, 88149 Nonnenhorn, ☏ 083 82/82 74, info@witzigmann-kapelle.de, www.witzigmann-kapelle.de, ÜF EZ ab € 63, DZ ab € 106, MBZ ab € 166, Restaurant Mai-Sep täglich 11:30-14:00 und ab 17:00, ➲ am Weg, linker Hand 100 m vor dem See

Gästehaus Schäffelmayer, Im Schneckenwinkel 12, 88149 Nonnenhorn, ☏ 083 82/86 06, 01 51/65 16 36 23, gaestehaus-schaeffelmayer@gmx.de, www.gaestehaus-schaeffelmayer.com, ÜF EZ ab € 37, DZ ab € 40, Aufenthaltsraum, Kühlschrank, Fahrradschuppen, ➲ 300 m vom Weg

♦ **Haus Höpfl**, Sonnenbichlstr. 44, 88149 Nonnenhorn, ☏ 083 82/86 61, 2 Zimmer, ÜF p. P. ab € 30, ➲ 800 m vom Weg, am östlichen Ortsrand

⦿ Pilgerstempel in der Tourist-Info erhältlich

Zugverbindungen nach Lindau und Friedrichshafen, von dort nach Ulm, München, Nürnberg

Sowohl Nonnenhorn als auch die Herrschaft Wasserburg wurde Ende des 16. Jh. von den Grafen Fugger von Kirchberg-Weißenhorn erworben. Im 18. Jh. lag die Herrschaft dann bei Österreich und seit 1805 gehört es zu Bayern.

Die Namensgebung Nonnenhorns ist bis heute nicht geklärt. Die Legende besagt, dass im Jahr 810 Graf Adalbert von Rätien in Seenot geriet, auf der hornförmigen Halbinsel Nonnenhorns strandete und dort die Gründung eines Frauenklosters in Nonnenhorn gelobte. Dem Kloster war wohl kein langes Dasein beschieden, denn 926 flohen die dort ansässigen Nonnen vor den Ungarn. Eine zweite Variante besagt, dass sich am Obersee ein keltischer Volksstamm – die Nunen – angesiedelt hätten.

Die neuesten Erkenntnisse über die Urbanisierung in dieser Gegend sprechen eher für letztere Variante und der damit verbundenen Namensgebung von Nonnenhorn.

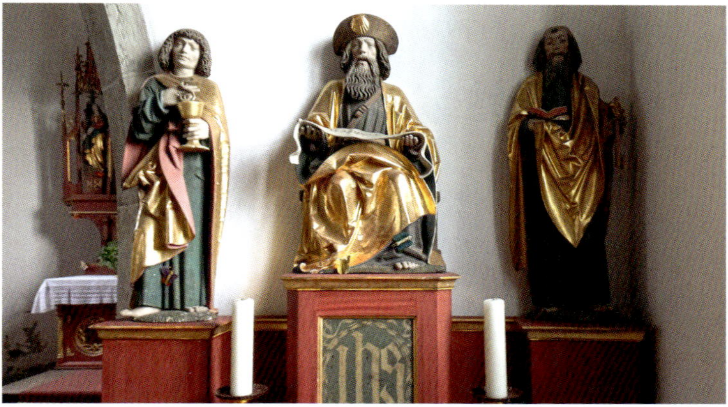

Die wertvollen Figuren von den Heilgen Johannes, Jakobus und Petrus in der St.-Jakobus-Kapelle in Nonnenhorn

✞ Die **St.-Jakobus-Kapelle** entstand im 15. Jh. und steht am Kapellenplatz im alten Ortszentrum von Nonnenhorn. An der Kapelle und dem Kapellenplatz, die unter Denkmalschutz stehen, steht ein riesiger Mammutbaum, der etwa 1880 gepflanzt wurde. Zu bewundern sind die wertvollen Figuren des heiligen Jakobus des Älteren, des heiligen Petrus und des Evangelisten Johannes von 1470. Der Hochaltar und die Spitzbogenfenster wurden 1871 von dem aus Nonnenhorn stammenden Hans Kragler erschaffen.

⌘ **Museum Nonnenhorn**. Gezeigt werden Exponate der Heimatgeschichte, des Obst- und Weinanbaus und des Handwerks. Um die Instandhaltung und Pflege des Museums kümmert sich der Museumsverein Nonnenhorn.

♦ Seehalde 4, ✉ vorstand@museum-nonnenhorn.de, 🚪 in der Saison jeden Mittwoch 10:00-12:00 und 13:00-17:00, im Winter auf Anfrage in der Tourist-Information

⌘ **Deuel's Weintorkel** (Kelter) von 1591 wurde in der Conrad-Forster-Straße erbaut und steht seit 1978 unter Denkmalschutz. Er ist der größte und älteste Torkel in der ganzen Bodenseeregion.

🚪 in der Saison jeden Mittwoch um 17:00

19. Etappe: Meersburg – Staad – Konstanz

9,8 km (davon 4,5 km Fährüberfahrt), 1 Std. 30 Min., (zzgl. 15 Min. Fähre), ↑ 47 m, ↓ 84 m, ⇧ 394-437 m

0,0 km	⇧ 437 m	Meersburg, Marktplatz
0,7 km	⇧ 406	Meersburg, Fähranleger
5,2 km	⇧ 406 m	Staad, Fähranleger
6,2 km	⇧ 436 m	Lorettokapelle
9,8 km	⇧ 409 m	Konstanz

Der letzte Tag auf Ihrem Pilgerweg von Nürnberg nach Konstanz beginnt, bei hoffentlich strahlendem Wetter, mit einer Schifffahrt auf dem Bodensee. Danach pilgern Sie über einen leichten Anstieg hinauf zur Lorettokapelle mit ihrer Bethalle. Sie wandern noch etwas durch den Wald, um das letzte Stück des Weges am Bodenseeufer entlang zu spazieren, bis Sie die Innenstadt von Konstanz erreichen.

In Meersburg am unteren Ende der Steigstraße gelangen Sie rechts über die Unterstadtstraße und Unteruhldinger Straße zum Anleger der Autofähren ❶, die Sie zum anderen Ufer hinübersetzen.

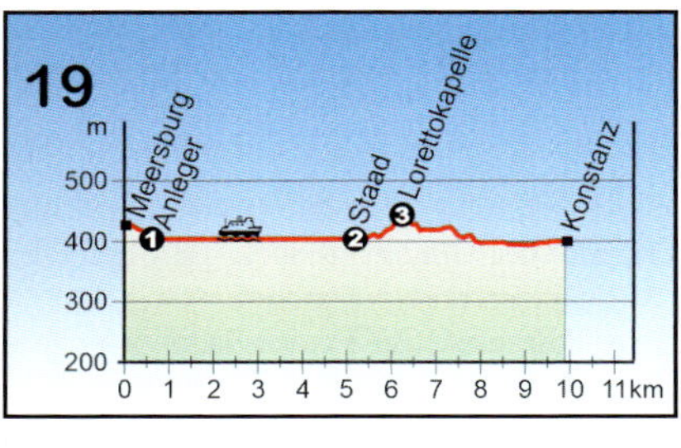

Die Fährschiffe verkehren an 365 Tagen im Jahr, 24 Stunden am Tag und tagsüber ca. viermal in der Stunde. Die Überfahrt dauert in etwa eine Viertelstunde. Die Überfahrt kostet ca. € 3,50. Die Tickets kann man in der Regel an Bord kaufen. Den Fahrplan finden Sie unter nachstehender Adresse.

https://www.stadtwerke-konstanz.de.

Im Hafen von **Staad** ❷ angekommen halten Sie sich nach links und gehen durch den Durchgang zum Hotel Schiff.

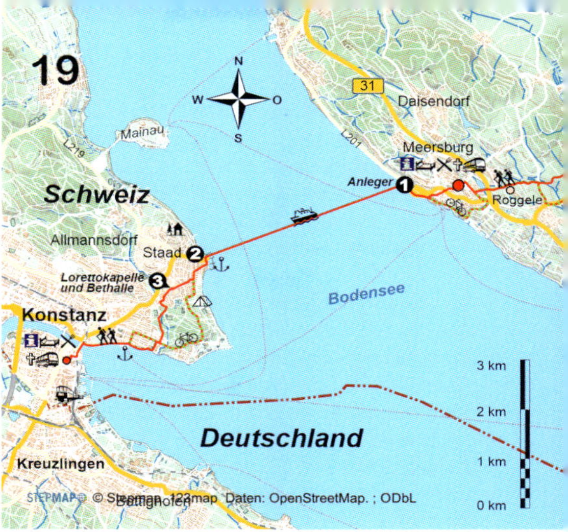

☺ ↳ Falls Sie in der Jugendherberge übernachten möchten, gehen Sie nach dem Fähranleger rechts in die Hoheneggstraße und folgen weiter dem Fußweg bis zur Unterkunft.

Zunächst geht es geradeaus am Hafen entlang, bis Sie vor dem Staader Fährhaus rechts aufwärts in die Fischerstraße abbiegen.

Sie passieren das Gästehaus Holzer sowie den Gasthof zur Traube und biegen danach links in die Lindauer Straße.

☺ ↳ Falls Sie zum Campingplatz möchten, biegen Sie vor dem Gästehaus Holzer links ab und gehen auf der Überlingerstraße immer geradeaus.

Staad/Allmannsdorf

Jugendherberge Otto-Moericke-Turm Konstanz, Zur Allmannshöhe 16, 78464 Konstanz-Staad, ☏ 075 31/322 60, info@jugendherberge-konstanz.de, www.jugendherberge-bw.de, 178 Betten, ÜF p. P. bis 26 Jahre ab € 33,70, HP ab € 39,90, ÜF p. P. ab 27 Jahre ab € 37,70, HP ab € 43,90. Bei einer Zimmeralleinnutzung erfolgt ein Aufschlag von € 15. Vegetarische Gerichte sind bei rechtzeitiger Bestellung möglich. ➲ 1 km vom Weg

Gasthof zur Traube, Fischerstraße 4, 78464 Konstanz-Staad, ☏ 075 31/313 17, info@traube-konstanz.de, www.gasthoftraube-konstanz.de, 11 Zimmer, ÜF EZ ab € 49, DZ ab € 76, MBZ ab € 110, je nach Saison variieren die Preise, Restaurant Mo Ruhetag, Di-Sa 15:00-21:00, So 11:00-15:00, ➲ am Weg, 330 m nach dem Fähranleger

Gästehaus Holzer, Fischerstraße 6, 78464 Konstanz-Staad, ☏ 075 31/315 46, info@gaestehaus-holzer.de, www.gaestehaus-holzer.de, ÜF EZ ab € 59, DZ ab € 89, MBZ ab € 125, Private-Spa für Hotelgäste, Massagen, ➲ am Weg, 300 m nach dem Fähranleger

⛺ **Campingplatz Konstanz-Staad**, Fohrenbühlweg 50, 78464 Konstanz-Staad, ☎ 075 31/313 88, ✉ mail@campingplatz-bruderhofer.de, 💻 www.campingplatz-konstanz.de, Ü Erw. ab € 10,00, Kinder bis 15 J. ab € 5, Kinder unter 4 J. frei, 🚪 Anmeldung Rezeption 9:00-11:30 und 15:00-17:30, idealerweise online reservieren, ➲ 800 m vom Weg, direkt am See

⦿ Pilgerstempel in der Lorettokapelle

✝ Die **Lorettokapelle** stammt aus dem Jahr 1638 und wurde nach der Belagerung der Schweden erbaut. Die Konstanzer Bürgerinnen und Bürger schworen in einem mehrstündigen Gebet, eine Kapelle zu Ehren von Maria zu bauen, wenn die Stadt vor den Schweden verschont bliebe. Als Vorbild sollte die Wallfahrtskirche von Loreto bei Ancona in Italien dienen. Die schwedischen Truppen zogen ab, als eine erfolgreiche Erstürmung von Konstanz unmöglich erschien. Die Stadt betrachtete Maria nun als die Retterin. Die Kapelle wird innen von einem nächtlichen Himmelsgewölbe mit Sternen geziert, die Wände zeigen Szenen aus dem Leben Marias. Neben der Kirche liegt die offene Bethalle mit einem Außenaltar.

Nach ca. 150 m geht es rechts aufwärts in den Lorettosteig, der Sie zum Staader Berg mit der Lorettokapelle und der Bethalle führt ❸.

Die Bethalle vor der Lorettokapelle am Staader Berg

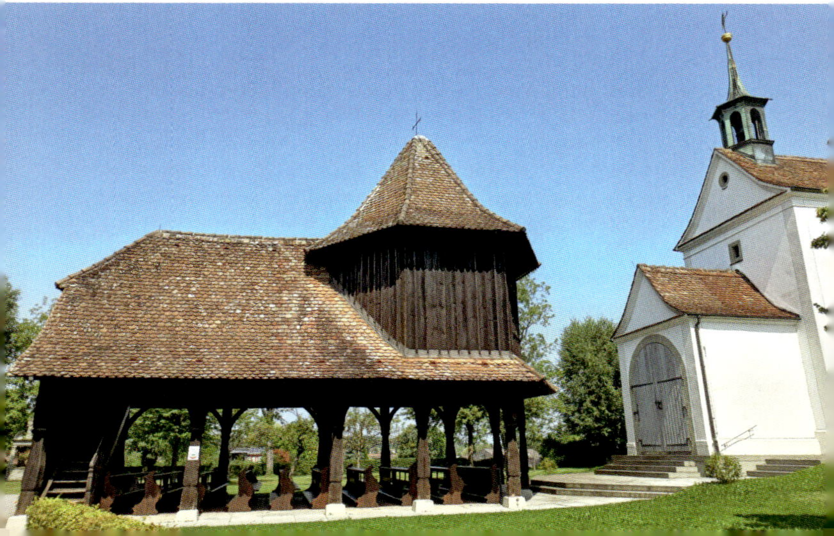

🚲 Dort, wo der Jakobsweg in den Lorettosteig einbiegt, radeln Sie geradeaus weiter und folgen der Radmarkierung in Richtung Bodenseetherme. Vor dem Hotel Waldhaus Jakob fahren Sie rechts in die Eichhornstraße und biegen links in die Hebelstraße, die zum Yachtclub führt. Von hier aus begleitet Sie der Jakobsweg am Ufer des Bodensees entlang. Eine Brücke führt in die Altstadt von Konstanz und zum sehenswerten Münster Unserer Lieben Frau, dem Endziel des Pilgerführers.

Sie gehen auf dem Lorettosteig bis zu seinem Ende, wo Sie zwei Stufen hinaufsteigen und etwas rechts haltend auf der Christoph-Daniel-Schenck-Straße weitergehen

✋ In einem Linksbogen der Straße erreichen Sie nach ca. 100 m Treppenstufen, die rechts abwärtsführen.

Am Fuß der Treppen laufen Sie auf der Straße links weiter, ein Stück am Waldrand entlang, bis die Markierung bald danach rechts in den Lorettowald leitet. Auf einem geschotterten Fuß- und Radweg wandern Sie geradeaus bis zu einer kleinen Brücke, die Sie nach rechts queren. Anschließend wenden Sie sich sofort nach links in einen Schotterweg. Dieser mündet nach ca. 100 m in einen Weg und bei der gleich folgenden Gabelung biegen Sie links ab. Nun bleiben Sie auf diesem Weg bis zum Waldende, wo Sie ein Wohngebiet erreichen und sich weiter geradeaus halten.

Am Straßenende queren Sie bei der Fußgängerampel die Eichhornstraße, gehen kurz rechts, um gleich wieder nach links in den zum Bodensee führenden Fußweg einzubiegen.

☺ ↳ Wenn Sie im Hotel Jakob übernachten, gehen Sie an der Fußgängerampel links in die Eichhornstraße bis zum Hotel.

Bei der Schmugglerbucht erreichen Sie den See und spazieren nach rechts auf einem Schotterweg am See entlang. Jetzt haben Sie bereits die Türme des Münsters in der Altstadt von Konstanz im Visier. Ein gutes Stück weiter kommen Sie an dem originellen Hotel und Restaurant Villa Barleben an der Säntisstraße vorbei und nun sind es noch ca. 500 m bis zur Brücke, die Sie nach links Richtung Altstadt queren.

↳ Wenn Sie sich an der Brücke geradeaus halten, erreichen Sie das Ibis-Hotel.

Nach Überquerung der Brücke gehen Sie geradeaus, bis Sie in Höhe des Hotels Steigenberger über die Bahnschienen und dann weiter durch die Inselgasse in bisheriger Richtung gehen. Bald geht es nach links in die Brückengasse, die Sie direkt auf den Münsterplatz mit seinem erhabenen Münster Unserer Lieben Frau führt.

Nun haben Sie Konstanz erreicht, das Etappenziel von diesem Pilgerführer. Vielleicht pilgern Sie anschließend gleich in die Schweiz oder sogar noch weiter. Falls oder wann immer Sie Ihre Reise Richtung Santiago fortsetzen, wünsche ich Ihnen weiterhin einen gesunden, besinnlichen und erlebnisreichen Weg mit inspirierenden Begegnungen. Ultreia!

Konstanz

Tourist-Information, Bahnhofplatz 43, 78462 Konstanz, ☏ 075 31/13 30 30, info@konstanz-tourismus.de, www.konstanz-tourismus.de, April-Okt Mo-Fr 9:00-18:30, Sa 9:00-16:00, So und Fei 10:00-16:00, Nov-März Mo-Fr 9:30-18:00, Adventssamstage 10:00-16:00, ➲ 600 m vom Weg, beim Bahnhof in der Nähe des Sees

Hotel Waldhaus Jakob, Eichhornstraße 84, 78464 Konstanz, ☏ 075 31/810 00, info@waldhaus-jakob.de, www.hotelwaldhausjakob.com, ÜF EZ ab € 84, DZ ab € 134, MBZ ab € 184, Restaurant Mo-Fr ab 7:00, Sa-So ab 7:30, in der Wintersaison sind die Preise deutlich günstiger. Das Hotel liegt in der Nähe der Therme Bodensee und des Freibads. ➲ 800 m vom Weg

♦ **Hotel Villa Barleben am See**, Seestr. 15, 78464 Konstanz, ☏ 075 31/942 33-0, welcome@hotel-barleben.de, www.hotel-barleben.de, 9 DZ, Ü DZ ab € 95 bis € 330, Restaurant Mo-Di Ruhetag, bei schönem, trocknem Wetter Mi-So 18:00-22:00, originelles Hotel mit wunderschönem Garten, ➲ am Weg

Hotel Ibis, Benediktiner Platz 9, 78467 Konstanz, ☏ 075 31/457 00, H7290@accor.com, www.all.accor.com, 115 Zimmer, ÜF EZ ab € 125, DZ ab € 165, MBZ ab € 230, Preise in der Wintersaison günstiger, ➲ 300 m vom Weg

♦ **Gästehaus Centro**, Bahnhofplatz 4, 78462 Konstanz, ☏ 075 31/457 18 18, info@gaestehauscentro.de, www.gaestehauscentro.de, 32 Zimmer, ÜF EZ ab € 84, DZ ab € 123, MBZ ab € 172, Preise in der Wintersaison günstiger, ➲ 600 m in südlicher Richtung vom Münsterplatz

♦ **Hotel Augustiner Tor**, Bodanstr. 18, 78462 Konstanz, ☏ 075 31/28 24 50, info@hotel-augustiner-tor.de, www.hotel-augustiner-tor.de, Ü EZ ab € 125, DZ ab € 164, MBZ ab € 195, Preise in der Wintersaison günstiger, ➲ 700 m in südlicher Richtung vom Münsterplatz

⊙ Pilgerstempel im Münster Unserer Lieben Frau

Linie 908 nach Kreuzlingen

Zugverbindungen über Singen nach Stuttgart und von dort in alle deutschen Großstädte

Fähren u. a. nach Bregenz, Friedrichshafen, Lindau

Die Imperia im Hafen von Konstanz

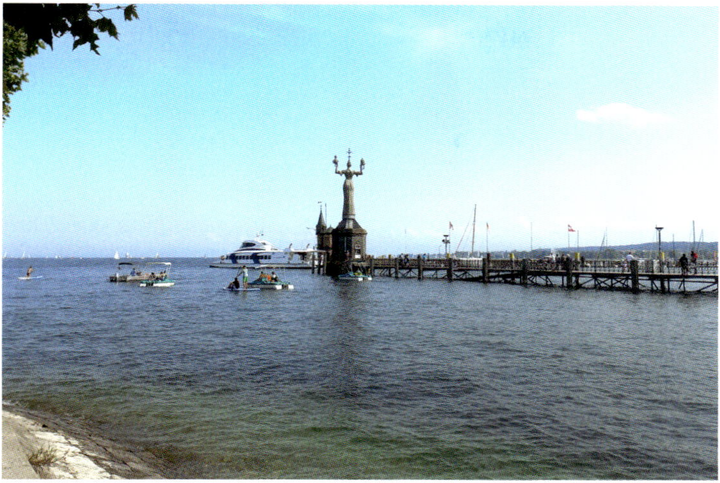

✝ Das **Konstanzer Münster** oder **Münster Unserer Lieben Frau** wurde als eine romanische Säulenbasilika 1052-1089 erbaut. Es gab aber bereits eine ältere Vorgängerkirche. Für gut zwölf Jahrhunderte war es die Kathedrale für die Bischöfe von Konstanz und wurde während des Konzils als Sitzungssaal genutzt. Seit 1821, nach Aufhebung des Bistums, fungiert das Münster als katholische Pfarrkirche. Es birgt viele sehenswerte Schätze im Inneren:

Die Mauritius Rotunde, die mit dem Münster durch einen Kreuzgang verbunden ist. In ihrer Mitte befindet sich das im 13. Jh. erneuerte Heilige Grab. Die Rotunde war auch der Ziel- und Ausgangspunkt für Pilgerinnen und Pilger, die über den Schwabenweg nach Santiago de Compostela pilgerten.

Die Krypta ist eine Anlage aus dem 9./10. Jh. Sehr beeindruckend sind hier die feuervergoldeten Kupferscheiben, die in etwa von 1300 bis 1925 am äußeren Ostgiebel des Chors prangten, wo heute die Duplikate der Scheiben angebracht sind. Das Majestas Domini – das größte Stück – ist in der christlichen Welt einzigartig und stammt aus der Zeit um 1000.

Beachtenswert sind insbesondere auch die Eingangshalle mit dem spätgotischem Doppelportal und dem „Großen Christus von Konstanz", die Konradskapelle, der Thomaschor mit dem reichen Figurenschmuck, das Mittelschiff mit den romanischen Monolithsäulen, die Welserkapelle und die Renaissanceorgel aus dem 16. Jh.

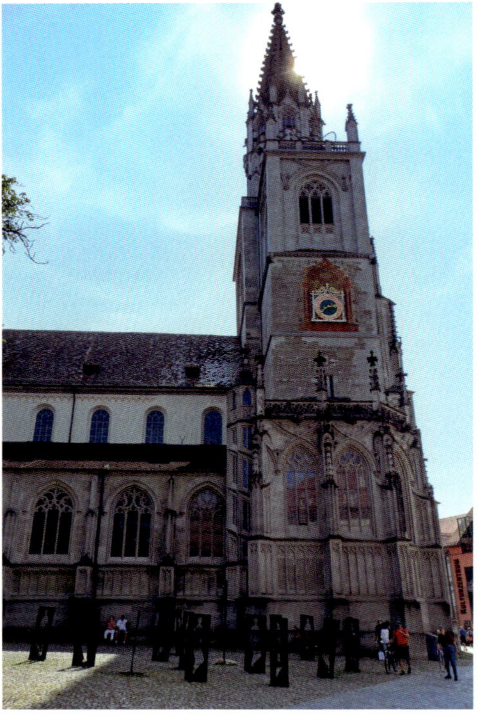

Das Münster Unserer Lieben Frau in Konstanz

⌘ Das **Rathaus** mit seinem Innenhof ist vom Stil der italienischen Renaissance geprägt. Das Stadtverwaltungsgebäude wurde aus mehreren historischen Gebäuden zusammengefügt und bietet somit einen Mix aus Baustilen der vergangenen Epochen.

⌘ Der **Kaiserbrunnen** ist ein Wasserspiel von 1897, wo die Figuren Ende des 20. Jh. ausgetauscht wurden. Seither verschönern, mit Blick auf das Konstanzer Konzil, ein dreiköpfiger Pfau mit drei Papstkronen sowie weitere karikaturistische Figuren den Brunnen im Zentrum der Altstadt.

⌘ **Imperia**. Die Kurtisane, 18 Tonnen schwer und 9 Meter hoch, vom Bodenseekünstler Peter Lenk, löste heftige Diskussionen aus. Insbesondere die nackten Figuren, die Imperia auf ihren Händen trägt und die König Sigismund und Papst Martin V. darstellen. Der Künstler karikiert sie, sieht in ihnen eher Betrüger, die sich ihre Machtbefugnisse nicht rechtmäßig angeeignet und sie zu ihren eigenen Gunsten genutzt haben.

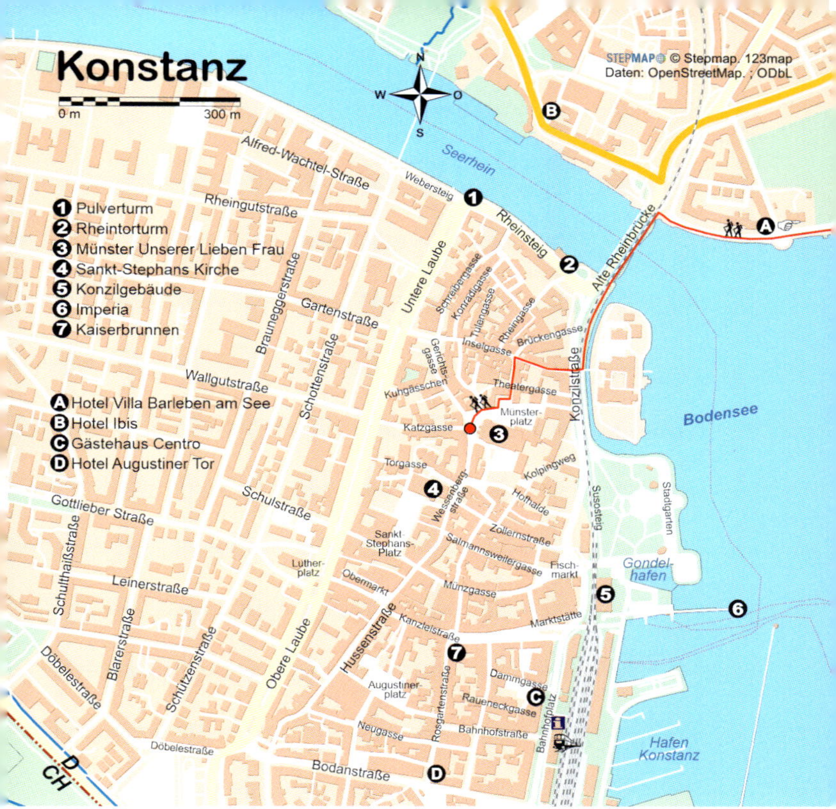

☺ Natürlich lockt Konstanz noch mit weiteren Sehenswürdigkeiten, wie dem Stadttheater von 1610, dem Rheintor und dem Pulverturm sowie dem Schnetztor mit Museen und Galerien.

Genießen Sie Ihre Ankunft in Konstanz!

Die Universitätsstadt Konstanz ist mit ca. 85.000 Einwohnerinnen und Einwohnern die größte Stadt am Bodensee und liegt an der Nahtstelle zwischen Unter- und Obersee. Die Altstadt verzaubert mit ihren zahlreichen unter Denkmalschutz stehenden Häusern, bietet Geschäfte aller Art, Straßenrestaurants und Cafés. Berühmtheit hat sie erlangt durch die einzige gültige Papstwahl nördlich der Alpen, während des Konstanzer Konzils 1414-1418. Hier sollten sowohl die Angelegenheiten der Kirchenspaltung, die Macht- und Einflussverhältnisse als auch Konflikte unter den Kirchenfürsten verhandelt werden. Erfolgreich konnte zumindest Martin V. als Papst gewählt werden. Relikte und Gebäude aus dieser damaligen Zeit sind bis heute noch in Konstanz zu entdecken.

☺ Der Conrad Stein Verlag begleitet Sie auch weiterhin auf Ihrem noch ca. 2.000 km langen Pilgerweg bis Santiago de Compostela. Ob von Rorschach oder von Konstanz kommend beide Jakobswege führen Sie, sich in Rapperswil oder Einsiedeln vereinend, durch die Schweiz. Hierzu ist im Conrad Stein Verlag der folgende Wanderführer erschienen:

📖 **Schweiz: Jakobsweg vom Bodensee zum Genfersee** von Hartmut Engel, Conrad Stein Verlag, ISBN 978-3-86686-656-0, € 18,90

Index

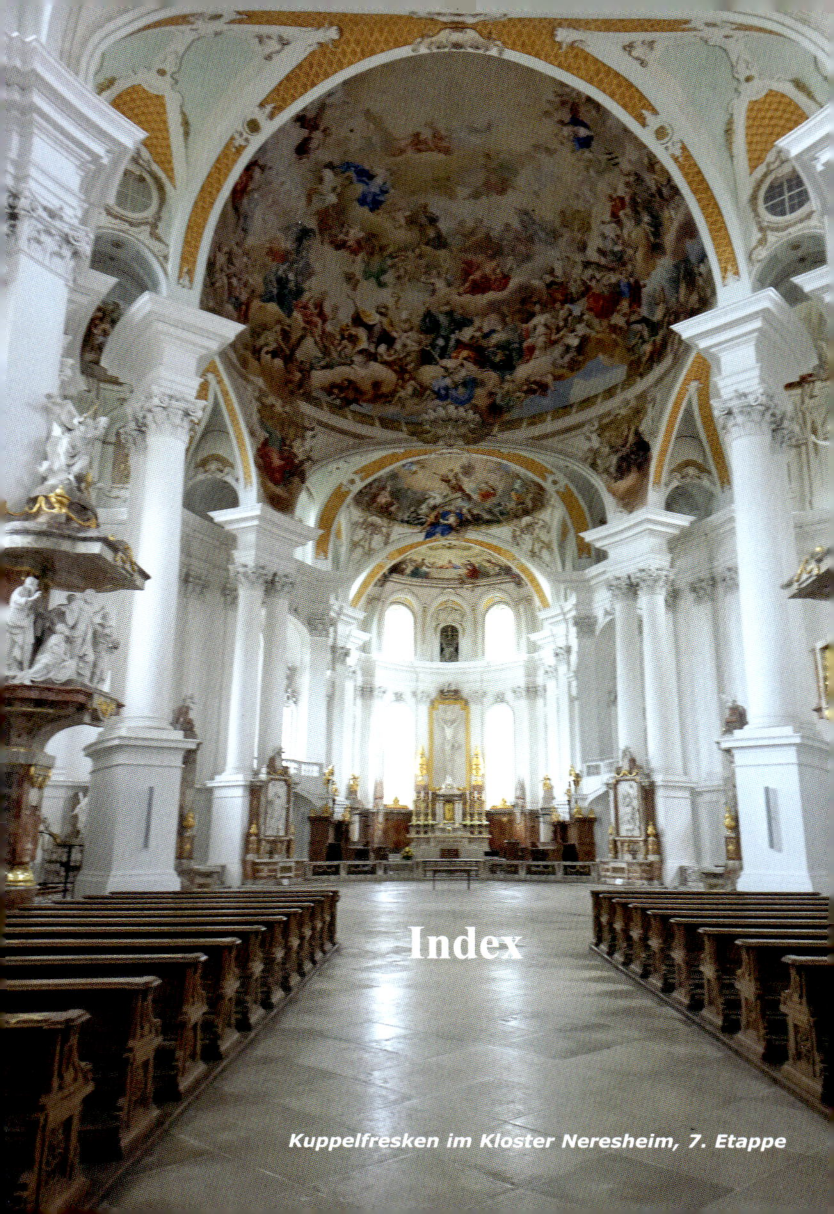

Kuppelfresken im Kloster Neresheim, 7. Etappe

A

B

C/D

E

F

G

H

K

L

M

N

O

P

R

S

T

U/V

W